배움의 공동체를 만들다,
학교를 바꾸다!

배움의 공동체를 만들다,
학교를 바꾸다!

초판 1쇄 발행 2016년 10월 31일

지은이 포남초등학교 교사들
발행인 김병주
CFO 이기택
기획 최윤서
편집 김미영
디자인 신미연
마케팅 장은화, 김수경
펴낸곳 (주)에듀니티(www.eduniety.net)
도서문의 070-4334-2196
일원화구입처 031-407-6368 (주)태양서적
등록 2009년 1월 6일 제300-2011-51호
주소 서울시 종로구 수송동 삼봉로 57 호수빌딩 4층
ISBN 979-11-85992-29-7 (13370)
값 16,000원

배움의 공동체를 만들다,
학교를 바꾸다!

포남초등학교 교사들 지음

엉 에듀니티

여는 글

푸른 씨앗을 품은
그대에게

　첫 장을 넘긴 그대가 누구일지 궁금합니다. 첫 장을 넘기며 어떤 마음이었을지 궁금합니다. 첫 마음이란 참 소중하고도 신기한 것입니다. 그리 크진 않아도 그 마음을 먹기 전과는 분명 다르게 움직이게 하는 힘이 있으니까요. 그리 대단하진 않아도 방향을 잃고 흔들릴 때 다시 시작할 수 있게 하는 힘 말입니다.

　우리의 '첫 마음'도 그랬습니다. '교사로서 나 이대로 괜찮을까?', '학교가 이래도 괜찮을까?' 하는 질문으로 시작한 '첫 마음'은 간절했습니다. 이런저런 업무를 처리하느라 동동거렸던 하루하루 속에 아이들과의 만남이 있었는지 생각하다가, 알 수 없는 후회와 미안함으로 아득해졌던 시간, 회의라는 이름으로 모여 앉아 정작 아무것도 나누지도 소통하지도 못한 채 교실로 돌아오며 답답했던 시간, 하면 할수록 어려워지는 수업 속에서 아이들과 어떻게 만날까 고민만 잔뜩 끌어안고 보냈던 시간을, 어쩔 수 없다 말하고 싶지는 않았습니다. 그래서 모였고, 가슴속에 있는 꿈들을 꺼내놓았습니다.

"변하고 싶고 변해야 한다는 것을 느끼기 시작했다. 학교에 출근하는 일도, 수업하는 일도, 아이들을 대하는 것도 즐겁지 않았다. 공부는 하지 않으면서 배운 것을 가속적으로 소모하면서 나는 점점 직업인이 되어가고 있었다. 낯설고 어색하게 연구회에 발을 들여놓으면서 무언가 큰 것을 얻어갈 수 있을 거라는 생각은 하지 않았다. 그런데 그곳은 훨씬 위안이 되는 곳이었다. 사람들과 관계 맺기, 당장의 업무를 떠나서 높은 곳에 있는 철학이나 비전을 생각하는 일, 교사가 되기 위해 했던 최초의 고민들을 다시 짊어보는 일은 원론적이지만 얼마나 필요한 일이었던가. 학교와 교사와 학부모와 아이들의 이야기를 함께 하며 공감하는 일도, 수줍게 여겼던 생각을 솔직하게 말해보는 일도 알게 모르게 쌓였던 스트레스를 털어내게 한다는 것을 깨닫는 순간, 가슴에 부는 시원함이란." ― 민달팽이, 강릉행복더하기학교 교사연구회 자료집(2011)에서

이 책이 꿈을 꾸는 이들에게 '가슴에 부는 시원한 바람'이 되길 바랍니다. 삶을 돌아보고 '왜'라는 질문을 던지며 생겨나는 열망이 바로 변화와 혁신의 시작입니다. 지친 마음에 위안을 받

을 수 있었던 것은 관계 속에서 공감하고 솔직하게 자신의 이야기를 했기 때문입니다. 꿈을 꿀 수 있었던 것은 지금에 안주하며 묶여 있는 것이 아니라 두 발로 지금을 딛고 함께 가야 할 방향을 이야기했기 때문입니다. 더 이상 소외되지 않고 그 속에 참여하며 '주인'이 되었기 때문입니다. 간절한 '첫 마음'으로 모여 품고 있던 꿈을 하나하나 펼치며 울고 웃었던 4년의 시간이 그저 '우리'끼리의 이야기는 아닐 거라고 믿습니다. 지금의 학교가, 우리의 교육이 변해야 한다고 생각하고, 무엇부터 시작해야 하는지 고민하는 사람이라면 누구나 이미 가슴에 푸른 씨앗을 가지고 있는 건 아닐까요? 그 푸른 씨앗을 품고 시작하는 이들에게는 무엇부터, 어떻게 하면 될지에 대한 밑그림이 되기를, 고군분투하며 변화를 시도하고 있는 이들에게는 방향키가 될 수 있기를 바라봅니다.

이 책에 담긴 것은 씨앗입니다. 보래미배움터에 사는 한 명 한 명이 꾸었던 꿈, 작지만 의미 있는 실천, 부딪히고 끌어안는 것을 반복하며 진짜 '우리'를 발견했던 시간이 단단하게 뭉쳐 있습니다. '능력자'들이 모여 이룬 특별한 성과에 대한 기록이 아니라 여전히 '꿈'을 머금고 자라나고 있는 '씨앗'입니다.

씨앗 하나 ― 변화, 그 깊은 목마름 우리의 시작과 철학에 관한 이야기입니다. 변화에 대한 깊은 목마름으로 모여서 우리가 꿈꾸는 교육, 학교를 그려내며 철학을 세우기까지의 고민을 담고 있습니다. 연구회 2년이 철학을 세우고 밑그림을 그린 시간이었다면, 보래미배움터에서의 4년은 꿈과 현실 사이를 쉼 없이 오가며 중심을 잡아가는 시간이었습니다. 2012년, 꿈과 현실 사이의 괴리는 곳곳에서 다양한 모습으로 만날 수 있었지요. 때로는 몇 시간 동안 회의를 반복하면서 머리가 아프고 지치기도 했지만 우리는 그 속에서 교육적인 것과 비교육적인 것을 구분할 줄 알게 되었고, 겉돌았던 이야기를 점점 본질로 끌어들일 수 있게 되었습니다. 민주, 협력, 공공성…, 이런 것들이 어떤 의미인지 깊이 들여다보면서 우리 삶에서 펼치려고 노력했습니다. 민주와 협력의 학교 문화, 교육이 중심이 되는 학교를 만들기 위해 무엇을 비우고 채워야 할까요? 당연하게 여겼던 하나하나에 '왜'라는 질문을 던지는 것부터가 변화의 시작이 아닐까요?

씨앗 둘 ─ 배움과 성장을 위하여 학교에서 '배움', '성장'이란 말은 당연한 것입니다. 하지만 배움이 있는 교육과정과 수업, 아이들의 성장을 돕는 평가는 사실 참으로 어렵게 느껴집니다. 온갖 잡무와 불필요한 관행, 비교육적인 것들을 걷어내고 보니 교사로서 있는 그대로의 '나'를 맞닥뜨리게 되었지요. 그때 그 불편함과 무안함이란. 아이들의 즐거운 배움과 성장을 위해 교사는 전문가로서 끊임없이 배우고 성장해야 합니다. 씨앗 둘에서는 보래미배움터의 교육과정-수업-평가를 중심으로 학생과 교사, 학부모가 어떻게 소통하고 배우며 함께 성장하는지에 대해 펼쳐보았습니다. 2~3월에 '짠' 하고 나오는 것이 아니라 1년을 두고 함께 만들어가는 교사 실천 교육과정, 함께 디자인하고 성찰하는 수업, 그리고 배움을 향한 '대화'로서 평가까지. 섬 같은 교실에서 혼자 짊어지는 것이 아니라 서로 고민과 어려움을 나누며 교육과정-수업-평가를 바꾸는 과정에서 아이들과 온전히 마주보고 함께 걷는 기쁨을 나누고 싶습니다.

씨앗 셋 — 삶을 함께 배우는 모두의 교육 공동체 '공동체'에 대한 이야기를 담았습니다. 가장 작은 목소리를 가진 학생들이 어떻게 주체로 설 것인지에 대한 이야기이기도 하고, 학교 속 다양한 관계를 성찰하며 평등한 관계를 어떻게 만들어갈지에 대한 이야기이기도 합니다. 우리는 경쟁보다 협력으로, 차별이 아닌 지원과 돌봄으로 '삶을 함께 배우는 공동체'를 만들 수 있다고 믿었습니다. 지금-여기를 함께 살고 있는 주체로서 학생을 바라보고, '체험'이 아니라 '삶'으로서 학생 자치에 접근하는 것이 무엇보다 중요했습니다. 지역사회, 세상과 끊임없이 만나고 소통하면서 한 명 한 명의 배움을 소중히 여기고 격려하는 '공동체'를 함께 꿈꾸는 건 어떨까요?

처음 보래미배움터의 4년을 책으로 세상에 내기로 했을 때 설렘보다 걱정이 앞섰습니다. '우리끼리의 이야기, 오직 혁신학교니까 가능한 어느 학교의 이야기로 읽으면 어쩌지' 하는 걱정에, 책을 써본 적이 없는 우리가 과연 할 수 있을까 하는 걱정까지. 하지만 보래미배움터를 만든 것은 처음부터 끝까지 똑똑한 한 사람이 아닌 보통의 교사들이었습니다. 그래서 경험도, 생각도, 두려움도, 기대도 조금씩 다른 보통의 '우리'가 부대끼며 실천했던 4년의 걸음걸음을 모두가 함께 썼습니다. 보래미배움터 교사들의 걸음은 여전히 함께이고, 가슴에 푸른 씨앗을 품은 더 많은 이들과 그 걸음을 함께하면 좋겠다고 생각합니다. 지난 4년을 다시 사는 것처럼 치열하게 써낸 이 책이, 더 많은 분들에게 발걸음을 이어가는 계기가 될 수 있기를 바라봅니다.

씨앗 세 개가 틔운
실한 열매들

살아온 날의 흔적들이 씨줄과 날줄로 엮여 책이 되었습니다. 한 개인의 기록이 아니라 공동의 기록입니다. 교사들이 걸어온 척박한 길 위의 흔적입니다. 이것은 또한 따뜻한 숨결이기도 합니다. 기록은 과거와 현재를 이어 지나온 날을 생생하게 오늘에 되살립니다. 오늘도 학교는 그 길 위에 있습니다.

강원도 강릉 포남초등학교! 지극히 평범한 대한민국의 초등학교, 여기에 꿈을 꾸는 교사들이 모였습니다. 2010년 6월 2일, 첫 번째 주민 직선 강원도 교육감으로 뽑힌 저는 선생님들과 같은 꿈을 꾸며 씨앗을 뿌리는 일에 함께하겠다고 다짐했습니다. '단 한 명의 아이도 포기하지 않는 교육', '아이들 모두의 꿈과 삶을 존중하는 학교', '아이들이 평생을 살아가는 힘을 키울 수 있는 학교', '삶이 곧 교육이 되는 교육', '모두를 위한 교육'과 '강원행복더하기학교'가 함께 꾸는 꿈입니다. 꿈을 현실에서 이뤄내기 위해 함께 손잡고 뛰어들었습니다. 아이들을 살리는 교육을 하겠다는 '윤리적 절박함'은 두려움과 망설임을 넘는 용기를 주었습니다. 아이들과 선생님들을 힘들게 하는 비교육적인 관행과 절차를 빼고 그 자리에 협력, 배움, 성장을 더했습니다. 학교와 교실에 '행복'이라는 빛깔을 입히고 학교 구성원 한 사람, 한 사람의 숨결과 목소리가 살아 있게 만들었습니다. 학교에 살고 있는 사람들 모두가 둥그렇게 모여 앉아 꿈을 향한 디딤돌을 하나씩 쌓았습니다. 디딤돌 사이사이에는 좌절과 비난, 갈등을 딛고 땀과 눈물로 피워낸 기쁨과 감동이 짙게 배어 있습니다.

그리고 지금, 모두를 위한 교육은 어떤 모습을 하고 있을까요? 행복더하기학교 강릉 포남초등학교에서는 어떤 꿈이 펼쳐지고 있을까요? 이 책의 날개를 펼치는 순간, 시나브로 그 형상을 보게 될 것입니다. 교육 변혁을 향해 내디뎠던 꿈의 실체를 눈 위에 선명하게 찍힌 발자국처럼 남겼으니까요. 같은 꿈을 꾸고 계신 분들이라면 천천히 그 발자국을 따라 함께 걸으며 희망을 만들기 위해 커다란 씨앗 세 개가 틔운 소박하지만 실한 열매를 보실 수 있을 것입니다.

민병희 강원도 교육감

교사들의 '배움의공동체', 포남초등학교

포남초등학교의 4년은 한마디로 기적과 같습니다. 저는 혁신학교로 지정된 초기부터 거의 매월 한 차례씩 방문하여 학교가 변화하는 모습을 교실에서 수업을 통해 지켜보았습니다. 처음에는, 아이들은 아이들대로 무기력해서 수업에 몰입하지 못했고, 교사들은 교사들대로 수업 공개와 연구에 대한 보이지 않는 불만으로, 분위기가 편하지 않았습니다.

이렇게 힘들게 시작한 학교가 조금씩 달라지더니 지금은 아이들이 떠나기 싫어하는 학교, 학부모가 안심하고 아이들을 보낼 수 있는 학교, 교사들이 근무하고 싶은 학교로 성장했습니다. 특히 자랑하고 싶은 것은 교사들의 배움 문화입니다.

그동안 전국의 수많은 혁신학교 사례를 통해서 배운 것 가운데 하나는 학교 혁신의 출발이 '동료성'을 구축하는 데서 비롯된다는 것입니다. 교사의 일이란 서로 배우지 않으면 전문성을 키워나갈 수 없고, 교사만큼 수업의 어려움을 잘 아는 사람이 없기에, 교사들끼리 신뢰하며 서로 배우는 관계를 만들지 않으면 수업도 학교 문화도 바꾸기 어렵습니다. 특히 포남초등학교가 이루어낸 '주제중심교과통합'과 교육과정 재구성은 교사 혼자의 힘으로는 도저히 이루어내기 힘든 일이었습니다. 포남초등학교는 '배움의공동체'를 기반으로 수업 혁신을 이루었고, 혁신학교 초기에 이미 수업 열기와 수업협의회를 축으로 수업 연구 시스템을 만들어 꾸준히 진행해왔습니다. 그 결과 교장선생님이 바뀌고, 교감선생님이 바뀌고, 부장교사가 바뀌어도 이 시스템을 유지함으로써 교사들의 배움은 단단해질 수 있었습니다.

혁신학교 가운데 수업 공개를 하는 학교는 많지만 동료들과의 실천을 통하여 성찰하며 배우는 학교와 교사들은 그리 많지 않습니다. 포남초등학교의 교사들은 수업 열기를 하면서 아이들에게서 배우고, 교사로서의 전문적인 성장을 이루어가고 있습니다. 지금은 전국에서 참관 신청이 들어올 정도로, 우리 교사들에게 마치 연수원과 같은 역할을 하는 학교로 알려졌습니다.

그동안 '배움의공동체'를 만들고 '학교를 바꾸기' 위해 애쓰신 선생님들께 축하와 존경의 마음을 전하며, 초등학교에서 '배움의공동체'를 실천한 학교가 어떤 모습인지, 한 명의 아이도 배움에서 소외되지 않는 질 높은 수업이 무엇인지 궁금한 분들이라면 이 책을 꼭 읽어보시기를 권합니다.

손우정 한국배움의공동체연구회 대표

씨앗
셋

삶을 함께 배우는
모두의 교육 공동체

씨앗 하나

변화,
그 깊은 목마름

학교를 혁신하는 데 가장 중요한 것은 아이들에게 함께 배우는 즐거움을 느끼게 해주는 일이다. 우리 아이들에게 함께 배우고 성장하는 기쁨을 돌려준다고 하는 표현이 더 정확할 것이다. 그리고 원래 배우고 성장한다는 것은 무척 행복한 일이다.

'혁신학교로 가는 길'은 강원행복더하기학교 포남초등학교로 들어가는 문에 해당한다. 포남초등학교는 강원도에서 혁신학교가 시작된 지 꼬박 1년이 지난 2012년부터 강원도형 혁신학교인 강원행복더하기학교라는 이름을 공식적으로 갖게 되었다. 2010년 6월, 경쟁과 입시, 억압과 소외의 미로에서 허덕이는 교육을 새롭게 바꿔야 학교 구성원들이 살 수 있다는 절박함에서 강릉 혁신학교 준비 모임을 만든 지 1년 반이 지나서였다. 지금의 포남초등학교가 만들어지기까지 수많은 사람들의 땀과 눈물이 보태졌다. 혁신학교 준비 모임에서 만나 배우고 고민하고 이야기했던 시간들은, 강원행복더하기학교 포남초등학교라는 이름을 갖게 되기까지 우리가 함께 길을 찾아서 새겨놓은 지도이기도 하다. 여기에 지도의 주요 장면들을 옮겨놓았다.

혁신학교로 가는 길

변화, 그 깊은 목마름과 현실

선진화, 지식 기반 사회, 세계화, 시대에 걸맞은 인재 육성… 이런 말들로 혁신학교를 포장하기에는 교육 정상화에 대한 우리의 목마름이 너무 깊었다. 아주 오랫동안 우리는 변화를 바랐다. 있는 그대로 바라볼 수만 있어도, 숨을 쉴 수만 있어도, 획기적이고 기발한 모습이 아니어도 좋으니 학교에 오는 것이 즐거울 수만 있어도… 깊은 목마름을 이제 우리의 행동으로, 우리의 발걸음으로 해결하려고 했다. 혁신…, 교육…, 시대가 바뀌어도 꿋꿋이 걸어갈 우리의 가치를 위하여.

아이들은 성적으로, 학부모는 돈으로, 교사들은 능력(?)으로 평가라는 허울에 매몰되어 서열과 경쟁으로 내몰리고 있었다. 일제고사, 학교별 점수 공개, 성과급, 교원 평가, 특목고, 자사고, 비정규직… 아이들을 가르고 학부모를 구분하고 교사를 나누는, 삶을 팍팍하게 만드는 교육 정책들. 뜻 모아 하나가 되기보다 각자의 생존을 위해 뒤도 돌아보지 않고 살아가는 우리. 매일 바쁘게 살지만 왜, 무얼 위해 이렇게 살고 있는지 모르는 채 매일 다람쥐 쳇바퀴 돌 듯 하루하루를 용케 버티며 타성과 관행에 찌들어가고 있었다. 행복이라는 단어는 우리에게서 멀어진 지 오래였다.

아이들이 행복하게

우리는 권력 관계에서 벗어난 교사와 학생의 진정한 만남, 아이들 속에 파묻혀 즐거운 학교생활을 하고 싶은 교사로서의 바람을 혁신학교에 담고 싶었다. 서로에게 배움과 돌봄이 일어나는 학교 공동체를 꿈꾸었다. 우리가 추구하는 혁신학교는 서로를 배려하고, 이해하고, 존중하며 더불어 살아가는 가운데 즐거운 배움과 행복한 성장이 일어나는 그런 학교였다. 우리가 꾸는 꿈이 가능할까, 때로는 자신 없어 하면서도 우리는 꿈꾸기를 멈추지 않았다.

교사를 새롭게

대한민국의 평범한 교사들. 그리 내세울 것도 자랑할 것도 없는, 무기력과 타성에 젖어 아이들을 향한 세세한 관심을 놓치고 사는 우리. 그러나 평가에 내몰려서가 아니라 진정한 교사로서 살아가는 우리가 되기를 언제나 꿈꾸었다. 아이들의 언어, 몸짓, 표정을 이해하고 그들과 함께 호흡하며 그들의 숨결을 느끼고 그들 속의 우리가 되어 자발성과 열정으로 '교육'을 해내기를 바랐다. 이것이 말만 많고 행동하지 않던 우리가 가보지 않은 길에 뛰어들기로 한, 혁신학교에 주목한 이유였다. 평범한 우리도 할 수 있다는 것을, 그 길이 행복하다는 것을 보여주고 싶었다. 그래서 같이 가지 않겠느냐고 서로 손을 내밀었다.

진보 교육감

2010년 6월 2일은 그동안 경쟁 교육과 교육 시장화로 치닫던 강원도 교육의 흐름이 단박에 꺾이는 계기가 된 날이다. 학내 비리 고발로, 시국 선언으로, 일제고사 거부로 해직된 동료들을 끌어안고 아파하며 살던 우리에게 진보 교육감 당선은 척박한 땅에 한 알의 씨앗을 던져준 사건이었고, 처참한 현실을 바로잡으려는 애절한 목소리에 귀 기울일 수 있는 희망이었다. 이 하나로 경쟁, 서열, 효율이라는 말이 꿰차고 앉아 있던 자리를 협력, 행복, 함께라는 말로 채울 수 있을 거라는 기대를 우리는 했다. 혁신학교는 모두가 행복해지는 교육감의 중요한 정책 중 하나였고, 교육 현장의 변화를 간절히 바라는 교사들에게는 더없이 좋은 기회였다.

공교육 정상화

존재, 가치, 철학⋯. 이런 것들이 홀대받는 시대. '인적 자원'이라는 원치 않는 이름을 달고 입시 제도와 대학 서열화에 갇혀 아이들을 점점 심각한 경쟁 속으로 몰아가는 데 자신도 모르게 기여하고 있는 우리. 자아실현, 더불어 사는 삶이라는 말이 무색할 정도로 현장은 각박했다.

혁신학교 세우기는 학교를 정상화하는 교육의 본질과 가치, 인간의 존엄성과 협력을 되찾고, 거꾸로 가는 세상을 제자리로 돌려놓을 수 있는 유일한 방법이었다.

지역공동체

학교를, 교육을 바꾸는 움직임의 역사에는 교사뿐만 아니라 지역사회의 역할이 아주 컸다. 무너져가는 교육을 되살리기 위해서 교사, 학부모, 학생, 사회단체, 지역사회 전문가, 문화·예술인, 언론인들이 조화롭게 역할을 다했기 때문이다. 우리가 바라는 학교에는 수동적 입장의 학부모, 지역사회가 아니라 능동적으로 학교를 들여다보고 함께 움직일 수 있는 사람들이 필요했다. 우리는 방과후 학교 프로그램, 체험활동, 현장학습, 교육 활동 지원 강사, 교육과정 운영 등 학교를 중심으로 지역을 활성화할 수 있는 또 하나의 공동체와 공존, 공생을 꿈꿨다. 각자의 영역에서 산발적으로 진행해오던 프로그램들을 '학교'라는 큰 틀에서 '교육'이라는 가치로 엮어내는 시도를 했다.

만남 그리고 우리의 행동

2010년 6월 29일 첫 모임을 가졌다. 늘 보던 사람들, 늘 만나던 우리가 강릉 혁신학교 준비 모임으로 새롭게 만났다. 만남과 기록이 쌓여서 우리의 역사가 만들어졌다. 우리가 꿈꾸는 학교의 모습을 그려보고, 철학을 짚어보고, 치열하게 토론하고, 서로를 보듬고, 학교를 만나고, 배우고, 공부하고, 즐기고, 행복했다. 하나하나 이뤄가는 우리의 행동이, 한 걸음 한 걸음 찾아가는 우리의 길 찾기가 비록 첫해에 학교를 찾는 데 실패하는 아픔을 겪었지만, 새로운 시도를 하고 있는 스스로와 마주하며 어렵고 힘든 현실을 기꺼이 받아들일 각오를 했다.

학교를 바꾸고 싶은 바람, 열정, 의지를 가진 개개인 교사들이 모였고, 우리는 '학교혁신연구회'를 꾸리게 되었다. 함께 고민하고, 함께 결정하고, 함께 경험하고, 함께 돌아보는 연구회 활동을 통해 좀 더 큰 '우리'가 되었다. 그런 우리의 만남과 행동은 보래미배움터('보래미'는 포남초등학교가 있는 동네의 옛 이름임)의 오늘을 있게 한 밑바탕이 돼주었다. 새로운 얼굴이 들어올 때마다 너무 기뻤고, 일주일에 한 번을 만나도 아주 오래전부터 알던 사람들인 양 서로를 향한 믿음과 존중이 깊이를 더했다. 교실에 홀로 있던 우리가 자신의 허물을 털어놓고, 마음의 문을 열어가는 자리. 학교 계획서를 만들고, 동아리 신청을 하고, 따로 모이는 초·중등 교사들이 함께 모여 세미나를 했다. 책을 읽고 발제하고, 질문하고, 토론하고, 또 서로의 고민을 주고받았다. 이 모든 과정은 고스란히 아이들 속으로 들어갔다. 그리고 우리가 함께 그린 꿈과 그 꿈을 실현하기 위해 애쓴 기록은 인터넷 카페 '꿈꾸는 학교'에 생생하게 남아 있다.

열공, 우리의 배움!

우리는 열심히 공부했다. 혁신학교 철학을 살피고, 지금까지 축적된 전국의 혁신학교, 작은 학교의 사례를 분석하고, 내공을 쌓는 일에 육체적 피곤함을 따지지 않고 달려들었다. 함께 연구회 이름을 만들고, 학교혁신과 관련한 책을 읽으며 철학을 세우고, 계획서를 만들고, 강연과 설명회를 준비하고 참여했다. '꿈꾸는 학교'라는 이름을 보며 뿌듯해하던 모습이 지금도 눈에 선하다. 남한산초, 조현초, 수입초, 보평초, 구름산초…. 블록 수업, 주기 집중 학습, 프로젝트 학습, '배움의공동체'…. 반응하는 교사, 사유하는 교사, 수업 열기, 배움이 일어나는 수업 그리고 우리가 바라는 학교의 모습.

학교를 혁신하는 데 가장 중요한 것은 아이들에게 함께 배우는 즐거움을 느끼게 해주는 일이라고 생각했다. 우리 아이들에게 함께 배우고 성장하는 기쁨을 돌려준다고 하는 표현이 더 정확할 것이다. 그리고 원래 배우고 성장한다는 것은 무척 행복한 일이니까, 이런 기쁨은 교사도 느껴야 하는 것이다. 교사가 느껴본 적이 없어서야, 그것이 무엇인지 모르고서야 결코 아이들에게 돌려줄 수 없는 법이니까 말이다. '꿈꾸는 학교'와 함께한 시간은 선생님들이 함께 배우고 성장하면서 행복했던 시간이기도 하다.

우리에겐 채움이 필요했다. 학교를 바꾸겠다는, 교육의 변화를 추구하겠다는 목마름이 깊었기에 배움과 성장이 만들어질 수 있는 곳은 주저하지 않고 달려가 참여했다. 2010년 10월, '배움의공동체' 철학 강의를 시작으로 강원도 학교혁신연구회 연합 워크숍, 인디스쿨 연수, 전국참교육실천대회, '배움의공동체' 일본 현장 탐방, 강원도 교육청 행복더하기학교 연수, 사토 마나부 교수와 함께하는 '배움의공동체' 전국 세미나, 국제 혁신학교 심포지엄, '수업 관찰과 수업 분석' 강연, 경기도 혁신학교 이야기 등 1년을 넘게 전국의 강연과 강의, 연수를 찾았고, 그 속에서 수업을 바꾸는 이야기, 학교 틀을 만드는 이야기, 학교 안 구성원과 토론·협의하는 이야기, 갈등을 극복하는 방법, 프로그램이 아닌 과정과 경험으로 학교 혁신을 추구해야 한다는 것, 아이들을 어떤 존재로 바라보아야 하는가, 학교의 문화를 어떻게 민주와 협력의 방식으로 만들어가야 하는가를 배웠다. 한마디로 지금 포남초등학교가 실천하고 있는 교육의 바탕을 만드는 데 토대가 된 배움이었다.

또 책을 함께 읽고 이야기하면서도 배웠다. 배움이 고민을 더하게도 했지만 성장하는 즐거움이 더 컸다. 〈마인드 인 소사이어티〉를 만나서는 비고츠키의 낯선 용어들을 어떻게 우리의 고민과 연결할 수 있을까 답답함을 느끼기도 했지만 학습과 발달의 관점은 '배움의공동체' 수업을 접하며 대화와 협력을 이야기하던 우리에게 확신을 주었다. 어려운 과제를 앞에 두고 진짜 대화와 협력이 무엇인지를 배우고 실천한 과정이기도 했다.

미국의 프리스쿨 선생님들의 이야기를 다룬 〈두려움과 배움은 함께 춤출 수 없다〉는 아이들이 가지고 있는 두려움을 헤아리고, 교사에게 내면화되어 있는 두려움을 들여다볼 수 있는 의미 있는 시간을 만들어주었다. 역설적이지만 늘 아이들의 처지에서만 생각하던 교사들이 스스로 자신의 내면에 있는, 어쩌면 마주하고 싶지 않은 두려움을 직시하는 일은 서로에게 공감하는 시간을 만들어주었다.

〈왜 학교는 불행한가〉를 읽고 있을 때 한 선생님이 "아이들은 초등학교에 입학해서 12년 동안 자율성을 가지고 계획을 세워 무언가를 성취해가는 기쁨을 과연 몇 번이나 느낄까요?"라고 물었다. 대답은 부정적이었지만 우리가 바꾸어야 할 현실을 다시 한 번 마주할 수 있었고, 마음을 다지는 기회를 가지기도 했다. 공동체성을 회복하기 위해서는 서로의 몸을 부대끼며 일하는 과정을 거쳐야 한다. 이것은 어른이나 아이나 마찬가지다. 이미 함께 배우는 것의 즐거움을 알아버린 이상 우리의 배움도 절대 멈출 수 없었다.

실천, 수업 열기

수단과 방법으로서, 또는 자료로서 교과서를 가르치는 것이 아니라 목적으로 교과서를 가르치고 있는 우리의 모습을 돌아보았다. 각자의 교실에 갇혀 있는 일상을 교실 문을 활짝 열고 밖으로 끌어냈고, 학교 담을 넘어 부끄러운 민낯을 드러내기로 했다. 어떻게 하면 배움으로부터 도망가는 아이들을 호기심으로 만나게 할 수 있을까. 아이들과의 평등한 만남은 어떻게 만들어야 할까. 아이들을 교재와 환경, 자료와 어떻게 연결 짓고 관계 맺기를 해야 할까. 아이들이 가지고 있는 저마다의 배움에 대한 욕구와 잠재력을 관철하게 하는 힘은 어디에서 올까. 오랜 시간 '수업'과 관련해 쌓여온 질문을 스스로에게 던지며 함께 풀어보기로 했다. 국가가 제공해주는 교과서를 극본 삼아 연기하는 배우로서가 아니라 스스로 극본을 쓰고, 준비하고, 연출하는 연출자로서 교사를 꿈꾸었다. 학생과 더불어 수업의 주체로 설 수 있는 교사로 거듭나기 위해 우리는 각자의 수업을 열기로 했다. 화려하고 기막힌 수업 기술이 아니라, 있는 그대로의 수업을 일단 열어보기로 했다. 온전히 아이들을 바라보며 그들의 움직임을 담아내고 우리가 놓치고 있는 부분들을 찾기로 했다. '수업 열기'는 아이들과의 만남을 바꾸겠다는 것, 교육 전문가로서 거듭나겠다는 것, 수업의 주체로서 아이들을 인정하겠다는 것이었다. 또 수업으로 교육을 바꾸어보겠다는 우리의 의지와 열정을 실천하는 출발점이었다.

라디오 방송

2011년 겨울, 우리는 '우리들 라디오 36.5'라는 프로그램에 출연하게 되었다. 프로그램을 진행하는 분의 추천으로 연구회 활동과 교육 현장 이야기를 나누게 된 것이다. 녹음실도 낯설었지만 마이크에 대고 우리 이야기를 한다는 것이 더 낯설고 설레었다. 처음에는 말도 더듬고 웃음기도 없이 딱딱하게 했지만 이내 '꿈꾸는 학교' 본연의 분위기로 녹음실을 가득 채울 수 있었다. 학교 현장에서 생기는 고민과 어려움, 학교 혁신에 대한 기대와 생각을 이야기하는 선생님들의 목소리에는 수줍지만 확신이 있었다. 이때의 인연을 계기로 나중에는 게스트가 아닌 코너 진행자로 '꿈꾸는 학교' 방송을 하게 되었다. 교육을 걱정하고 변화의 염원을 가진 주체들의 이야기를 담아내는 역할을 한 '꿈꾸는 학교'에 우리는 교육에 대한 우리 모두의 이야기를 담았다. 진보 교육감 1년, 적지 않은 시도와 변화가 있었지만 여전히 딱딱하고 즐겁지 않은 학교에 부드럽고 자유로운 혁신의 바람을 불러일으키려면 모두의 주물럭거림이 있어야 했다.

어느 정도 진행이 익숙해질 무렵에는 '수업'을 주제로 이야기를 나누었다. 가장 무섭고 두렵고 힘든 주제. 그간 이루어졌던 수업 혁신에 대한 노력과 고민을 생생한 목소리로 전하려고 했다. 우리가 생각하는 교육 복지에 대한 이야기, 학교 안 인권을 주제로 한 이야기 등 학교 혁신을 고민하면서 떼어놓을 수 없는 주제를 자유롭고 생생하게 담고자 했다. 우리의 목소리를 누가, 얼마만큼 들어줄지는 모르지만 연구회를 넘어 마이크를 넘어 새로운 학교와 새로운 교육을 꿈꾸는 그 누군가에게 전해지리라는 믿음으로 했다. 라디오 진행은 해보지 않은 일이라 서툴렀지만 지금 '꿈꾸는 학교'가 하는 일 중에 어디 해본 일이 있던가. 교실에, 학교에 언젠가는 튼튼한 아름드리나무가 될 변화의 씨앗을 심고자 모인 '꿈꾸는 학교'는 라디오를 통해 더 많은 사람과 배움을 나누었다.

밑그림

우리가 만들고 싶은 학교의 큰 그림을 그렸다. 세세하게 논의할 지점들은 많았지만 일단 기본 틀을 만들었다는 데 만족하며 자축했다. 즐거운 배움이 있어야 하고, 행복한 성장이 있어야 하고, 함께하는 우리가 되어야 하고…. 아이도 교사도 학부모도 행복할 수 있는 학교. 민주성, 자발성, 지역사회와 함께, 경쟁하는 모습에서 벗어나 협력하는 관계로! 새로운 협력 관계 정립이라기보다 정상적인 교육의 모습을 찾아가는, 한 번도 경험해보지 못한 세계이기에 낯설 수도 있는 모습이었다. 학생, 교사, 학부모, 교장, 교감, 지역사회, 교육 행정 기관의 역할을 짚어보고 정상적인 모습으로 돌려놓기 위하여 교육과정 편성 및 운영과 수업 방법, 특별활동, 학생 인권 및 자치 활동 등 공교육이 왜 외면당했는지를 고민하고, 우리가 힘들어하는 지점이 무엇이었는지를 생각하며 구체적이고 현실적인 실천들을 찾아나갔다.

시도

학교를 찾았다. 처음엔 작은 규모의 학교를 찾았다. 학부모에게도 교사에게도 인기가 없는 학교, 그래서 아무도 가려 하지 않는 학교. 우리의 사랑을 더 필요로 하는 아이들을 만나고 싶었기에 변두리 지역 또는 도시 속 농촌형 학교를 찾았다. 아니면 도심 속 공동화현상이 나타나는, 주변의 큰 학교에 아이들을 점점 빼앗기는 학교를. 그 속에서 우리와 함께 그림을 그려갈 아이들, 동료 교사, 교장, 교감, 그리고 건물…. 교장을 만나고, 교감을 만나고, 교사들을 만나고, 학부모를 만났다. 우리의 진심을 전하기 위해 애썼고, 좋은 일을 함께하자고 부탁했다.

벽, 아쉬움

만나는 학교마다 같은 대답이 돌아왔다. 학교 대표라고 불리는 교장, 교감의 대답이었다. 행복더하기학교 추진 상황을 지켜보고 다음 해에 신청해보겠다며 선뜻 나서려 하지 않았다. 아무리 교육감이 바뀌었어도 현장은 그리 달라진 게 없었다. 아무리 좋은 취지라도, 아무리 바람직한 교육이라도 관행을 버리기란 쉽지 않았다. 어느 학교에서는 행복더하기학교에 찬성표를 던지는 교사는 전출 신청을 받지 않겠다는 압박도 가해졌다. 4년 후 진보 교육감 퇴임을 예상해서인지, 그동안 해온 경쟁 교육의 틀을 벗어나지 못해서인지, 직접 듣지 못해서 알 수는 없었지만 암묵적인 집단 거부의 분위기를 느꼈다. 구멍을 낼 것인가, 뛰어넘을 것인가, 어쨌든 우리가 극복하고 넘어야 할 장애물인 것만은 분명했다.

아이들의 행복을 거부한 상황이 아쉬웠고, 학교 지정을 위해 모여서 기획하고 즐거워했던 몇 달이 송두리째 날아간 것 같아서 속상했다. 강릉, 동해도 비슷했다. 모두 학교장의 벽을 넘지 못했다. 커다란 장막을 쳐놓고, 혹은 절대 넘을 수 없는 선을 그어놓고 한 발짝도 들어놓지 않겠노라고 어우러짐을 거부하는 벽. 이게 길인데 돌아가야 하나, 하는 생각에 힘들었다. 하지만 한 번에 쉽게 갈 길이 아니라는 것을 이미 알고 있지 않았던가. 세상이 만만치 않음을 다시 한 번 느꼈지만 여기서 주저앉을 수는 없었다.

갈등

우리가 걸어온 길은 결코 평탄하지 않았다. 작은 학교냐 혁신학교냐를 놓고 의견이 갈라졌고, 농촌형이냐 도시형이냐를 놓고 선택해야 할 상황도 있었다. 공부를 더 하고 싶어 하는 이들과 당장 실천이 필요하다는 이들 사이의 갈등도 컸다. 더 많은 아이들을 바라보며 준비하고 계획해서 학교를 만들어가려는 교사들의 입장과, 당장 입학하고 전학시킬 내 아이의 학교를 찾아야 하는 학부모로서의 입장도 부딪혔다. 관 주도의 혁신학교에 참여할 것이냐, 우리가 관을 주도할 것이냐에 대한 의견도 팽팽했다. 결국 여러 차례 공방 끝에 우리는 갈라졌다. 변화하는 학교에 공감하며 한자리에 있었지만 목표와 방법이 다름을 인정했다.

공존

설명회나 강연회에 참석해서 격려해주고 소식을 전해주기로 했지만 서로의 차이를 인정하며 각자의 길을 가기로 했다. 어떤 일이든 시작하는 단계에서는 여러 가지 갈등이 발생하는 법이다. 다른 학교도 그랬다고 한다. 교사와 교사, 교사와 학부모, 아이들과 교사, 교사와 교장. 문제를 감추고 덮으려고 하면 오히려 갈등이 극대화돼서 서로의 진심을 오해하게 되고, 누가 어느 부분에서 힘들어하는지 알지 못한 채 상생할 기회마저 날릴 수도 있다. 혁신이란 무엇인가? 새로운 것이다. 본질적인 것이다. 혁신학교, 결과뿐만 아니라 과정도 혁신적이어야 한다는 것이 또한 우리의 생각이었다. 그 모든 갈등을 극복하고 함께할 수 있는 마음이 필요했다. 꽉 막힌 교장, 교감들과도 10년을 넘게 함께 살아온 우리다. 더 넓은 이해심으로 그리고 상대를 인정하는 마음으로 서로를 끌어안으려는 노력을 했다.

강원행복더하기학교 추진

2011년 포남초등학교 학부모운영위원회 및 교사 찬성 결정 / 6월 6일~6월 23일 계획서 점검 / 6월 8일 강원행복더하기 영동권 설명회 참가 / 6월 27일 계획서 제출 / 7월 4일 강원행복더하기학교 1차 서류 심사 탈락(이의 제기로 추가) / 7월 19일 학교 실사 / 2012년 강원행복더하기학교 지정(포남초등학교, 학교혁신연구회 연계 모델) / 9월 21일 포남초등학교 교장·교감선생님과의 만남, 예산안 논의 / 9월 28일 예산안 수정, 계획서 구체화를 위한 역할 분담.

행복한 배움을 실천했던 시간, 어려움과 고민도 참 많았다. 저마다 다른 두려움과 고민을 안고 모인 우리는 서로의 다름을 확인하고 인정하는 시간을 지나 서로의 존재를 다행으로 여기고 고마워했다. 아직 나의 교실을 혁신하지도 못한 우리가 '학교의 혁신'을 꿈꿀 수 있었던 힘은 바로 '꿈꾸는 학교'에서 하루하루 실천하는 선생님들이 있었기 때문이다. 2012년 행복더하기학교를 만들어가기 위해 거쳐야 할 어렵고 힘겨운 시간. 생각은 넘쳐나지만 우리가 만들어나갈 학교는 실제였다. 눈앞에 보이는 행복한 학교는 그냥 오지 않는다. 편한 시간, 허울 좋은 일을 해서 되는 것도 아님을 잘 알고 있었다. '꿈꾸는 학교'는 이렇게 인고와 배움의 시간이 쌓여서 얻은 것이기에 당당하고 행복했으며, 앞으로도 그럴 것이라 믿었다.

길 찾기, 길 만들기

길은 찾는 것인지 만드는 것인지 모르겠지만 때론 느린 걸음으로, 때론 빠른 걸음으로 걸어왔다. 돌이켜보면 참 많은 일을 한 것 같기도 하고 아닌 것 같기도 했다. 혁신학교에 뛰어들면서 달라진 점이 있다면 교육청, 지원청에서 실시하는 여러 가지 공모에 응했다는 것이다. 남과 다른 경쟁력을 강조하던 이전 체제에서는 동아리며 연구회, 각종 연수에 관심을 보이지 않던 우리가 행복한 학교를 만들기 위해서 관이 주도하는 여러 행사에 참여하기 시작했다. 설명회에도 다니고, 연수에도 참여하고, 회의에도 나갔다. 우리가 선택한 새로운 길에 대한 믿음이 있었기에 다른 가능성을 열어놓고 내부에서는 치열하게 논의하는 것을 잊지 않았다. 방향이 다른 부분, 의도를 알 수 없는 행정 속에서 잘못된 방향을 느낀다면 그것을 바로잡아주는 것도 우리 몫이라는 의견. 재정 지원을 의미 있는 곳에 활용하자는 주장이 모아지고, 우리는 우수 동아리 신청에 참여하게 되었다.

수업도 바꾸고, 학교도 바꾸고

다른 지역 혁신학교 사례들을 살펴보며 우리가 얻은 중요한 결론 중 하나는 '수업'의 중요성이었다. 체험 위주의 활동, 예체능 위주의 교과에 치중하느라 정작 교사가 본분을 다해야 할 수업에 많은 시간을 할애하지 못하는 경우가 많았기 때문이다. 이제는 차분히 수업을 돌아보며 교육과정을 만들고, 수업을 통해 알맹이를 만들어내야 했다. 당시에 재량활동, 특별활동이었던 창의적 체험활동, 방과후 학교, 동아리, 연수 등 겉으로 보이는 행사 위주, 체험 위주의 활동도 중요했지만 핵심은 바로 수업이었다.

2010년 10월, '배움의공동체'를 강조하던 손우정 대표의 강의는 강릉 지역 교사들에게 폭발적인 인기를 끌었다. 그동안 우리가 고민해오던 가려운 부분을 찾아내서 긁어주었다고 해야 할까. 특정 수업 방식에 매몰되는 것은 경계해야 하지만, 교사로서 부끄러움을 반성하고 깨닫는 데 그치지 않고 잃어버린 배움의 모습, 가르침의 모습, 함께하는 모습을 찾도록 해주었다. 이를 계기로 우리는 아이들의 소리를 들어주는 교실을 만들고, 아이들의 몸짓 하나하나에 귀 기울이며 수업 방법을 개선하는 데 주력하기로 했다. 학생 개개인에 집중하고, 협력 학습을 강조하며, 활동과 체험이 있는 수업을 디자인하기로 했다. 다른 사람의 말을 경청하는 이해와 배려가 있는 수업, 교사 위주가 아니라 학생에게 배움이 일어나도록 하는 수업을 만들기 위해 나아갔다.

다시 힘차게

여러 가지 어려움과 우여곡절을 겪었지만 우리는 꿈을 포기하지 않았다. 아니 포기할 수 없었다. 아이들과 교사가 함께 어우러지는, 학부모와 지역사회와 함께 교육 공동체를 만드는 꿈을. 그리고 내공을 다지기 위한 한 걸음을 다시 내디뎠다. 여럿이 같이 꾸는 꿈의 실현을 위해, 꿈꾸고 있는 것이 행복하다는 바로 그 사람들을 위해! 수업이 바뀌면 학교가 바뀌나, 학교가 바뀌면 수업이 바뀌나를 묻는 이들도 있었다. 수업도 바꾸고 학교도 바꾸자고 했다. 수업이든 학교든 변화된 모습을 추구하고자 했다. 일제식 평가가 없는 학교, 아이들과 교사, 교사와 교사, 교사와 학부모가 동등한 권리를 가진 주체가 되는 학교. 서로의 행동을 존중하고 인정해주는 학교. 그 속에서 아이들의 숨결을 느낄 수 있고, 아이들과 호흡하며 함께 배움이 일어나고 성장하는 학교를, 그리고 교육을 그렸다.

우리가 꿈꾸는 교육

당시 학교는 많은 것을 놓치고 있었다. 철학과 존재를 잊어버리고 경쟁과 입시, 억압과 소외라는 미로에 빠져 허우적거리고 있었다. 우리는 학교를 혁신하고 새로운 학교를 만드는 것이 학교 구성원들을 살리고 교육의 본질에 다가가는 길이라는 윤리적 절박함을 느꼈다. 학교와 교육이 놓치고 있는 것을 찾아서 희망과 행복의 길을 만드는 과정에서 혁신학교를 출발시키고자 했다. 우리가 꿈꾸는 교육, 우리가 추구하는 학교교육에 대한 생각을 열한 가지로 정리했다.

철학이 있는 교육

우리 교육이 안고 있는 가장 큰 문제는 철학이 없다는 것이다. 어떻게 교육하겠다는 주장은 넘쳐나지만 왜 그것을 하겠다는 것인지, 그것이 어떤 교육적 가치가 있는지에 대한 물음은 없다. 본질적이고 철학적인 고민, 학생들의 삶을 어떻게 다루고 성장시킬 것인지에 대한 고민이 없다. 대신 교육을 경제 성장의 수단이나 이윤 추구의 대상으로 보거나 인적 자원 개발을 위한 도구로 바라보고 있다. 우리는 교육의 본질적 가치에 충실한 철학이 있는 교육을 이루고자 노력할 것이다.

존재를 찾는 교육

학생들을 어떤 존재로 볼 것인가? 많은 학교가 학생들을 지도와 통제의 대상으로 바라볼 뿐 존재에 대한 사유를 하지 않는다. 우리는 '학교 구성원은 모두 평등하다'는 전제에서 출발할 것이다. 누구든 똑같은 무게를 가진 '존엄한 존재'로서 대접받아야 한다. 특히 학생이 평등하고 존엄한 존재라는 사실을 가슴에 담고 교육을 통해 느끼게 하는 데 초점을 맞출 것이다. 그러면 학생들도 다른 존재를 존중하고 배려하게 될 것이다. 이것이 곧 민주주의 교육의 시작이다.

성장하는 교육

교육의 본질은 '성장과 변화의 과정으로서 배움'에 있다. 교육을 통해 자신과 우리를 변화시킬 수 있어야 한다. 새로움을 만드는 것, 변화를 만드는 것, 새로운 존재가 되는 것은 기존의 자기를 해체하고 새로운 자기를 구성할 때 가능해진다. 이 과정은 존재들 간의 다양하고 우연하며 생성하는 만남을 통해서 이루어진다. 하지만 현실의 학교교육은 성장과 변화에 대해 침묵하고 있다. 우리는 이 침묵을 깨고 부단히 새로운 존재가 되는 자아실현이 교육 현장에서 가능해지도록 노력할 것이다.

차이와 다양성을 존중하는 교육

일제고사, 암기식 수업, 문제풀이 수업으로 대표되는 획일적 교육을 바꾸기 위해서라도 차이와 다양성을 강조하는 것은 지나치지 않다. 나무들은 서로 다른 땅을 밟고 다른 모양으로 자라지만 같은 하늘을 이고 같은 공기를 마시며 살아간다. 사람도 마찬가지다. 교육은 각자의 다름을 발견하고 그 다름을 차별이 아닌 차이로 받아들이면서, 생활하는 공간에서 어우러지게 하는 경험과 지혜를 배우는 과정이어야 한다. 이것이 '다름'과 '함께'의 공존이며 공동체 교육이다.

서로 관계 맺으며 소통하는 교육

배움은 마주침에서 나온다. 상처와 아픔, 기쁨과 행복을 만나는 존재들 사이의 관계에서 배우고 성장하게 된다. 단절과 고립의 그림자가 짙게 드리운 교육을 변화시켜야 한다. 진정한 소통을 위해서는 밀도 있는 관계 맺기와 접속이 필요하다. 이것이 현대적 의미의 돌봄이기도 하다. 자기 안에 갇혀 있지 않고 서로의 영토를 가로지르는 창조적인 네트워크를 만드는 일이 절실하다. 한 사람 한 사람의 역량도 중요하지만 함께하는 힘은 더욱 크다. 이것이 '집단 지성'의 역동성이다.

삶의 가치를 소중히 여기는 교육

교육은 삶이다. 다양한 삶이 어우러져 있는 공동체 안에서 학생들 한 명 한 명의 삶이 성장하는 과정이다. 개인과 사회의 성장을 위한 '능동적이고 사회적인 실천'이 교육이다. 교육이 삶의 수단이 아닌 삶 자체임에도 우리의 현실 교육은 학교 구성원들의 삶을 다루지 않는다. 학생들에게 자신을 포기하게 만들고, 어른이 될 때까지 모든 희망을 미뤄둘 것을 강요하는 교육을 멈추어야 한다. 현실을 버리고 삶을 외면하는 교육이 미래를 담아내고 의미를 갖기는 어렵다. 학교와 교육은 항상 학교 밖(외부)에 있는 삶과 연결되어야 한다.

물음과 배움이 있는 교육

지금의 교육은 주어진 질문에 답하는 것을 반복하는 데 많은 에너지를 쏟고 있다. 기존 질서와 스승이 만들어놓은 지식의 틀에서 벗어나지 않는다면 발견에 대한 기쁨, 앎의 희열을 느끼게 하기 어렵고, 피곤한 학습 노동만 남게 될 것이다. 설명하기보다 질문할 수 있게 해야 한다. 교육은 지시하고 통제하기보다 자유롭게 사유의 날개를 펼치도록 의지를 키우는 연습을 하는 것이어야 한다. 어른들이 모든 배움의 과정에 대한 계획표를 짜주기보다 스스로 자신의 배움의 과정을 디자인하도록 해주어야 한다.

과정과 경험을 중시하는 교육

우리 교육은 '수영장이나 물에 들어갈 기회를 주지 않으면서 수영을 가르치고 있다'는 듀이의 비판에서 자유롭지 못하다. 실패와 성공 여부를 떠나 체험 과정의 기억은 몸에 남는다. 글자 그대로 '체험'과 '과정'이 중요한 이유도 여기에 있다. 경험이 없고 배우는 과정을 잃어버린 교육은 감동과 깨달음을 주지 못한다. 실패를 소중히 여기는 교육이 필요하다. 어설프더라도 서투름을 기다려주면서 스스로 깨달을 수 있는 시간을 주어야 한다. 우리는 이 과정이 학생들의 능력과 소질을 개발하는 소중한 경험이 될 것이라고 확신한다.

자율과 참여로 만드는 교육

자신의 인생은 자신의 것이다. 어떻게 살 것인지를 결정하는 것도 각자의 몫이다. 학생들은 교육 속에서 이것을 배우고 연습할 수 있어야 한다. 이 과정이 자율이며 참여다. 자유는 각자의 노력에 의해서만 얻을 수 있으며 한순간에 물거품처럼 사라질 수도 있다. 학생들은 학교에서 자유를 누리며 스스로 결정하고 책임지는 능력을 키울 수 있는 다양한 자치 프로그램을 경험할 수 있어야 한다. 다양한 목소리를 드러내는 참여는 세상을 바꾸는 힘이 된다. 자율적 기획과 참여가 중요한 이유다.

균형 잡힌 교육

우리 교육은 지나치게 한쪽으로 치우쳐 있다. 일등, 학벌, 입시, 문제풀이, 지시, 통제, 지식, 암기라는 단어가 이런 현실을 반증한다. 그래서 균형을 갖춘 교육이 요구된다. 배움, 돌봄, 성찰, 앎, 깨달음, 사유, 행복, 생태, 평화 등으로 언어 체계를 바꾸어야 한다. 몸과 마음, 지식과 정서, 교과와 특별활동, 교과와 교과, 공간과 공간, 교장과 교사, 교사와 학생, 학교와 학부모 사이의 힘의 균형을 갖춘 교육을 추구해야 한다. '정보 제공'의 시대라고 하지만 훨씬 더 깊은 눈과 마음으로 '정신(감응)'이 하는 일에 관심을 가져야 한다.

꿈과 희망을 키우는 교육

많은 학생이 꿈을 잃어가고 있다. 그중 일부는 목숨을 버리기도 한다. 직업이나 돈 같은 수단을 향해 앞만 보고 달리는 교육이 가져온 그늘이다. 자신의 꿈을 키우고 더불어 희망을 만들어갈 수 있는 교육이 되어야 한다. 학생들이 가지고 있는 지금의 생각과 경험을 존중하면서 '지금—여기'에서 시작해야 한다. 물론 꿈을 만들고 희망을 가꾸는 일에 즐거움과 행복만 있는 것은 아니다. 아픔과 눈물이 함께할 것이다. 하지만 이 과정을 겪으면서 꿈과 희망은 미래의 현실에서 삶에 진정한 의미를 담게 될 것이다. 이것이 꿈을 만드는 과정이다.

우리가 꿈꾸는 학교

철학이 있는 학교

학교 철학은 학교에서 이루어지는 모든 교육 활동의 방향과 목표를 정하는 기준이 된다. 교육과정, 수업, 평가, 생활교육을 포함한 모든 학교 문화를 만드는 데 방향을 제시하는 일이자 학교 운영의 원칙 그 자체다. 학교 철학을 세우는 일은 교육을 잘하기 위한 방법으로만 남는 것이 아니라 교육과정을 펼치면서 마주하고 부딪히는 모든 상황과 문제들을 해결하는 데 중심이 될 원칙과 정신, 가치를 세우는 일이기도 하다.

학교 구성원들이 집단 지성으로 만든 학교 철학은 교육과정, 수업, 학교 운영 체계 등에 깊은 영향을 미친다. 학생을 바라보는 관점, 학부모의 역할에 대한 인식, 교장, 교감을 비롯한 모든 구성원들의 관계, 교육과정을 펼쳐내는 일, 행사 기획과 진행, 수업, 평가에 이르기까지 관점이 일치하지 않으면 갈등 상황에 직면했을 때 협의를 통한 합의를 이끌어낼 수 없고, 향상과 진보를 기대하기 어렵다. 이런 과정을 거치지 못한 채 누군가의 독단으로 만들어낸 교육 계획은 프로그램의 나열에 그치고, 백화점의 전시품처럼 책꽂이에 박힌 채 누구도 거들떠보지 않는, 현장 교사들이 전혀 사용하지 않는 전시성 계획서로 전락할 수밖에 없다.

학교 철학 없이 교사에게 교육과정을 실천하라고 한다면 교육 구성원들의 열정과 의지를 모아낼 수 없다. 교육 공동체의 가치 있는 교육 활동을 위해서는 구성원 모두가 참여하여 학교 철학을 함께 세우고, 교육 목표를 설정하고, 공유하는 과정을 반드시 거쳐야 한다.

민주적인 학교

민주적이라는 것은 '공동의 문제를 함께 결정한다'는 의미를 담고 있다. 민주적인 학교를 만든다는 것은 학교 구성원들이 공동의 문제를 함께 고민하고 결정하는 것이 하나의 삶의 방식으로 정착하는 것을 뜻한다. 단순히 학교 운영의 의사 결정 과정에서 다수결로 무언가를 정하는 것을 의미하는 것이 아니라 구성원들이 서로 소통하고 협력해서 문제를 해결하는 것이 학교 구성원들의 삶이 되었을 때, 민주적인 학교 문화가 만들어졌다고 말할 수 있다.

민주적인 학교에서는 함께 소통하고 논의하는 것이 좋은 결정과 결과를 만들어낸다. 이것은 집단 지성의 힘을 발휘할 수 있다는 의미다. 집단 지성의 힘은 효율을 지나치게 강조하는 기업에서도 오래전부터 중요하게 다루고 있으며, 동물의 진화 과정에 대한 연구에서도 협력하는 동물이 생존한다고 알려져 있다.

민주적인 학교는 우리 사회의 가치, 헌법적 가치, 좁게는 우리 교육이 추구하는 목표에 맞는다. 민주적인 학교 문화의 기본은 협력과 소통이며, 이를 위해서는 구성원들이 서로 동등하고 가치 있는 사람임을 전제해야 한다. 곧 사람답게 살 수 있는 교육이어야 한다. 또 민주적인 학교 문화는 민주적인 사회를 만들고, 민주 시민을 길러내는 밑거름이 되어야 한다. 우리 사회에서 목격하는 수많은 비민주적 행태는 교육에서 민주적인 삶을 경험하고 실천하지 못해서 생겨나기 때문이다. 결국 민주적인 학교를 만드는 이유는 공동의 문제를 학교 구성원들이 함께 해결함으로써 협력과 존중이 몸에 밴 사람으로 같이 성장할 수 있게 하자는 데 있다. 그래야 학교를 진정한 교육이 이루어지고 삶이 존재하는 공간으로 변화시킬 수 있다.

협력하는 학교

협력이란 '힘을 합해 서로 돕는 것'이다. 협력적인 학교는 학교 구성원들이 학교 안팎에서 스스로 함께 연구하고 나누며 즐기는 공동체 문화를 만든다. 이러한 문화는 또 교사와 학생들이 함께 성장하고 교육이 가능한 학교를 만드는 데 매우 중요한 역할을 한다. 과거에 교사들은 학교에서 말단 관리자의 역할만 강요받았다. 학교는 교사들을 격려하고 지원하는 곳이 아니었으며 교사들을 교육 전문가로 대하지도 않았다. 학생과 학부모를 바라보는 관점도 마찬가지였다. 자율성과 전문성을 존중받지 못한 교육 주체들에게 학교는 나눔과 공유의 공간일 수 없으며,

오히려 자존감과 자부심에 상처를 주는 고통의 장소였다.

억압적이고 폐쇄적인 학교 문화를 바꾸어 구성원들이 각자의 자율성을 존중받으며 함께 교육을 고민하고 나눌 수 있는 공간으로 만들어야 한다. 그래야 소통, 참여, 발달, 협력 등 교육이 추구하는 중요한 가치들이 학교 안에서 꽃피울 수 있고, 교육력도 높아질 수 있다. 협력적인 학교 문화를 만드는 것은 교사들에게 교사로서 자존감과 자부심을 높여 주고, 궁극적으로는 교육이 추구하는 자율적이고 협력적인 학생 문화를 만드는 데 기여한다. 자율적이고 협력적 교사 문화가 만들어져야 교사들의 개인적이고 집단적인 성장이 가능해지고, 이를 통해 학교와 교육이 추구하는 학생들의 성장을 이룰 수 있다.

교육의 공공성을 실현하는 학교

우리나라 교육의 목적은 개인의 입신양명으로 끝나는 사적인 가치가 아니라 '널리 인간을, 세상을 이롭게 하는' 공공의 가치를 지향하고 있다. 학교는 공적인 책임으로 만들어진 곳이고, 교사는 가르침의 전문성으로 공적 책임을 실천하는 사람이다. 학교 안팎에서 이루어지는 모든 교육 활동에는 늘 선택을 요구하는 가치들이 충돌한다. 가령 교육청에서 실시하는 초등생 '글로벌 어학 연수'나 졸업식 대외상, 우열을 가리는 대회, 일제고사, 수준별 수업, 학교폭력 가산점 등 다양한 갈등과 선택 상황에 놓이게 된다. 구성원들은 이러한 것들을 선택하고 결정하는 데 있어서 다양한 의견을 존중하되 특정한 사람에게만 혜택으로 줄 것인지, 모두에게 이로운 길을 택할 것인지 고민하게 된다. 이때 발휘해야 할 것이 공공성이며, 교육은 그 무엇보다 '공공성'을 중심에 놓고 이루어져야 한다.

나 혼자만 잘 먹고 잘살기 위한 교육이 아니라 모두 행복하게, 더불어 살아가는 사회를 지향해야 하며 민주, 협력, 노동, 인권, 생태, 평화적 가치 등 모두에게 이로운 사회를 실현하는 것을 목표로 해야 한다. 이것이 교육철학의 본질이며 방향이다.

혁신학교가 필요로 하는 교육철학은, 교육의 본질을 찾고 학생들의 성장·발달을 돕는 교육과정을 펼치는 데 중심이 될 원칙과 정신, 가치를 세우는 것이다. 우리는 먼저 우리가 꿈꾸는 학교를 그려보고, 만들고 싶은 학교의 큰 그림을 그렸다. 세세한 부분, 논의할 점들은 많았지만 기본 틀을 짰다. 즐거운 배움이 있어야 하고, 행복한 성장이 있어야 하고, 함께하는 우리가 되어야 하고, 아이도 교사도 학부모도 행복할 수 있는 학교, 경쟁하는 모습에서 벗어나 협력적인 관계로 민주성, 자발성을 발현하며 지역사회와 함께 성장하는 그런 학교다. 우리는 지금 길을 만들고 있다. 희망을 만들고 있다. 민주, 협력, 공공성, 참여, 자율이라는 틀을 짜고 모든 이가 함께 걸을 수 있는 탄탄한 길을 만들고 있다. 때로는 심심한 언덕을 지날 때도 있고, 때로는 격정적인 파도를 헤쳐야 하는 날도 있겠지만 모든 것은 과정이 되어 지도에 새겨질 것이다.

민주와 협력의 학교 문화 만들기

갈등, 극복하는 것

우리는 오랫동안 경쟁에 강하게 노출되어온 탓에 자신도 모르는 사이에 당연하다는 듯 민주적이지 못한 일들을 해왔다. 학생들을 쉽게 구분지었고, 한 줄로 세웠으며, '능력'이라는 이름으로 선발하고 가르는 방식을 자주 의심 없이 선택해왔다. 교육의 주체인 학생, 학부모, 교사를 대상화하기도 했으며 우리에게 놓인 가혹한 현실을 어쩔 수 없다며 개선하려는 의지와 문제의식을 갖지 못하기도 했다.

우리는 그동안 우리를 가두었던 굴레에서 빠져나와 우리가 추구하는 새로운 학교 문화를 만들기 위해 기존에 해오던 관행과 틀에 정면으로 맞서야 했다. 그 바탕에는 우리가 세운 철학이 있었고, 하나하나 바꾸어가는 과정에서 다양한 의견과 생각이 부딪히는 갈등이 있었고, 각자 가지고 있는 보수성과 자기도 모르게 몸에 배어버린 관습적인 틀과 마주해야 했다. 우리 안의 보수성과 마주칠 때마다 힘겹게 개혁 의지를 다시 모아야 했고, 잊을 만하면 교육 본연의 목적을 시시때때로 다시 새겨야 했다. 인식, 개선 방법 등 다양한 다름에 대한 차이를 줄여가고자 모두 수긍할 수 있는 합의에 이를 때까지 지난한 협의 과정을 거쳐야 했고, 험난한 산등성이와 아찔한 굴곡의 낭떠러지도 경험해야 했다. 모든 결정과 선택을 위한 협의의 중심에는 개인의 가치보다 공공의 가치, 공공성을 바탕으로 민주, 협력, 노동, 인권, 생태, 평화의 가치를 담고 있는지, 깊고 넓게 실천하고 있는지에 대한 고민이 담겼고, 이 과정에서 눈앞에 벌어지는 갈등을 극복하는 집단 지성의 힘을 경험할 수 있었다. 우리에게 바람직한 혁신은 갈등이 없는 학교가 아니라 발생하는 갈등을 어떻게 극복해서 합의점을 찾아 올바른 가치를 추구할까, 하는 과정과 문화, 그 자체였다.

상, 누구를 위한 것?

지금까지 우리가 보아왔고 진행해온 졸업식 풍경은 졸업장을 한 학생이 대표로 받고, 학교장이 주는 상과 각 기관의 이름을 단 대외상을 시간을 들여 전달하고, 송사와 답사를 주고받는 걸로 마무리하는 것이었다. 졸업식의 주인공은 모든 학생이 아니라 상을 받는 몇몇이었고, 상을 받지 못하는 학생들은 앉아 있는 것이 따분하기만 한 자리였다. 국회의원상, 시의원상, 교육감상, 교육장상, 공로상 등 소수의 아이들이 단상에 올라 상을 받는 동안 다수의 아이들은 박수를 치며 한 시간 넘게 서 있는 졸업식. 누구를 위한 상인가?

판에 박힌 문구, 객관성을 담보해야 한다며 성적, 대회 참여 경력, 수상 경력 등으로 점수를 매겨 부여하는 상. 심지어 어느 학교는 졸업식에서 상을 받는 순서를 정하기 위해 시험을 치른다고 했다. 게다가 졸업식이 끝나면 우리 아이가 왜 상을 못 받았는지 항의하는 학부모도 있다고 한다. 졸업을 축하하는 행사의 본질은 사라진 지 오래고, 으레 치러야 하는 하나의 형식에 지나지 않게 되었다. 무의미하기 짝이 없는 이 행사의 본질을 살리는 노력이 필요한 시점이었다. 우리는 졸업하는 모든 학생이 주인공이 되는 졸업식을 만들기 위해 고민했고, 졸업식에서 대외상을 없애자는 결론을 내리기에 이르렀다.

졸업식 시상은 차이와 다양성을 존중하고 학생들을 줄 세우지 않겠다는, 우리의 철학에 맞지 않는다는 데 중점을 두고 협의에 나섰다. '대외상 시상을 위해 아이들 순위를 매기는 것은 옳지 않다'는 주제로 이야기를 시작해서 제비뽑기로 주자, 모든 아이들에게 주자, 아이들끼리 상호평가를 하도록 하자는 등 상이 갖는 긍정적인 면을 살리되 평가 방법을 달리해서 주어야 한다는 의견이 있었다. 다른 한편으로는 기준이나 방법을 달리해도 서열화는 이루어지고, 상장 이름 자체가 이미 서열화되어 있으니 단지 상을 주고 안 주고의 문제로 접근하기보다 졸업식 문화를 바꾸는 차원에서 모든 아이가 즐겁게 참여할 수 있도록 고민해야 한다는 입장이 팽팽히 맞섰다. 결국, 대외상을 거절하기로 한다면 학생, 학부모가 충분히 이해할 수 있도록 해야 한다는 데 합의했다.

교장은 대외상이 유관 기관과의 협력 문제이기도 하다는 어려움을 이야기했다. 다시 시작한 회의는 상을 주어야 한다는 입장과, 학교 철학에 맞지 않으니 없애야 한다는 입장이 팽팽히 맞서다가 '존재 자체가 욕심과 경쟁을 부른다'는 한 선생님의 이야기가 모두에게 울림을 준 것을 계기로 해결점을 명확히 찾았다. 결국 '모든 아이에게 의미 있는 상이 되기 어렵고, 상을 주기 위해서 억지로 기준을 만들어 아이들을 서열화해야 하는 문제가 있으므로 우리 학교의 교육 방향과 맞지 않았다. 대외상 수상자 추천 공문이 오면 학교의 교육 방침 등을 명시하여 거절하기로 하자'는 데 합의했다. 우리는 민주적인 토론과 토의 과정에 감동하며이 건을 마무리했다. 직위를 내세워 자신의 주장을 관철시키는 데 집중하지 않고 올바른 결정을 위해 논의 과정에 함께한 교장선생님의 모습도 감동을 주었다.

대회의 본질, 우열이 아닌 참여

과학의 날을 기념해서 시·도 교육청에서 해마다 학생들의 과학적 호기심과 탐구심, 창의성을 길러준다는 목적으로 각종 대회를 연다. 이 대회에 참여하는 학생을 선발하기 위해 각 학교에서는 교내 대회를 열어학생들을 경쟁시키고 줄 세운다. 여기에도 어김없이 객관적 서열화 논리가 작동한다. 몇몇 학생들에게만 참가의 기회를 주는 대회가 과연 과학적인 호기심과 탐구심, 창의성을 기르는 데 도움이 될까? 이 질문에 대한 답으로 포남초등학교는 과학의 날을 맞이하여 아이들을 경쟁시키고서열화하는 대회를 열지 않고 다양한 체험을 할 수 있는 마당을 열어모두의 상상력을 자극하고 과학적인 호기심을 갖도록 하는 행사의 본질을 살리기로 했다. 학생들의 발달 상황, 즉 학년에 따라 체험 내용을 다양하게 구성하고, 가능하면 많이 참여할 수 있도록 학생들 스스로 활동하며, 학부모의 도움도 이루어져 학생, 학부모, 교사가 함께하는 체험 행사로 모든 구성원의 자발적이고 민주적인 참여로 이루어지도록 했다.

그런데 강릉시 과학 행사 중 물 로켓 대회 장소로 포남초등학교 운동장을 빌려주면서 교장선생님과 의견이 충돌하는 상황이 벌어졌다. 교장선생님은 교육청 행사에 참여하지 않아 난처할 때가 많고, 대회에 참가하지 않는 것은 학생들에게 꿈을 발견할 기회를 박탈하는 것이라는 의견을 제시했다. 그러자 공지를 하고 희망자가 있으면 참여하자는 의견과, 대회에 참가하지 않는 것이 기회를 박탈하는 것이 아니며 학교에서 대회에 나가는 것보다 더 많은 체험과 경험 기회를 만들어주므로 창의성 발현에 도움이 된다는 의견이 나왔다. 전자는, "그래도 우리 아이들에게 대회를 통해 기회를 한 번 더 주면 안 되는 것일까? 우리 학교에서 잡다하고 불필요한 업무를 뺀 것에 대해서는 누구나 만족하고 합의한 사항이지만 외부 행사에 대해서 적어도 소개를 하고 안내 정도는 해줄 필요가 있다"는 것이었고, 후자는, "모든 대회를 알릴 수 있는 것도 아니고 원천적으로 대회를 막고 있지도 않다. 내부 논의가 된 사항이라면 충분히 공지할 수 있다. 그런데 이 경우, '물 로켓 2명'이라고 정해져 있다. 만약 모든 학생이 참여할 수 있다면 의미가 달라진다"고 주장했다.

학교에서 두 명을 선별하기 위해서는 교내 대회를 열어야 하고, 그것은 우열을 가리는 대회를 열지 않는다는 합의에서 벗어난다. 그리고 두 명을 선발하면 누군가 학생들을 맡아 지도해야 한다. 지도는 하지 않을 수도 있지만 이미 논의된 일을 학교에서 대회가 열린다고 고민을 다시 한다면 앞으로 비슷한 일이 일어났을 때 어떻게 할 것이냐는 질문이 던 져지자 이야기는 정리되었다. 긴 협의 끝에 결국 교장선생님은 '우리 학 교에서 장소를 제공하면서도 참가 학생이 없다는 건 안타깝지만 우리 학교에서는 안 나가는 것을 수용하겠다'며 함께 논의하고 결정한 의견 을 받아들였다.

이 일은 '경험을 중시하겠다, 학생들을 경쟁시키거나 줄 세우지 않겠 다'는 교육철학이 흔들리는 상황에서 다시 한 번 교육의 본질을 확인하 는 계기가 되었다. 새로 전입해온 교사들에게는 예전에 합의한 철학을 고민하며 다양한 의견 속에서 교육의 공공성을 바탕으로 한 선택과 합 의를 지켜보는 시간이기도 했다.

단상을 없애고 함께 어우러지게

혁신학교인 우리 학교의 어린이날 행사에 관내 교감, 교장들이 방문 해서 배우고 싶다는 의사를 전해왔고, 교장선생님은 사전 연습을 하지 않는 자율적인 축제 '얘들아, 놀자(운동회)'가 확산되기를 바라는 마음 에서 교사회에 안건으로 제안했다. 교사들은 학교 행사를 공개하는 데 는 이견이 없었기에 어떻게 하면 자세히 보고 배워갈 수 있을지에 대 해 논의했다.

그런데 초대한 교장단에 예의를 갖추려면 단상 위에 의자를 마련해 야 한다는 교장선생님의 의견과, 그러면 특별관람석이 되므로 경계해야 한다는 교사들의 의견이 부딪혔다. 교장단이 높은 단상에 앉아 아이들을 내려다보며 구경만 하는 것은 교육적으로 바람직하지 않다는 점, 교사와 학부모도 학생들 곁에서 함께 만들고 즐기는 축제의 주인공이듯 방문하는 교장단도 학생들 가까이서 관찰하면 좋겠다는 것, 교장선생님은 그 안내 역할을 해주었으면 한다는 것이 교사들의 대체적인 의견이었다. 하지만 안건을 냈던 교장선생님은 교장단의 권위적 의전 문화를 하루아침에 바꾸기는 쉽지 않다며 안건을 거둬들였다.

하나하나의 논의가 그렇듯이 번번이 우리는 우리 안의 보수성을 만난다. 아이들을 위한 운동회에서 어른들의 역할이 무엇인지 깊이 고민해보는 기회가 되기도 했다. 지켜보고 관람하고 구경하고 박수치고 평가하는 어른들의 모습보다 아이들과 함께 어우러지며 부대끼고 즐기고 노는 어른, 함께하는 우리가 되고 싶었고, 그런 의미에서 아이들을 관망하는 높은 자리에 '단상'은 놓지 않겠다는 것이 우리의 의지였다. 하나의 선택과 합의를 놓고 또 한 번 갈등을 경험했으며, 우리가 놓치고 가는 것들을 되돌아보는 시간이 되었다.

평등하게 참여하는 교사회

교사회는 모든 교사가 함께 모여 소통하고 결정하는 논의 기구다. 그렇다면 교사들은 이곳에서 어떻게 소통하고 논의하고 의견들을 모아 결정하고 있을까? 교사회에서 결정된 사항은 걸림돌 없이 실행 가능할까? 교사회에서 교장, 교감의 역할은 무엇일까? 교사회에서 내 의견을 자유롭게 말할 분위기는 되어 있을까? 회의할 수 있는 안건이 있기는 한 것일까? 한 교사는 첫 발령을 받고 교사회 시간에 발언했다가 교장, 교감에게 면박을 받았던 경험 때문에 교사회에서 발언하는 데 트라우마가 생겼다고 고백했다. 각 부서에서 교사들이 해야 할 일을 전달하고 교감과 교장이 자신의 생각을 말한다. 나머지 교사들은 듣고 적는다. 회의가 길어지는 건 교사들이 해야 할 일이 많다는 것이고, 질문은 허용되지 않았다. 수업과 업무로 늘 바쁜 교사들은 차라리 회의가 빨리 끝나기를 바라거나 아예 생략되기를 바라기도 했다.

학교 혁신이 성공하기를 바란다면 반드시 시스템을 바꾸어야 한다. 시스템을 바꾸지 못한다면 혁신적인 내용이 담길 수 없기 때문이다. 교사회는 지시하고 전달하는 방식에서 벗어나 민주적인 의사소통 구조로, 모두 평등하게 참여하는 틀로 전환해야 한다. 또 교사회에서 합의한 안건은 실행으로 옮겨지는 구조여야 한다. 즉, 교사회는 모두 평등하게 참여하는 논의 기구이면서 의결 기구가 되어야 한다.

포남초등학교는 기존의 부장 회의를 통해 결정하던 방식에서 벗어나 전체 교사회나 교직원 회의에 안건을 제출하여 충분한 이야기가 오가도록 한다. 학교의 철학이나 틀을 세우는 것부터 부장 선출 및 담임교사 배정과 업무 분장, 포상 대상자 추천, 행사 기획, 평가 등 학교 전반의 교육 활동과 관련한 일들을 회의에서 이야기한다. 여기서 결정된 사항은 학교 운영에 그대로 반영한다. 그리고 학년군 협의회나 각종 기획 회의 등을 마련하여 교사들의 다양한 요구를 수렴하고 교육 활동을 지원할 수 있는 구조를 만들었다. 포남초등학교 교사회는 다음과 같은 원칙 속에서 운영한다.

- 모든 교사가 자신의 의견을 자유롭게 말할 수 있는 회의 틀을 만든다.
- 소수의 의견도 존중하는 태도를 가진다.
- 의견이 다른 경우 충분한 토론을 통해 모두 공감할 수 있는 합의점을 찾는다.
- 업무의 효율성에 치우치지 않고 교육적 판단에 중심을 두고 협의한다.
- 교사의 의견을 충분히 수렴하는 구조를 만든다.
- 교사들의 다양한 지원 요구와 개선 요구 사항을 수렴하는 시스템을 마련한다.
- 부장 회의에서 결정하고 전달하는 방식을 탈피하여 전체 교사회나 교직원 회의에 안건을 제출하여 공론화하며, 교사회나 교직원 회의에서 대립되는 사안은 토론을 통해서 결정한다.
- 교사들의 요구 사항을 최대한 반영하여 내실 있게 학교를 운영한다.
- 교사회에서 결정한 사항의 재논의는 교사회에 정식 안건으로 제시한다.

함께 세운 인사 원칙

과거 학교는 교사와 학생의 만남을 몇몇 사람들에 의해 결정해왔다. 어느 학년을 맡을 것인지, 몇 반을 맡을 것인지 인사자문위원회라는 기구가 있지만 선출된 몇몇 사람에 의해 진행되었을 뿐 교사 하나하나의 목소리는 반영되기 어려웠다. 모든 사람의 욕심을 채울 수 없다는 이유로 밀실에서 비밀리에 교사들의 인사를 결정해왔다. 교사 자발성에 기반을 둔 내실 있는 교육과정을 운영하고 싶었던 포남초등학교는 교육의 주체인 교사들의 합의를 통해 학년 및 담임 반을 배정하고 업무를 분담하는 시스템을 만들었다. 보직 교사 선출부터 보결 순위 결정까지, 수직적 관료주의 체계가 아닌 동료애를 바탕으로 한 수평적 관계 속에서 의사 결정이 이루어졌다. 열린 교사회를 통해 이해 관계와 업무 중심 체계에서 벗어나 교육 중심으로 학년 및 업무를 배정했다.

교사들의 발령 직후, 교육과정 함께 만들기 주간인 2월 중순에 전 교사가 함께 모여 협의를 시작한다. 교사회 자체가 인사자문위원회가 되는 것이다. 이렇게 진행하자 만족도가 아주 높아져서 담임 발표 후 겪는 갈등과 충돌이 사라졌고, 누구 때문이라는 원망도 사라졌다. 교장, 교감도 책임과 결정에 대한 부담이 줄어들어 좋다는 소감을 밝혔다. 해마다 거듭되는 사안에는 무조건 희망에 따라 결정하기보다 원칙을 세우는 것이 바람직하다. 개개인의 욕구가 충돌하고 그 욕구를 해소하고 갈등을 극복하기 위해서는 기준이 있어야 한다.

무엇을	어떻게	언제
학년 및 담임 정하기	– 포남교사회를 통해 의견을 조율하여 학년을 정한다. – 학년 교육과정 운영을 원활하게 할 수 있도록 성별, 연령별, 경력을 고려한다. – 모든 교사가 함께 모여 본인의 희망 학년을 이야기하고 경합이 발생할 경우 회의와 토론을 거쳐 합의 과정을 가진 후 결정한다. – 새로 들어온 사람들에게 피하고 싶은 학년은 주지 않는다. – 이전 해에 그 학년을 경험했던 사람은 한 명 남는다. – 내 아이가 있는 학년에 가지 않는다. – 학교의 어려운 상황을 공유하고 개인의 어려움을 최대한 배려한다.	2월 중순
교과전담 교사 정하기	– 포남교사회를 통해 의견을 조율하여 교과전담교사를 우선 정한 후 담임교사를 정한다. – 교과전담교사의 담당 교과목은 교과전담교사의 희망과 특기를 고려하여 정한다. – 전담할 교과는 보다 질 높은 배움을 전제로 교사들의 협의를 통해 결정한다. – 주 16시간 이상 22시간 이하로 전담교과를 운영한다. – 교과전담교사는 되도록 학년군별로 수업을 담당한다. – 교과전담교사 배정 시 우선적으로 고려할 사항은 특수 업무 수행 교사, 분만 예정 교사, 승진 및 퇴직 예정 교사를 우선한다.	
업무 나누기	– 포남교사회를 통해 서로 의견을 조율하여 교사의 특기나 업무 선호도를 고려하여 업무를 나눈다. – 학년군 특성을 고려하여 업무를 조직한다.	

무엇을	어떻게	언제
보직교사 선출	– 보직 교사는 교육활동지원부장, 생활교육부장, 행복더하기학교운영부장, 문화예술교육부장을 둔다. – 보직 교사는 포남교사회에서 선출하여 임명한다.	2월 중순
포상 대상자 추천	– 포상의 성격과 취지에 부합하는 공적과 실적이 뚜렷한 교사를 추천한다. – 해당 교사가 없을 때는 포상 추천하고자 하는 훈격 이상의 포상을 받지 않은 교사를 대상으로 한다. – 대상 인원이 많을 경우 1순위는 교직 경력, 2순위는 본교 재직 경력에 의해 추천한다.	필요할 때
연수 대상자 추천	– 연수 대상자 선정 관련 공문의 기준에 해당되는 교사 – 희망하는 교사 – 희망자가 많은 경우와 희망자가 없을 경우 합당한 순서를 해당 업무 담당자가 교사 기준을 정하고 추천한다. – 기타 특별 연수(해외 연수 등)는 취지에 부합하는 교사를 추천하며 추천 순위는 경력, 경험 등을 고려하여 교사회에서 순위를 결정한다.	
수업 보결	– 시간 강사를 이용하기 곤란한 단기간 일시적 보결 수업을 다음 순서에 의해 배정한다. 1순위 : 교감 2순위 : 동 학년 교사 중 교과전담 시간에 해당하는 교사 3순위 : 당해 시간이 비어 있어 지도가 가능한 교과전담교사 4순위 : 교과전담으로 시간적 여유가 있는 다른 학년 교사	

욕심을 버리고 빼기

교육의 본질을 찾고 학생들의 전면적 발달과 성장을 돕는 학교 교육 과정을 펼쳐나가기 위해서 지금까지 의례적으로 해왔던 관행들을 돌아보고, 있어서 불편하고 힘들었던 것들과 학생, 학부모, 교사라는 교육 주체를 대상화하고 객체화하며 버겁게 만들었던 것들을 빼는 작업을 했다. 학생, 학부모, 교사의 자율권을 침해하고 교육과정을 파행으로 몰며 교육 중심의 학교를 만들 수 없게 하는 일들, 수업과 교육과정 펼치기에 집중하기 어렵도록 만드는 각종 잡무와 행사들을 빼내는 작업이었다. 그 출발점으로 우리는 전교 어린이회장 선거와 학부모의 교통 봉사부터 되짚어보는 시간을 가졌다.

♣ 학부모 동원 활동

학부모는 교육의 동반자이지 동원 대상이 아니다. 급식 '봉사', 교통 '봉사', 청소 '봉사'에만 가두지 말고 교육의 주체로 설 수 있도록 해야 한다는 문제가 제기되었다. 첫 번째 실천으로 학부모의 부담을 가중시켰던 '녹색어머니회' 같은 교통 봉사를 없애자는 의견이 나왔다. 어머니들께 교통 봉사를 부탁드리는 일도 힘들고, 어머님들도 힘들어한다는 데 동의했다. 그렇다면 어떻게 대체할 수 있을까? 처음에는 인력을 채용하자는 의견이 나왔지만 모범택시협회에서 봉사를 해준다는 다른 학교의 사례를 알고 우리 학교도 주위에서 자원봉사를 해줄 수 있는 단체를 찾기로 했다. 다행히 모범택시협회에서 등교 시간마다 봉사를 해주기로 하여 지금까지 잘 진행되고 있다. 학부모님들은 이름만 봉사인 활동에 빼앗겼던 시간을 학교 구성원으로서 학교와 교육을 고민하고 실천하는 활동에 쓸 수 있게 되었다.

♣ 청소년 단체

학교 내 청소년 단체를 없애는 것도 의견이 부딪힌 부분이었다. 무조건 없애기보다 15명 이상이 신청하면 운영하는 것으로 하자, 연맹에서 실시하는 다양한 체험활동에 참여할 수 있는 기회는 학생들에게 알려줘야 하지 않느냐, 교사가 자발적으로 청소년 단체를 운영해보고 싶은 사람도 있지 않겠느냐는 의견이 나왔다. 반대로 청소년 단체는 연맹에서 할 일을 교사가 대신 하는 것이므로 업무 부담이 된다, 교사의 자율 의지 없이 강제로 하는 것은 바람직하지 않다, 다양한 체험활동은 굳이 청소년 단체가 아니라도 할 수 있으며 교육과정 내에서 충분히 실현할 수 있도록 운영하자는 의견이 많은 공감을 얻었다. 그리고 개인이 참여하고 싶은 사람은 개인적으로 참여할 수 있는 방법을 찾아서 알려주기로 했다. 하지만 개인적으로 청소년 단체에 참여하기를 원하는 학생은 아무도 없었으며, 포남초등학교는 교육 활동에서 학생들의 배움과 성장을 일으키는 다양한 체험을 기획해서 진행하고 있다.

♣ 일제고사

포남초등학교는 학교나 학년에서 같은 날 일제히 시험을 보는 중간고사, 기말고사에 대해서도 진지하게 고민했다. 경쟁을 강조하고 서열화를 유도하는 비교육적 평가인 일제고사를 폐지하고, 학생들의 성장과 발달을 돕는 평가, 배움의 과정을 알 수 있는 교육적 가치를 고려한 평가 제도를 마련하자고 합의했다. 강원도 교육청이 일제고사를 폐지하고 상시 평가(행복성장평가)를 하겠다고 발표하기 이전에 합의한 것이다. 포남초등학교 구성원들의 교육에 대한 깊은 고민이 교육청 정책보다 한 발 앞서 있었던 셈이다.

♣ 애국 조회

전국의 많은 학교가 월요일 아침이면 운동장, 체육관에 전교생이 모여 학교에서 강조하는 이야기를 듣고, 각종 지시사항을 전달받으며, 교장선생님의 훈화를 듣는다. 반별로 줄을 맞춰 서서 한 치의 흐트러짐도 용납하지 않는다. 마치 일제 강점기 군사 문화를 떠올리게 하는 조회 광경이다. 애국가를 4절까지 부르고 국기에 대한 맹세를 하며, 각종 대회에서 받아온 시상이 이루어진다. 이런 조회가 과연 필요한가 하는 문제 제기가 있었다. 또한 '애국'이라는 이름이 맞지 않다는 의견도 나왔다. 어떤 이들은 애국 조회를 없애면 어떻게 나라를 사랑하는 교육을 하느냐고 반대하기도 했다. 질서 교육에 차질이 생길 것을 우려하는 목소리도 있었다. 하지만 조회라는 것이 무엇이며, 지금까지의 조회가 교육적 의미에서 실시되었는지, 그 안에 학생들을 동등한 존재로 바라보는 마음이 있었는지를 돌아보자는 이야기 속에서 반성을 시작했고, 전체적이고 형식적인 조회보다는 한 주를 어떻게 시작할까 하는 마음으로 학급에서 따뜻한 만남을 가지는 것이 좋겠다는 의견이 힘을 얻었다. 애국은 말로 강조해서 되는 것이 아니라 일상의 교육 속에서 실감나게 다가와야 하고, 과한 표현의 강요보다 자연스런 교육적 접근을 추구하자는 의견에 합의를 보았다. 이렇게 해서 애국 조회는 사라졌으며, 우리의 교육과정에는 '주말 이야기 나누기'가 자연스럽게 자리 잡게 되었다.

♣ 차 접대 문화

학교에는 다양한 구성원들이 있다. 각각의 구성원은 역할이 다를 뿐 모두 학생들을 위해 존재한다. 그런데 이 구성원들의 업무 처리는 수평적이고 동등한 관계에서 이루어지고 있을까? 누군가가 다른 사람의 권리를 침해하거나 주종 관계가 일상생활에 침투해 있지는 않을까? 모두 평등한 관계에서 서로 협력하는 문화를 만들어가기 위해서 우리가 지금까지 해왔던 일들 중에서 버려야 할 관행은 무엇일까? 이런 물음에서 우리는 학교에 손님이 방문했을 때 차를 대접하는 문화부터 바꾸자고 했다. 보통 차 준비는 교무행정사 같은 교육 공무직분들이 담당해왔다. 하지만 이분들에게는 교무행정이라는 고유의 업무가 있고, 차 접대는 본래의 업무가 아니라는 의견이 나왔다. 그래서 구성원의 평등한 관계를 무너뜨리고 업무에 방해가 되며 고유의 업무 전문성을 떨어뜨리는 차 대접 문화를 없애기로 합의했다. 그 대신 손님의 방문이 주로 이루어지는 장소에 차를 마실 수 있는 도구와 여러 가지 차를 준비하여 각자 해결하는 것으로 의견이 모아졌다. 사회는 구성원을 정규직과 비정규직, 노동자와 사용자로 가르고 차별하지만, 포남초등학교의 구성원은 이러한 차별에 맞서 함께 협력하는 문화를 만들어가고 있다. 2014년 11월 학교 비정규직의 파업으로 학교 급식을 할 수 없게 되었을 때는 권리를 지키는 일에 학교 구성원 모두가 응원하고 힘을 보태는 모습을 보여주었다. 불평등한 관행을 폐지하면서 구성원들은 자발성을 바탕으로 각자의 업무 전문성을 키워 발현하는 모습을 보이고 있으며, 신뢰를 바탕으로 민주적이고 협력하는 문화가 점점 더 단단해졌다.

♣ 지시, 전달, 명령

포남초등학교에는 교장이든 교감이든 평교사든 학생이든 이야기를 나누고 공유하고 설득하고 설명한다. 위에서 아래로 내려 보내는 것이 없을뿐더러, 그런 말과 행동을 하는 사람을 오히려 이상하게 여긴다. 언제, 누구에게든 '왜'라는 질문을 던질 수 있으며, 이 질문에 충분히 대답한다. 엇갈리는 생각은 토론을 통해 합의점을 찾으려고 노력한다. 모두가 평등하다는 생각은 구태의연하고 경직된 학교 문화를 새롭게 해주었고, 누구라도 자유롭게 자신의 의견을 이야기할 수 있는 분위기를 만들어냈다. 왜 해야 하는지, 누구를 위한 일인지, 어떤 흐름에서 어떤 과정으로 해야 할 것인지에 대한 설명 없이, 격한 수고로움의 발생에 대한 양해 없이, 누군가의 명령이나 지시에 무조건 따라야만 하는 일들을 사라지게 하니, 아이들도 교사들도 하고자 하는 의욕과 욕구와 열정이 자발성이란 이름으로 나타나게 되었다.

♣ 실적을 강요하는 결과물

결과 위주, 실적 위주의 일들은 본질을 흐리게 만든다. 학교를 방문하는 권위 있는 누군가에게 보여주기 위한 학습 결과물, 화려하고 폼나게 만들어내기 위해 자행했던 갑작스런 행사들, 감사에 대비하기 위해 만든 자료들, 눈에 보이지 않으면 이루어지지 않은 거라고 여기는 실적 중심 문화를 우리는 과감히 걷어냈다. 어느 누구도 그런 활동을 했다는 증거를 보여 달라고 요구하지 않으며, 이중 삼중의 결과나 실적을 강요하지 않았다. 그 결과, 별도의 결과물을 만들기 위한 작업이 사라졌고, 온전히 수업에 집중하고 교육과정 실현에 내실을 기할 수 있게 되었다.

평등한 우리, 따뜻한 관계 맺기

포남초등학교는 교사와 학생, 학생과 학생, 교직원과 교직원 간에 차별이나 편견 없이 누구나 소중한 존재로서 권리를 누리고 행복하게 살아가는 것을 가장 중요한 가치로 여긴다. '학교 구성원은 모두 평등하다'는 철학에 동의하며 서로 존중하고 배려하고 신뢰하는 학교 공동체를 추구한다. 학교에서 가장 약자인 학생들이 평등하고 존엄한 존재라는 것을 가슴에 담고, 학생과 교사의 관계를 지시나 명령이 아닌 사람과 사람의 만남으로 바라본다. 서로 다름을 인정하고, 교사들이 먼저 권위를 내려놓고 교육 활동에서 학생들이 이를 느낄 수 있도록 하는 데 애쓰고 있다. 또 학생들을 성장 발달 단계에 있는 사람으로 바라보고 존중하며, 소통하는 관계를 만들기 위해 학교에서 이루어지는 모든 만남과 관계가 평등하고 따뜻하도록 노력하고 있다. 예를 들면 인사하는 것도 아랫사람이 윗사람에게 하는 것으로만 보지 않으며 윗사람이 챙겨 받아야 할 것으로도 보지 않는다. 만나면 반가우니 인사가 절로 나오는 것이지, 인사를 안 한다고 야단치면서 아이들과의 관계를 해치는 일이 없다. 선생님은 낮은 목소리로 아이들의 눈을 바라보며 이야기한다. 포남초등학교에는 "선생님 보고 싶어서 학교에 빨리 왔어요. 수업 시간이 기대돼요. 이따 만나요." 이렇게 말하는 아이들이 늘고 있다. 위아래를 구분하고 서로를 대함에 차별이 아닌 존중과 관심, 애정을 듬뿍 담은 평등한 관계 맺기는 우리를 학교 공동체로 만들고 있다. 아침 맞이, 선생님 소개 영상과 축하 공연, 교직원 생일잔치는 이러한 관계 맺기를 실천하는 활동이다.

♣ 아침 맞이

"○○야, 안녕?" "선생님, 안녕하세요?" "오늘도 즐겁게 보내자~." "오늘도 좋은 하루, 힘내자!" "사랑해요." 매주 수요일마다 교문 앞에서 오가는 소리다. 교사가 아이들에게 다가가기 위해 아침 맞이를 4년째 이어오고 있다. 모든 교직원이 모둠을 만들어서 아침 8시~9시까지 등교하는 학생들을 교문에서 맞이하는 활동이다. 아이 한 명 한 명의 얼굴을 보고 웃으면서 인사하는 일은 생각보다 쉽지 않은데, 이름도 외우게 되고 그만큼 정이 가는 것을 느낀다. 모든 일의 시작은 그 일의 성패를 좌우하는 경우가 많다. 하루를 어떻게 시작하느냐는 하루를 어떻게 보내고 어떤 보람 있는 일을 하느냐에 많은 영향을 미친다. 포남초등학교의 구성원들은 교사와 학생의 관계를 상하, 주종, 권위자와 피권위자가 아닌 사람과 사람이 만나는 따뜻함을 추구한다. 아침 맞이 덕분에 교직원들도 아이들도 웃으면서 즐겁게 아침을 시작할 수 있다. 5월에 시작해서 11월에 마치는데 손뼉 마주치기, 가볍게 안아주기, 악수하기, 가위바위보 하기, 손으로 인사하기 등을 하고 있다. 아이와 함께 등교하는 학부모님께도 아침 맞이를 해드린다. 처음에는 어색해하셨지만 교사들의 밝은 미소와 따뜻한 포옹을 경험하고 나면 생각이 달라지셔서 "이렇게 아이들을 반갑게 맞아주시는 선생님들이 있는 학교에 아이를 보내게 돼서 기뻐요"라고 말씀하신다. 담임뿐 아니라 교장·교감선생님을 비롯해 평소에 만나기 힘든 여러 교사의 얼굴을 보게 되고, 아이와 웃으며 손잡는 모습에 마음이 편해지기 때문이라고 하신다. 교사들도 조금 일찍 학교에 나와서 교문을 들어서는 모든 아이들을 보며 따스하게 말을 건네면 뿌듯해진다. 나중에는 누가 손뼉을 세게 치는지, 누가 수줍음이 많은지, 누가 선생님과 인사하고 싶어서 먼저 달려오는지 알게 된다. 보이지 않는 끈으로 모두와 관계를 맺고 존중하는 보래미배움터 4년 동안의 모습이다.

♣ 선생님 소개 영상과 축하 공연

학교 여는 날, 보래미배움터 모든 구성원들은 체육관에 모여 '모두가 주인공인 입학식', '따뜻한 만남이 있는 시업식'을 통해 서로에게 새로운 시작과 첫 만남을 격려한다. 6학년이 신입생들의 이름표를 찾아서 달아주고 정해진 자리로 안내한 다음 장미 화분을 선물한다. 1학년은 긴장하면서도 꽃을 받는 기쁨을 드러낸다. 모든 학년 학생들이 1학년을 바라보고 서서 축하의 말을 건네고 박수치며 환영해준다.

선생님들은 아이들과의 첫 만남이 따뜻하기를 바랐다. 이전의 입학식이나 시업식에서는 담임선생님을 발표하는 데 그쳤기에 밋밋하고 어색하고 딱딱했던 기억이 있어, 혁신학교를 시작하는 포문을 여는 첫 만남에 어떻게 사랑을 담을까를 고민했고, 무언가 특징 있는 소개 영상을 만들자, 우리의 시작을 축하하는 공연을 해보자는 의견을 모았다. 첫해에는 담임선생님들만 참여했으나 조금씩 참여하는 사람들이 늘어나더니 어느덧 교장선생님을 비롯한 모든 교직원이 참여하게 되었다. 아이들을 사랑하고 만남을 기념하는 의미를 담아서 따뜻하고 정겨운 메시지를 전달하려고 애쓴다. 선생님도 아이들도 설렘 속에 영상을 통해 서로를 만나고, 이후 이어지는 축하 공연은 선생님들의 노래와 몸짓으로 진행된다. 해마다 '꿈꾸지 않으면'이라는 노래를 함께 부르니 아이들도 이젠 따라 부르며 환호해주고, 선생님들의 노력에 큰 웃음으로 호응해준다. '축하해요! 반가워요! 사랑해요! 보래미 친구들!' 공연 마지막에 펼쳐진 현수막의 문구는 우리가 얼마나 사랑하고 있는지를 표현하며, 그렇게 또 한마음의 관계를 맺게 된다.

✚ 교직원 생일잔치

교직원 생일잔치는 포남초등학교의 자랑 중 하나다. 바쁜 시간을 쪼개서 함께 생일을 축하하는 자리가 있기에 정이 쌓이고 웃음도 쌓인다. 생일을 맞은 사람들은 고깔모자를 쓰고 생일 축하 노래를 듣고 촛불을 끄는 모든 행동이 부끄럽고 쑥스럽지만 환한 웃음으로 고마움에 보답해준다. 교사들은 아이들에게 더 좋은 교육 환경을 만들어주고, 더 나은 교육을 하고 싶은 열정으로 촘촘히 학습 공동체를 만들어가는 사이사이, 이렇게 함께 쉬며 여유를 나누면서 서로의 존재를 응원하는 생일잔치를 통해 또 하나의 공동체 만들기, 관계 맺기를 한다.

교육이 중심인 학교 만들기

교육을 교육답게, 학교 업무 정상화

학교에서 교육 활동을 하는 교사들이 느끼는 가장 큰 어려움은 무엇일까? 아마 '내가 교사로 잘 살아가고 있는가?' 하는 의문에 사로잡혀 이 일이 과연 교사가 하는 것이 맞는가 하는 데서 오는 자괴감일 것이다. 학교는 아이들이 올바르게 성장할 수 있도록 교육을 하는 곳이고 배움과 자람의 터전이 되어야 한다. 교사는 아이들을 교육하며 올곧게 성장할 수 있도록 도움을 주어야 하는 하나의 교육 주체다. 하지만 지금까지 학교는 교사와 학생의 교육 활동을 중심에 두고 운영되었다고 말하기 어렵다.

과거의 학교는 업무를 중심으로 한 행정 조직 체계로 되어 있었다. 또한 결과 위주, 실적 위주, 경쟁 위주의 관습적인 활동들이 교사와 학생 모두를 힘들게 했다. 교육 활동 중심으로 학교를 바꾸어야 하는 이유가 여기에 있으며, 교육 활동 중심의 학교란 학교를 온전히 교사와 아이들의 교수·학습을 지원하고 교육과정을 펼치며 수업을 중심으로 운영하는 학교다. 이것이 곧 '학교 업무 정상화'다.

우리는 그동안 교사의 업무에서 어떻게 하면 누구도 손해 안 보게, 골고루 잘 나눌까를 고민했다. 교사 개인의 어려움, 여건, 일의 무게 등을 고려하기보다 누구나 하나씩은 꼭 일이 있어야 한다는 생각에 머물렀다. 그러다 보니 보이지 않는 칸막이가 생겼고, 나에게 닥친 어려움은 순전히 혼자 감당해야 하는, 자신이 서툴러서 발생하는 일이라며 혼자 책임져야 한다는 강박이 강하게 작용했다. 고통을 분담하고 공유해서 함께 해결할 생각을 하지 못했다.

교사가 교육 활동을 하는 전문가로서 행정 업무보다 교육 활동에 전념할 수 있도록 하려면 학교는 어떤 틀을 갖추어야 할까? 우리는 기존에 교사가 했던 업무, 학교 구성원들이 했던 일들을 자세히 들여다보는 것부터 업무 정상화의 첫걸음을 떼었다. 불필요한 잡무와 꼭 필요한 업무를 구분하고, 교사든 누구든 하면 안 되는 일, 하지 않아도 되는 일을 없애거나 줄여나갔고, '담임교사는 교무 행정 업무를 맡지 않는다, 교무업무전담팀이 교무 행정 업무를 전담한다, 불필요한 업무를 줄이고 개선한다'는 원칙 속에서 학교 체제를 바꾸고 행정 체제, 교육 체제를 재구조화했다. 꼭 필요하다고 합의한 업무는 교무 업무와 행정 업무로 분리하고 행정 업무는 행정실로 이관했다. 교육 활동상 행정적인 지원이 필요한 것은 교무업무전담팀에서 다루고, 교육 활동이지만 업무로 분류

되었던 것들(예를 들면 경제 교육, 소방 교육, 폭력 예방 교육, 진로 교육, 안전 교육)은 별도의 행사나 이벤트를 기획하기보다 학년별 교육과정에 녹여 내기로 했다.

교무업무전담팀은 교감, 교무행정사 두 명으로 구성했고, 교육 활동에서 행정적인 처리가 필요한 업무를 전담하고 있다. 이런 지원 구조는 교사가 수업 및 교육 활동에만 몰입하고 전념할 수 있는 기본 틀이 되고 있다. 해를 거듭할수록 교육철학을 더욱 깊고 넓게 공유하면서 줄일 수 있는 업무도 많아져서 첫해에는 6학년 담임교사는 행정 업무 배제, 그다음 해는 5, 6학년 담임교사에게 행정 업무를 나누지 않았으며, 셋째 해부터는 3, 4학년 담임교사들에게도, 지금은 1, 2학년 담임교사들도 학생회 활동 외에는 다른 행정 업무를 맡지 않고 있다.

교육이 교육답고 교사가 교사다운 교육을 하려면 행정과 학교 체제가 '지원' 중심으로 바뀌어야 한다. 학교의 업무를 정상화하기 위해 행정 지원은 행정실에서, 교육 활동은 교사가 주체적으로 해야 한다. 바쁜 학년 초 교육과정 계획에 몰두하기에도 부족한 시간을 청소나 자료 준비, 공문에 보내는, 즉 주객이 전도되는 일이 비일비재하기 때문이다. 현실 바꾸기 또는 제자리로 돌려놓기는 학교 업무 정상화의 전제이자 지향점이 되어야 한다.

교육과정 운영을 중심으로 하는 업무 조직

- 일 중심에서 사람 중심으로 구성한다.
- 교사의 일은 교육 활동이며 업무는 교육과정 운영을 위한 지원 과정으로 생각한다.
- 교감 주도형 행정 업무 처리를 원칙으로 한다.
- 교무행정사 제도를 활용해 교육 활동을 위한 행정 업무를 지원한다.
- 행복더하기학교 운영을 하나의 업무로 인식하는 것이 아닌 학교 전반적인 활동에서 어우러질 수 있도록 교육과정, 교육 활동으로 추진한다.
- 처리 과정을 간소화하고 권한 이양, 위임 전결 규정을 확대해 업무 경감을 이룬다.
- 형식적이고 실적 위주의 장부는 폐지, 축소한다.
- 불필요한 '잡무'와 꼭 필요한 '업무'를 구분하여 업무 경감을 이룬다.

학교 업무 정상화는 교무업무전담팀을 효과적으로 운영하고 있어서 팀워크가 가능하기도 했지만 불필요한 업무를 과감하게 덜어내고 통합하는 작업도 함께 이루어졌다. 아울러 부장이라는 명칭도 교무는 교육 활동지원부장으로, 생활부장은 생활교육부장으로, 방과후부장은 문화예술교육부장으로, 일 중심에서 교육과정 중심으로 바꿨다. 이렇게 업무를 정리하고 나니 교사회 시간에도 대부분 교육 활동 이야기가 주가 되어 교육 활동에 대해 더 고민하고 올바른 방향으로 나아가고자 모든 교사가 논의할 수 있게 되었다.

해마다 교육과정평가회에서 긍정적인 소감들이 나온다. 포남초등학교의 업무 정상화는 교사들에게 교육과정을 재구성하고 다양한 활동을 이끌어내는 수업연구회, 독서 동아리 등 진정한 교사 학습 공동체가 가

보래미배움터 업무 나눔표

구분	학년 반	이름	담당 업무	보직
교육 지원	·	박○○	학교 운영 총괄	교장
	·	최○○	교무업무전담팀 팀장, 교원 인사 및 복무(교원능력개발평가, 성과급)	교감
	교과 전담	구○○	교육활동지원기획, 교육 복지, 과학, 체육	교육활동지원부장
	교과 전담	남○○	교육과정(평가), 정보, 연수 도서관, 학부모회	행복더하기학교 운영부장
교육 활동	1-고운	최○○	학생회와 함께	생활교육부장
	1-보람	김○○	생활교육	
	2-고운	심○○	학생회와 함께	
	2-보람	박○○		
	3-고운	조○○	문화예술교육(방과후 학교)	문화예술교육부장
	3-보람	정○○	·	·
	4-고운	전○○	·	·
	4-보람	이○○	·	·
	5-고운	김○○	·	·
	5-보람	최○○	·	·
	6-고운	주○○	·	·
	6-보람	손○○	·	·

능하도록 해주고 있다. 또 수업 속에서 교사와 학생 모두에게 배움과 성
장이 일어나도록 하는 주춧돌이 되고 있다.

교육적 가치를 찾아서, 학교 행사

초등학교 교사로 살면서 힘든 일 가운데 하나라면 맥락도 없이 끼어
드는 각종 대회일 것이다. 불조심 대회, 스승의 날 글쓰기 대회, 어린이

날 그리기 대회, 과학의 날 관련 대회, 친구 사랑 주간 그리기 대회, 독서 주간 독후감 대회, 호국·보훈의 달 대회, 통일 포스터 그리기 대회, 한글날 기념 대회… 특히 4월은 과학의 날 행사로 수업에 집중하기가 아예 어려울 지경이고, 5월에는 어린이날 기념 체육대회 때문에 또 그렇다. 체육대회는 군대 제식 훈련처럼 차렷 열중쉬어를 반복하며 한 치의 오차도 없게 줄을 세우고 입장과 퇴장을 반복하며, 놀이조차 몇 번씩 연습을 해야 한다. 10월쯤엔 운동회 연습을, 구경하러 온 학부모들과 다른 학교 교장들을 위해서 한다. 아이들의 즐거움보다 다른 사람들이 흐뭇하도록, 청군 백군으로 나눠서 이기기 위한 경쟁을 시킨다. 11월에는 학급별로 무대를 만들거나 학년에서 장기자랑을 할 아이들을 모아서 학예회 연습을 한다.

이 모든 대회는 우열 가리기를 통해 시상을 했고, 그 결과를 교육청에 보고하는 등 보여주기식 행사일 뿐 그 안에 정작 교육은 없었다. 부끄럽지만 그동안 학교 현장에서 치른 행사들은 입학식, 졸업식, 운동회, 학예회 등 안 할 수는 없으니 하던 대로 해치워버려야 하는 일이었다. 그럼에도 변화를 꾀할 수 없었던 것은 딱히 특별한 대안을 찾을 수 없었기 때문이었고, 어떻게 바꿀 것인가에 대한 논의의 장이 마련되지 않은 구조 때문이기도 했다.

'연습으로 인해 교육과정에 파행을 일으키는 행사보다 어린이와 교사, 학부모가 함께 어우러지는 축제의 장을 마련한다. 각종 수상 대회는 폐지하고 모든 행사는 교육과정과 연계해서 계획하며 교과 속에 적합한 내용을 선정해서 교육과정에 녹여낸다.' 이는 교육적 가치를 찾아가고 있는 포남초등학교의 행사 원칙이자 꼭 필요한 '빼기'로서, 각종 대회와 연습이 없는 행사를 진행하고 있다. 교사회에서는 이 원칙을 지키면서 교육의 본질을 살리는 최선의 방법을 찾는다. 첫 번째는 왜 우리는 이 행사를 하는가, 하는 의미 찾기다. 우리가 행사를 하는 의미를 공유하고 나면 그다음은 더 좋은 대안은 없는지, 어떻게 하면 행사의 의미가 잘 느껴질지, 학생들의 의견을 수렴하는 좋은 방법은 무엇인지를 협의한다. 이 모든 과정을 충분히 공유한 후 역할 분담이 마지막에 이루어지고 교장, 교사, 학부모 저마다의 역할을 찾게 된다.

우리는 행사도 교육 활동이어야 한다고 여겼기에 즐거운 배움과 행복한 성장을 꿈꾸며 교육의 본질을 찾으려고 애썼다. 오랜 관행을 과감하게 버리고, 남긴 것은 '학교 여는 날'과 졸업식, 어린이날 축하 마당 '얘들아, 놀자', 과학의 날 기념 체험 마당 '신기한 과학 세상', 전교생 뒤뜰살이 '보래미 1박 2일', 동아리 활동과 방과후 학교 프로그램 활동 발표 축제 '보래미 한마당', 전교생 협력 프로젝트 '가을 소풍', 텃밭 가꿈 나눔 활동 '김장 나눔'이다. 한글날을 기억하는 행사는 온전히 아이들이 기획하고 추진하고 진행하는 학생회 활동이며, 모든 교육 활동은 교육과정 속에 녹아들어 간다. 배움에서 최고보다 최선, 두려움보다 용기 그리고 남을 이겨야 내가 산다는 경쟁보다 함께 성장하는 협력으로 우리는 행사 마당을 만들어가고 있다.

보래미배움터 행사 운영 원칙

- 교육적 효과가 탈색되고 교육과정을 파행 운영하는 역할을 해온 각종 수상 대회를 없애고 전시성 목적을 가진 행사를 하지 않는다.
- 교육적으로 필요한 내용은 교육과정과 연계해서 운영한다.
- 비교육적인 각종 교육 방법과 제도를 없애는 데 주력하고 교육적 가치가 있는 학교 행사를 추구한다.
- 교육의 본질을 살리며 내적 동기를 강화하여 많은 학생이 자발적으로 참여할 수 있는 교육 활동을 기획한다.
- 일부 어린이들에게 혜택이 돌아가고 지도하는 데 별도의 교사 업무가 과중되는 청소년 단체를 운영하지 않고, 청소년 단체에서 배울 수 있는 활동을 교육과정 속에서 배울 수 있도록 운영한다.

무엇을	어떻게	언제
외부 기관 문예 행사	– 각종 대외 행사와 대회에 참가를 원하는 어린이는 학교 홈페이지에 적극 홍보해서 학부모가 책임지고 동반하는 개별 참여를 원칙으로 한다. – 희망자에 한해 교육적으로 필요한 내용은 담당 교사가 별도의 지도를 할 수 있다.	연중
학교 여는 날 졸업식	– 아이들이 주인공이 되는 '학교 여는 날'을 기획한다. – 학교를 상징하는 장미 나무를 입학 선물로 준다. – 무상 교육을 실현하는 의미로 '체육복'을 선물로 준다. – 아이들과의 따뜻한 만남을 준비한다(교직원 소개 영상, 축하 공연). – 시상으로 채워지는 졸업식이 아닌 아이들 모두 주인공이 될 수 있는 졸업 행사를 기획한다. – 6학년 졸업 프로젝트에 '추억의 앨범 만들기'를 기획한다. 아이들과 교사의 손으로 제작한 앨범을 졸업 선물로 선사한다.	3월 2월
얘들아, 놀자 신기한 과학 세상 인권·평화 교육 보래미 1박 2일 한글 사랑 보래미 한마당 김장 나눔	– 과학의 중요성, 친구의 소중함, 통일의 필요성, 한글 사랑 등 본질적 의미를 강조하고 느낄 수 있는 행사를 기획한다. – 연습을 통해 교육과정 파행을 불러오는 행사보다 어린이와 교사, 학부모가 함께 어우러지는 축제의 장을 마련한다. – 모든 행사는 교육과정과 연계해서 계획하며 교과 속에 적합한 내용을 선정해서 교육과정에 녹여낸다.	보래미 배움터 기간

포남초등학교의 행사는 학생들이 만들어가고 교사와 학부모가 지원한다. 함께 만드는 자율적인 행사이기에 더 뜻깊고 즐겁다. 평가회에서는 늘 행사가 교육과정과 어우러져서 좋다는 의견이 나오는데, 학생회 아이들이 기획하고 추진하는 일이 많아지면서 아이들 또한 주인 의식을 가지게 되었다. 통제나 지시보다 자율, 소통, 참여를 강조함으로써 교사가 평등한 관계 맺기를 위해 노력하는 것을 학생들도 인식하고 있기 때문일 것이다. 아울러 학부모들이 자발적으로 참여함으로써 더욱 알차게 운영되고 있다.

♣ 모두가 주인공인 축제, '학교 여는 날'

보래미배움터 '학교 여는 날'은 기존의 입학식과 시업식을 한꺼번에 진행하는 행사다. 배움의 첫발을 내딛는 신입생을 맞이하며 한 해를 설레는 마음으로 다시 시작하는, 서로를 격려하고 모든 것들과 새로운 만남을 축하하는 시간이다.

'학교는 무서운 곳이 아니야. 선생님은 학생을 도와주는 사람들이란다. 언니 오빠들은 정말 친절하지. 공부는 즐겁게 온몸으로 하는 거란다. 두려워하지 말고 우리 같이 학교생활을 온몸으로 누려보자.' 이런 이야기를 어떻게 하면 신입생들에게 전할 수 있을까? 어떻게 하면 아이들이 주인공이 되는 '학교 여는 날'을 만들 수 있을까?

'학교 여는 날' 행사를 시작하겠다는 말에 학부모, 교사, 학생 400여 명이 모인 포남초등학교 체육관에는 정적이 흘렀다. 긴 방학을 마치고 오랜만에 만난 친구들과 담소를 잠시 미뤄둘 줄 아는 아이들. 쑥스러움을 무릅쓰고 준비한 선생님들의 축하 노래와 몸짓. 깜찍하고 앙증맞은 교직원 소개 동영상. 선생님들의 노력에 박수와 환호로 응답해주는 아이들. 다른 이의 말에 조용히 귀 기울이고 세상과 호흡할 줄 아는 태도를 보여주는 아이들. 서로를 보듬는 공동체 문화를 실천해보겠다고 다짐한 학교 혁신 운동. 아이들도 교사들도 모두 주인공인 축제에서 민주적이고 협력하는 문화를 만들고자 했던 우리의 노력이 결실을 맺는 것을 확인할 수 있었다.

♣ 모두가 주인공인 축제, 졸업식

졸업식에서 상 받는 아이만 주인공이 되는 현실을 바꾸고 싶었다. 상받는 연습을 따로 해야 하고, 시상하는 데만 지루하게 시간이 흘러가는 경직된 졸업식 문화를 바꿔보고자 했다. 졸업하는 한 사람 한 사람이 모두 주인공이 되는 졸업식, 형식에 얽매이지 않고 축제의 장이 되는 졸업식, 학생, 학부모, 교직원 모두 즐거운 감동이 있는 졸업식이 더 교육적이라고 여겼고, 그렇게 준비해보자고 의논했다.

2012년, 졸업식 대외상이 없어진 그해부터 졸업을 축하하는 풍경이 달라졌다. 졸업 소감을 나누는 영상을 함께 보며 추억을 떠올렸고, 아이들 하나하나의 꿈을 담은 편지를 모아 단지에 담았으며, 20년 후 다시 만날 것을 약속하고 땅에 묻기도 했다. 교직원들은 졸업장을 받고 무대에서 내려오는 아이들 한 명 한 명을 안아주고, 악수하고, 덕담을 나누었고, 졸업생들은 동생들이 정성스럽게 준비한 역할극을 보며 정든 학교생활을 다시 떠올리기도 했다. 어린 동생들이 실과 시간에 집에 있는

천을 잘라 서툰 바느질로 이어 붙여 만든 축하 현수막, 또 하나의 시작인 졸업을 축하하는 교직원들의 노래와 몸짓에 함께 기쁨을 나누기도 했다. 순서에도 없이 비밀리에 진행한 6학년 졸업생들의 깜짝 공연, 보는 내내 감동과 눈물로 범벅되었던 그 순간. 어깨를 토닥이며 낮은 목소리로 이별의 말을 전하자 선생님 품에 안겨 엉엉 울던 덩치 큰 남학생의 흐느낌도 생생하다.

당연하게 여기던 갈라짐, 차별의 관습과 관행을 걷어내니 할 수 있는 일들이 많아졌고, 그 자리에 서로를 소중히 여기는 우리의 마음이 깊이 자리했다. 함께 만든 졸업식에서 누구 하나 더도 덜도 아니고 모두가 행복했으며, 그렇게 우리는 다 같이 주인공이 되었다.

♣ 운동장에서 신나게 '얘들아, 놀자'

'주인공인 아이들이 즐거운 체육 행사를 만들자. 형식적인 질서에 치우치지 말자. 경쟁보다 협력에 중점을 둔 놀이로 건강한 공동체 문화를 만들자. 교육과정 내에서 활동하며 특별히 시간을 내서 연습하지 말고 행사를 즐기자. 학생, 학부모, 교직원 세 주체가 다 같이 참여하는 행사를 만들자. 학생회가 중심이 되어 기획하고 교사회와 학부모회에서 돕는 행사를 만들자.'

우리는 이렇게 원칙을 세우고, 행사에서 보여주기와 경쟁을 걷어냈다. 단상 위에서 구경하는 손님들이 없는 오롯이 아이들을 위한 놀이 축제. 관내 손님들을 위해 준비하는 특별식도 없다. 줄 세우는 연습을 하지도 않고, 준비 운동은 평소 수업 시간에 하던 것으로.

떡메를 쳐서 인절미를 만들고 식혜를 마시며 잠깐의 허기와 목마름을 달래는 전통 먹거리 마당, 사방치기, 굴렁쇠 굴리기, 딱지치기, 투호 놀이, 긴 줄넘기, 제기차기 등 다양한 놀이로 구성된 전통 놀이마당, 집에 있는 물건들을 가지고 와서 서로 나누고 기금을 마련해 장학금으로 기부하기도 한 아나바다 장터는 학부모회 활동에서 기획하고 진행했다.

교사들은 학급 속에서 학년 속에서 아이들과 이야기 나누며 아이들이 좋아할 만한 놀이, 일상에서는 시간상, 공간상 여력이 되지 않아 할 수 없었던 놀이를 찾았으며, 운동장에서, 체육관에서, 학교 곳곳에서 함께할 수 있는 놀이를 준비하고 아이들과 어우러졌다.

♣ 체험과 탐구, '신기한 과학 세상'

학교 행사는 그동안 담당자가 역할을 정해주고 담당자가 원하는 대로, 정확히 말하면 교장선생님의 방침에 따라서 진행되었다. 입학식, 과학의 날, 어린이날, 방학식, 야영, 운동회, 학예회 등 그냥 하던 대로 하는 것을 당연하게 여겼다. 하지만 이제 포남초등학교는 학교 행사에서 교육의 본질을 찾아가고 있다. 왜 해야 하는지, 어떤 것이 더 교육적인지, 다른 방법은 없는지를 다 같이 고민한다. 역할 분담에서는 교장선생님도 아낌없이 교육적·행정적 지원을 해준다. 포남초등학교의 행사는 학생들이 만들고, 교사가 지원하고, 학부모가 거들어주는, 그래서 내가 만드는 자율적이고 뜻깊고 즐거운 행사가 되었다. 행사를 위해 협의하는 과정이 힘들고 시간이 걸리지만 그래도 행복하다고 느끼는 것은 매뉴얼대로 움직이는 기계적인 행사가 아니라 직접 만들기 때문일 것이다.

'신기한 과학 세상'도 그렇게 아이들의 탐구를 중심에 놓고 일상생활 속에서 접할 수 있는 과학 세상을 만나게 하자는 취지로 기획되었다. 대학 축제처럼 체험 및 탐구 마당을 만들어서 아이들이 자유롭게 다니며 공부할 수 있도록 하고자 했다. 교사들은 준비물을 마련하고, 학부모들이 도움을 주어서 함께 어우러지는 또 하나의 마당으로 자리 잡아가고 있는 '신기한 과학 세상'을 생활 속 탐구를 통해 과학적 상상력을 키워주는 체험 마당으로 운영함으로써 아이들이 다양한 과학적 경험을 충분히 하도록 돕고 있다.

♣ 손꼽아 기다리는 '보래미 1박 2일'

한 학기의 반을 정리하는 시간을 가지며 전교생의 화합을 추구하는 행사가 보래미 1박 2일이다. 보래미배움터 기간 마지막에 하고 나서 여름방학을 맞는다. 새 학년이 시작되자마자 장기자랑을 준비하는 아이들이 있다는 말이 들릴 만큼 전교생이 손꼽아 기다리는, 학교 뒤뜰에서 펼치는 야영이다. 장기자랑은 첫날 저녁에 하는데 미리 신청을 하면 누구나 무대에 오를 수 있다. 완벽하지 않아도 태권도, 펜 비트, 춤, 연극, 노래 등 아이들이 순수하고 발랄하게 만드는 무대는 아름답다. 사회자도 희망하는 학생들의 신청을 받아서 정하는데, 2015년에는 무려 12명이 사회를 봤다. 아이들 스스로 대본을 짜서 연습하고 진행하므로 자유분방하고 편안한 분위기다. 행사는 학년에 상관없이 1년 동안 22개 모둠으로 구성한 다모임 활동을 토대로 모둠 깃발을 만들고, 모둠끼리 뒷산으로 추적 놀이를 다녀오고, 운동장 놀이와 체육관 놀이를 한다. 다모임에서 정한 식단으로 각자 맡은 음식 재료들을 챙겨 와서 저녁을 만들어 먹을 때는 활기가 넘친다. 밥은 냄비에 하는 것을 원칙으로 하므로 학부모의 도움이 필요하다. 어설프더라도 야영의 취지를 살려서 최대한 아이들이 모든 것을 하도록 지켜보고, 도움은 꼭 필요할 때만 준다. 저녁식사 후에는 캠프파이어를 하는데 깜깜한 밤하늘에 불꽃이 일면 여기저기서 환호성이 터진다. 촛불을 붙이고 서로를 위로하는 시간도 갖고, 학부모님이 자녀에게 전하는 글을 들으며 하루를 마무리한다. 모두 학교에서 자는 것을 원칙으로 하며 교실 취침은 1~4학년, 텐트 취침은 5~6학년을 중심으로 한다. 학교에서 텐트를 대여하고 교장선생님이 시범을 보이면 아이들이 운동장에 텐트를 친다. 상황에 따라서 1, 2학년 학생 중에는 가정 취침을 할 수 있다. 교실에서 잠자는 학년은 여자반, 남자반으로 구분하고 취침 도구를 준비해온다. 텐트에서 자는 아이들의 수다는 새벽녘이 되어서야 멈춘다.

아침에는 나무판에 1박 2일 소감을 담은 나무 벽화 그리기를 하고, 체육관에 모여서 소감을 공유한다. 소감 나누기에서는 기억나는 장면 그리기, 만든 음식이나 장기자랑, 촛불 모임에 대한 것, 부모님께 드리는 편지, 아이에게 보내는 편지, 선후배 사이에 오고간 마음 등을 나눈다. 점심을 먹고 모둠별로 구역을 정해서 정리하고 아이들이 집으로 돌아가면 행사가 끝난다. 성장이란 곧 협력의 문화라는 취지와 철학을 누구보다 잘 알고 실천하는 아이들에게 고마움을 느끼게 해주는 행사다.

♣ 전교생 협력 프로젝트, '가을 소풍'

가을 소풍은 학생, 학부모, 교직원이 함께 참여하는 활동을 통해 구성원들이 협력하고 소통하며 배움과 성장을 경험하고자 기획한 행사다. 2013년 어명정을 시작으로 선자령, 대관령 자연 휴양림 등을 올랐다. 가을 소풍이라고 하지만 협력이 저절로 일어나게 하는 극기 훈련에 가까운 산행 프로젝트다. 학생회 22개 다모임별로 등산하며 전 교직원이 지원한다. 학부모도 참여할 수 있지만 자녀가 있는 모둠에 배정하지 않는 것이 원칙이다. 자기 아이를 위해서가 아니라 우리 아이를 위해서 함께 참여하기 때문이다. 포남초등학교의 가을 소풍은 학부모 지원이 절대적으로 필요하다. 도움반 아이들과 체력이 부족한 아이들이 있기 때문이다. 차량 8대로 이동해서 2014년도에는 선자령 4.6킬로미터를 걸었다. 교장선생님이 엄살쟁이 1학년 ○○이를 업고 내려오기는 했지만 낙오하는 학생 없이 모두 걸었다. 힘들고 지치는 상황에서는 언니 오빠들이 어린 동생들 가방을 들어주고, 다리 아픈 동생들을 업어주고, 자신이 가지고 온 간식을 나누어주면서 밀어주고 끌어준다.

1년 다모임 평가를 할 때 가을 소풍이 가장 기억에 남는다는 대답이 많았는데 너무 힘들었기 때문이라고 한다. 그럼에도 도시락을 나눠 먹는 즐거움과 산에 올라서 모둠끼리 놀았던 추억, 무엇보다 온몸으로 느낀 가을 산의 정취는 두고두고 기억에 남을 것이다. 아이들이 지치고 힘든 일이 있을 때마다 서로를 의지하고 협력하며 등산을 해냈다는 성취감으로 극복하기를 바라는 우리의 마음이 담겨 있는 행사다.

♣ 교육 활동이 무대로, '보래미 한마당'

보래미 한마당은 포남초등학교 13개 동아리와 11개 방과후 학교 프로그램에 참여하는 학생들이 펼치는 발표회, 종합 예술 축제다. 기존의 화려하고 보여주기에 얽매인 학예회 형식이 아니라 1년 동안의 교육과정을 소중히 여기며 진실한 배움의 모습을 담는 행사다. 학예회를 펼치는 과정에서 연습, 일방적인 지시, 학생 동원 등 교사와 학생들이 어렵게 느끼던 것들을 개선했다. 있는 그대로 준비하고 만들어 즐기는 축제의 장이 되도록 최대한 열린 분위기에서, 아이들이 온전한 주인공이 되어 그동안의 배움을 마음껏 표현한다. 무엇보다 중요한 것은 별도의 연습을 하지 않고 일상의 활동들을 선보이며 공연이 가능한 동아리는 공연 무대를 펼치고, 전시가 가능한 동아리는 전시를 하며, 체험 부스를 차릴 수 있는 동아리는 체험이 가능한 활동을 만든다는 것이다. 체험 마당은 오전에 마치며 전시 마당은 하루 종일 운영한다. 공연 마당은 오후에 전교생이 체육관에 모여서 펼친다. 방송 댄스, 연극, 기타 연주, 영화, 합창, 한국무용, 바이올린 연주, 가면극 등이 무대에 오른다. 교사 동아리인 밴드는 축하 공연을 펼친다.

♣ 텃밭 가꾸기로, '김장 나눔'

봄에 텃밭에 모종을 심고 가꾸며 생명의 소중함을 알고, 여름과 가을에 열매를 따며 수확의 기쁨을 맛본다. 그리고 겨울이 오면 이 기쁨을 다른 사람들과 나눈다. 1, 2학년들이 고사리 손으로 배추 모종을 심고 3, 4학년이 사랑으로 가꾸어 5, 6학년이 학부모, 교직원과 함께 김장을 해서 어려운 이웃과 나누는 김장 나눔 활동이다.

김장철이 돌아오면 이틀간 실과 시간을 활용해서 텃밭에서 기른 배추 180포기와 무, 채소로 김장을 한다. 5학년 아이들이 밭에서 배추를 뽑아 수돗가로 나르면 학부모들이 잘라주고, 아이들은 씻어서 소금에 절인다. 다음 날 6학년들이 절인 배추를 씻어서 물을 빼는 동안 어른들은 양념을 만들고 풀을 쑤고 육수를 내어 아이들이 김치 버무릴 준비를 해준다. 등나무 아래에서 양념을 버무리는 아이들의 표정은 진지하다. 지나가는 어른들에게 한번 맛보라고 매콤한 배추를 입에 넣어주기도 한다. 급식소에서는 수육을 준비해서 그날 담근 김장 김치와 함께 전교생이 먹는다. 급식소에서 만난 아이들이 직접 만든 김치를 먹으며 "이거 우리가 한 거야, 맛있지? 다 먹어야 돼!" 할 때 그 뿌듯함이 진하게 전해진다. 소감 나누기에서는 '우리가 편하게 먹기만 하는 음식에 얼마나 많은 손과 힘이 필요한지 알게 되었다. 앞으로는 편식을 하지 말아야겠다'는 기특한 이야기들이 나온다. 4년째 진행되는 이 활동은 보래미 가족에게 무척 의미 있는 시간이다. 조금씩 힘을 보태어 나눔을 실천할 수 있다는 것을 말뿐이 아닌 행동으로 보여주고 있기 때문일 것이다. 아이들이 만든 김장 김치는 김장할 만한 여건이 되지 않는 가정에 직접 배달하기도 한다.

씨앗 둘

배움과
성장을 위하여

교육과정 재구성을 통해 학생 중심, 배움 중심으로 수업을 변화시키
고, 측정과 서열의 평가에서 다양과 성장을 지원하는 평가로 흐름을
바꾸는 등 변화의 움직임을 만들어가는 것은 아이들과 직접 만나는
교사들의 몫이다.

교사와 학생의 배움과 성장을 위해 교육과정-수업-평가는 유기적인 연결과 흐름 속에서 함께 변화해야 한다. 우리가 지향하는 교육철학인 민주, 협력, 생태, 인권, 노동, 평화라는 가치를 담아 긴 호흡으로 밑그림을 그려낸 교육과정. 교사와 학생, 학생과 학생이 만나는 모든 장면에서 민주성, 공공성, 탁월성을 추구하며 주제, 탐구, 표현, 활동, 협력이 녹아든 '배움의공동체'를 만들어간 수업. 비교와 서열, 경쟁을 지양하고 학생들을 깊게 이해하며 잠재력, 가능성을 끌어내기 위해 협력하는 과정 속에서 성장과 발달 과정을 격려하고 지원하려 했던 평가.

몸과 마음의 온전하고 균형적인 자람을 돕고 참여, 소통, 자율을 통해 스스로를 돌아보며 자기 삶을 가꿀 수 있는 힘을 기르고, 더욱 많은 사람과 더 넓은 세상을 만나 협력하며 살아갈 수 있도록 깊고 넓고 진지한 배움을 만나는 일. 이것이 교육과정-수업-평가를 고민한 이유다. 교육과정이 수업이고 수업이 평가이며 평가 자체가 교육과정이었던 것은, 이 모든 것이 앎과 삶이 하나 되게 실천하고 실현하는 하나의 과정이며 배움의 연속이기 때문이다. 보래미배움터의 교육과정-수업-평가가 어디를 향하고 있으며, 무엇을 담아내고 있는지, 어떻게 걸어가고 있는지를 펼쳐보았다.

온전한 성장을 꿈꾸는
교사 실천 교육과정 이야기

　　교사는 학교라는 공간에서 아이들의 전인적이고 균형적인 성장과 발달이 협력적으로 이루어질 수 있도록 교육하는 사람이다. 그리고 교사들이 추구하는 교육철학을 펼쳐내는 모든 교육 활동의 밑거름이자 발판이 되는 것이 곧 교육과정이다. 교사와 학생이 만나는 모든 장면은 이 교육과정에 기반하며 왜, 무엇을, 어떻게 가르치고 배울 것인가를 다룬다. 학교 철학을 중심으로 학생의 발달과 삶, 환경 등 여러 가지 상황을 담아서 운영과 활동의 지원 체제를 만들고, 협력적인 수업과 이와 연계한 성장과 발달을 격려하는 평가를 실천한다. 배움의 차이를 줄이는 돌봄, 스스로 삶을 가꾸는 주체가 되도록 하는 교사회와 학생회, 학부모회를 세우고 인권이 살아 숨 쉬는 생활교육을 실현하는 것도 교육과정의 일부다.

교사가 스스로의 전문성에 기초하여 가르침과 배움으로 학생들과 만나는 한 해 동안의 모든 교육을 재조직하고, 수정하고, 보완하고, 통합하는 활동을 교육과정 재구성이라고 한다. 교육을 둘러싼 모든 것에 대한 교사의 능동적 고민은 교육과정 재구성의 훌륭한 자료가 될 수 있다. '교과서를 가르치지 말고 교과서로 가르쳐야 한다'는 말은 아이들의 전면적 발달, 협력적 발달을 지향하며 교육 현장의 변화를 원하는 사람들이 자주 하는 말이다. 교육 현실 변화에 대한 갈망이, 정해진 교육 목표와 내용, 방법, 시수 같은 형식적인 틀에 갇혀서 지역적 특성과 아이들의 삶을 연결시키지 못하고 규격화한 상품처럼 교육에 임했던 교사들을 반성하게 한다. 또 국가가 정해놓은 교육과정을 지역에 맞게, 학교에 맞게, 학년에 맞게, 아울러 교사와 아이들의 출발점과 환경을 고려해서 재구조화하도록 하고 있다.

아이들은 자기 삶과 배움이 연결될 때, 배우고 싶은 것을 배울 때, 스스로 배움의 주체가 될 때, 도전적인 과제나 구조화되지 않은 문제를 만날 때, 손끝으로 배울 때, 배운 것을 스스로 표현할 때, 긍정적이고 허용적인 관계가 될 때 더 잘 배울 수 있다. 아이들의 배움이 더 잘 일어나도록, 한 명의 아이도 소외되지 않도록, 학생들을 배움의 능동적 주체로서도록 하는 교육과정 재구성이 필요하다.

교육과정 재구성을 통해 학생 중심, 배움 중심으로 수업을 변화시키고, 측정과 서열의 평가에서 다양과 성장을 지원하는 평가로 흐름을 바꾸는 등 변화의 움직임을 만들어가는 것은 아이들과 직접 만나는 교사들의 몫이다. 따라서 우리는 '교육과정 재구성'이라는 방법적 표현 대신 전문성을 지닌 주체적인 교사의 실천을 지향하는 '교사 실천 교육과정' 이라는 표현을 쓰고 있다. 교육철학, 교육 문화, 교육과정, 교육 방법, 수업, 평가, 생활교육 등 학교의 모든 교육 활동이 종합적으로 묻어나는 교사의 의지를 강조하기 위해서다.

교사 실천 교육과정을 위한 디딤돌 만들기

인간은 통합적인 인격체로서 통합적인 생활을 중심으로 하기에 아이들의 삶과 배움도 분절되지 않은 유기적이고 통합적인 상황 속에서 이루어진다. 따라서 가르치는 교육 활동도 내적 동기를 유발하고 증폭시킬 수 있는 통합적인 방법을 시도해야 한다. 통합을 통해 교과와 교과별 교육 내용의 중복을 피하면서 학생들에게 학습 부담을 줄여주고 의욕은 증가시키며 수업의 질을 높일 수 있어야 한다. 그러기 위해서는 선결해야 할 과제들, 학교가 밑받침해두어야 하는 제도와 장치가 필요하다.

- 교육과정에 대한 주도권과 결정권이 교사에게 있어야 한다. 학생들 배움에 필요한 활동들을 결정할 수 있어야 하고, 계획한 것을 실현하는 책임이 교사에게 주어져야 한다. 교사와 아이들이 약속한 계획이 교장, 교감의 간섭 등 관료 체계에 영향을 받아서는 온전한 전문성과 자율성을 발휘하기 힘들기 때문이다.

- 교사회, 학생회, 학부모회의 민주화가 우선되어야 한다. 다양한 의견

을 말하고 수렴할 수 있고, 공공성을 바탕으로 의견이 결정되어야 한다. 권력을 가진 한두 사람의 입김이 교육과정과 교육 활동을 결정하는 구조는 바람직하지 않다. 억압적인 학교 문화는 교사와 학생의 자유롭고 창의적인 상상력을 말살시킬 수 있다.

■ 교사 실천 교육과정의 경험을 공유할 수 있는 교사 간 협력이 전제되어야 한다. 그동안 교사들은 스스로 교육과정을 재구성할 수 있다는 사실을 기억하지 못하는 시스템에서 살았다. 국가 수준 교육과정에서 정해놓은 대로 교과서가 제시한 교육 목표, 교육 방법, 발문, 교육 자료를 벗어나 이를 뛰어넘을 수 있는 전문성을 지녔다는 것을 인식할 틈도 없었다. 정해진 것들을 쫓아가기에 바빴고 그 모든 것들을 통합할 수 있다는 생각을 못했다. 누군가 실천을 경험한 이가 있고 그것을 나눌 수 있는 문화가 형성된다면, 함께 머리 맞대고 고민해서 진행할 수 있는 틀이 갖추어진다면, 협력하는 교사 문화가 뒷받침된다면, 교육과정 재구성은 도전해볼 만한 일이다.

■ 교사 실천 교육과정 편성에서 교사의 전문성과 교육철학 실현을 과감하게 살릴 수 있는 교육 자료, 인적·물적 자원 연결을 위한 정보의 교류는 필수다. 학교 밖 문화·예술 단체, 사회 교육 프로그램 기관 등 다양한 인력 풀이 확보되고 지속적으로 결합되어야 살아 있는 교육과정을 실현할 수 있다. 지적인 배움이 아이들의 눈으로, 손끝으로, 몸으로, 감각으로 흡수될 수 있는 여건과 환경이 갖추어져야 한다. 교사 혼자

만의 힘으로 할 수 없는 일들을 지역사회와 함께 고민해야 한다.

- 교사가 교사다운 교육을 하려면 행정과 학교 체제가 '지원' 중심으로 바뀌어야 한다. 아이들을 만나는 시간으로 바빠야 할 교사들이 교육 외적인 업무로 바쁠 때가 많다. 교육 활동인지 아닌지 구분되지 않은 채 다람쥐 쳇바퀴 돌 듯 하루하루를 정신없이 보내고 있다. 교재를 연구하고 교육과정을 들여다보고 분석해서 기획하고 편성할 시간이 부족하다. 또 지적 학력만을 강조하는 현실은 현장의 다양한 창의적인 수업과 교육 활동을 방해하고 있다. 학교 업무를 정상화해서 교사는 수업을 하고, 행정적 지원은 행정실에서 해야 한다. 바쁜 학년 초 교육과정 계획에 몰두하기에도 부족한 시간을 청소며 자료 준비, 공문 처리 등에 쏟는, 주객이 전도되는 일이 없어야 한다.

- 다양한 교수·학습 방법을 교사들이 익숙하게 사용하기 위해서는 다양한 연수가 지속적으로 이루어져야 한다. 교육 공공성을 바탕으로 한 교육철학과 가치를 올곧게 세울 수 있고, 이를 아이들과의 만남 속에서 펼쳐낼 수 있는 교육과정, 수업, 학급 운영, 생활교육, 돌봄 등 다양한 영역에서 꾸준한 연수가 배치되어야 한다. 교사가 함께 배우고 실천하는 모습은 서로의 의지와 열정, 보람을 상승시키는 역할을 한다. 또 교수·학습 방법론만 중요하게 생각할 것이 아니라 그 속에 녹아 있는 철학적인 배경을 알고 접근하는 것도 필요하다.

주제중심교과통합 교육과정은 수업의 장면에서 다양한 방식으로 상호 연관해서 계획하고 가르치며 평가하는 교사 실천 교육과정이다. 학생들의 흥미와 관심을 반영하고 주제를 중심으로 학습 내용을 선정하여 활동 중심의 교육과정을 만들며, 학생들의 적극적인 참여로 학습 동기를 높이고 학습에 대한 책임감을 갖게 한다. 아울러 비판적 사고와 문제 해결 능력을 기를 수 있도록 수업을 디자인한다. 즉, 포남초등학교가 경쟁보다 협력이라는 큰 목표를 중심에 두고 아이들의 균형적이고 협력적인 발달을 온전히 담보하기 위해, 또 교사가 오로지 아이들과 만나는 장면에만 주력하기 위해 이를 방해하는 요소와 거품을 빼고 당당히 걸어가도록 지원한다.

주제중심교과통합 교육과정의 흐름

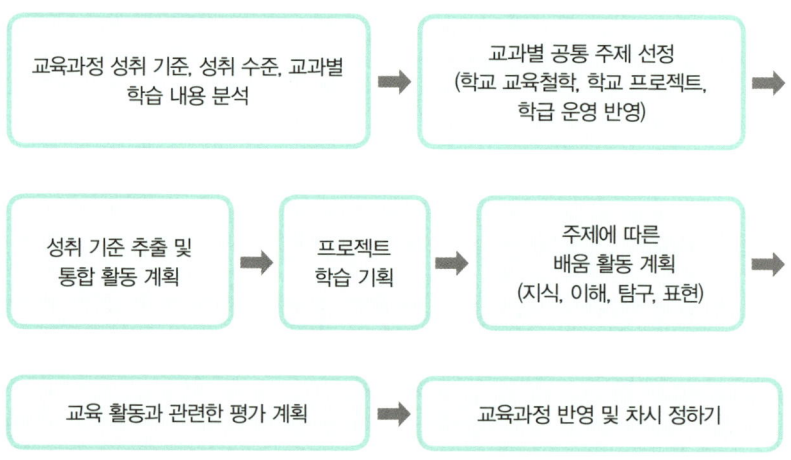

교육과정과 수업에 대한 고민은 교사들의 서로에 대한 존경심과 동료성이 밑바탕에 깔려 있어야 한다. 각자의 전문성을 인정하고 신뢰하며 협의를 통해 공동체의 힘을 발현하면 교사 실천 교육과정은 더욱 활발하게 이루어질 수 있다.

교사 실천 교육과정 첫걸음, 해살이 준비 연수

2월 인사 발령이 끝나자마자 우리는 모든 교사가 한자리에 모여 한 해의 교육과정을 준비하는 해살이 준비 연수를 진행한다. 해살이 준비 연수는 교사 실천 교육과정의 첫걸음이며 전문적 학습 공동체의 출발점이다. 아이들의 성장을 지원하며 교육의 본질을 살리는, 교육 중심의 학교와 교육과정을 만드는 과정이다. 우선 학교 철학을 다시 한 번 새기고 공유하며, 이를 바탕으로 이루어지는 활동을 기획하고 구상하여 학년 교육과정, 교사가 만드는 교육과정에 녹여내도록 한다. 이때 교육의 방향을 무엇에서 찾는가는 매우 중요하다.

'무엇'에는 시대와 교육, 시대와 삶, 교육과 삶을 어떻게 연결 짓고 있는지에 대한 관점이 담겨 있으므로 '무엇'이 다르면 교육의 방향도 달라진다. 무한 경쟁 시대에 교육도 당연히 경쟁에서 살아남는 법을 가르쳐야 하며 살아남는 아이들이 혜택을 누리는 것 또한 당연하다고 생각한다면 배움은 늘 미래를 위한 준비일 수밖에 없다. 우리는 어떻게 변화할지 모를 '미래'가 아니라 아이들이 살고 있는 '현재'에 집중하기로 했다. 어른들이 불확실하다고 말하는 미래 역시 현재가 쌓여야 존재할 수 있는 것이기에. 이것이 바로 아이들이 배움의 시기를 자유롭고 행복하게 살아야 하는 이유이기도 할 것이다. 6년이라는 시간 동안 살아갈 아이들을 중심에 놓고 보기에 아이들의 삶을 잠시 만나는 교사이지만 민주, 협력, 생태, 인권, 평화, 평등의 가치를 아이들 삶 속에서 마주하고 경험하고 실천할 수 있도록 최선을 다한다.

이 기간 동안 교사들은 한 해의 교육 활동을 어떻게 전개해나갈지 진지하게 논의하고 협의해서 형식적인 계획서가 아니라 반 아이들과 함께할 교육과정을 교사 본연의 전문성을 발휘하여 만든다. 국가 교육과정을 세밀히 분석하고 성취 기준, 발달 단계를 고려하여 섬세하고 진지하게 배움을 만드는 일에 동료 교사들과 협력한다. 학년군 간 연계성을 염두에 두고 서로의 교육과정을 살피고 공유하는 것은 아이들 배움의 흐름을 이해하는 데 큰 도움이 된다.

교육철학과 내용, 평가 등을 교육과정에서 어떻게 녹여내며 진정한 배움을 추구하는지, 앎과 삶이 하나 되는 배움이 어떻게 아이들의 삶과 맞닿은 교육과정으로 재탄생하는지, 교사들이 고민해서 펼쳐낸 한 차시 수업을 넘어서 한 해로, 또 삶 전체로 연결되는 배움의 실천이 어떻게 펼쳐지는지를 학년별 사례로 소개해본다.

두근두근 한해살이 준비하기

1학년 아이들과의 첫 만남은 상상만으로도 두근두근했다. 생애 첫 학교생활을 시작하는 아이들에게 어떤 선생님이 되어야 할까, 어떤 말을 해야 할까 걱정과 두려움으로 가슴이 뛰었다. 하나부터 열까지 엄마처럼 챙겨줘야 한다든가, 화장실에 함께 가야 한다든가, 한동안은 자리에 앉아서 수업하기가 어려울 수도 있다든가, 한글을 떼야 하는 부담감이라든가. 1학년 담임을 맡았던 분들의 경험담과 추억담은 무궁무진했고 자신감은 점점 쪼그라들었다.

두근거리는 마음으로 겨울을 보내고 2월, 해살이 준비 연수에서 아이들과의 만남을 위한 한해살이를 함께 준비했다. 1, 2학년군이 모여서 아이들의 발달과 성장을 이야기하면서 철학을 세우고 교육의 방향을 찾을 수 있었다. 어린이집이나 유치원과는 다른 학교에서 새로운 생활을 시작하는 1학년에게는 더욱 배움의 즐거움을 느끼고 곁에 있는 사람의 소중함을 느끼는 시간이기를 바랐다. 배움의 즐거움이란 경쟁에서 이기는 데서 느낄 수 있는 것이 아니라 내가 모르는 것을 누구에게나 물어보고 배울 수 있는 평등한 관계에서 시작된다. 배우는 공간에서 '모름'은 부끄러움이 아니라 당연한 것인데도 아이들은 '모름'이 드러나는 데 두려움을 느끼고 있었다. '두려움과 배움은 함께 춤출 수 없다'는 말이 1학년 아이들과의 만남을 앞두고 있는 시점에 절실하게 와 닿았다. 안 그래도 낯설고 두려울 아이들이 오빠, 형, 누나들이 있다는 것을 느끼고 학교에서 평화롭게 삶을 가꾸며 다른 사람의 곁을 지킬 수 있는 사람으로 성장하길 바랐다.

1, 2학년군 교사들이 둘러앉아 나눈 이야기는 고스란히 교육과정을 보는 눈이 되었다. 한글을 깨우쳐야 하는 시기에 받아쓰기 시험이 당연하다는 관행을 깰 수 있었던 것도 이 때문이다. '느낌'으로 배우는 아이들이 어떻게 '한글'을 배워야 할까를 고민했다. 호흡과 리듬이 중요한 아이들이 어떻게 자신의 리듬으로 배울 수 있을까, 하는 고민은 '생태'를 중심으로 한 '우리랑 흙이랑' 프로젝트로 연결되었다. 아이들의 발달, 느낌, 생활을 학교 철학과 연결시켜 대략의 주제와 얼개를 짤 수 있었다.

주제통합 학습		프로젝트 학습	
기간	주제	주제	내용
3. 2~4. 10	친구야, 학교 가자	우리랑 흙이랑	계절과 절기에 따라 몸과 마음을 준비하며 자연과 더불어 살아가는 경험을 쌓는다. – 봄, 여름, 가을, 겨울 농촌 체험학습 – 학교 텃밭 활동 – 세상을 모듬다(생태 교육)
4. 13~5. 22	예쁘지 않은 꽃은 없다		
5. 26~7. 22	뜨거운 여름		
8. 20~10. 23	가을 속 보물찾기		
10. 26~12. 11	우리라서 행복해		
12. 14~1. 6	여덟 살, 추억 여행		

우리는 1학년

흔히 초등학교에 입학해서 3월은 '적응'하는 시기라고 한다. 하지만 단순히 학교의 시스템과 교사의 스타일에 익숙해지는 것이 적응이라고 생각하지는 않는다. 새롭게 맺는 관계 속에서 때로는 부딪히고 갈등하면서 '나'와 '우리'를 세우고 만드는 것이 중요하다. 규칙과 예절을 강조하며 훈련시키기보다 온전하게 '관계 맺기'에 집중한 것도 이러한 이유에서였다. 3월은 낯선 것을 만나 살피고 탐구하고 나와 연결시켜보는 시기다. 교실에서 선생님과 친구들을 만났다면 교실 밖에서는 다른 학년, 다른 반 선생님, 학교에서 일하시는 분들과 만났다. 바로 옆 반이라서 늘 얼굴을 마주치는 6학년들과 모둠을 지어 손을 잡고 학교를 둘러보고, 일주일에 한 번 책을 매개로 5학년 언니, 누나들을 만났다. 한 달에 한 번, 학생 자치 활동으로 전체 다모임에 참여하며 다른 학년 아이들과도 만났다. 만남은 배움의 시작이라는 말은 딱 맞았다. 만남을 통해 관심이 생기고 자세히 보게 된 아이들은 자연스럽게 배우고자 했다. 나와 다르지만 곁에 있는 사람들의 말, 행동 그리고 마음까지. 친구와 마음이 달라서, 또는 자신이 하는 것만큼 사람들이 몰라주는 것 같아서 혼란스러움을 느끼기도 했다.

6학년과 학교 둘러보기

3월 말에는 반 다모임을 열었다. 한 달 간 학교생활을 하며 기억에 남는 것, 힘들었던 것, 아쉬웠던 것, 속상하거나 불편했던 것, 모두 평화롭게 지내려면 어떻게 해야 할지 등을 이야기했다. 아이들은 생각보다 훨씬 진지했다. 수업 시간에는 몇 분도 집중하지 못하고 돌아다녀서 무척 힘들었는데 이 시간만큼은 달랐다. 친구의 잘못을 이르거나 억울해하기도 했지만 그러는 과정에서 다른 사람을 탓하지 말고 자신의 기분으로 말하는 것이 좋겠다는 약속도 했다. 우리가 모인 이유는 잘못한 사람을 가려내고 벌주려는 것이 아니라 상대방의 이야기를 들어주고 마음을 풀려는 것이라는 사실도 공유할 수 있었다. 시간이 오래 걸리기는 했지만 진지하게 성찰하며 '우리 반 평화 약속'도 만들었다. 주어지는 것에 적응하기보다 함께 생각해서 만드는 것이 훨씬 재미있고 의미 있었다. 학생 이해 활동(진단 활동)을 따로 하지 않아도 이런 과정에서 아이들의 발달이나 사고를 어느 정도 확인할 수 있었다.

　1학기 때는 미처 시도해볼 생각을 못하다가 2학기에는 아이들과 함께 배움 계획을 짜보았다. 성취 기준을 잡기에는 말이 너무 어려웠기에 교과서를 살펴보고 나서 2월에 대략 짜놓은 얼개를 이야기해주고 그 의미를 공유한 다음, 교과서 속 내용이나 활동을 연결 지었다. 하고 싶은 것, 기대되는 것에 대해서도 이야기를 나누었다.

교과서 살펴보며 하고 싶은 활동 구성하기

　1학년이라서 처음이고 잘 모르니까 못할 거라는 생각은 교사로서 아이들을 너무 쉽게 평가하고 한계를 단정 짓는 안이한 자세다. 아이들과 2학기 배움 계획을 짜면서 교사로서 섣부른 평가보다 믿음과 시도가 중요하다는 것을 깨달았다. 주제가 가진 의미나 교과서 흐름에서 중요한 낱말을 찾아내는 아이들, 친구의 생각과 자신의 생각을 연결해서 더 나은 활동을 찾아내는 아이들, 빨리 자신들이 계획한 수업을 하고 싶다는 아이들을 보면서 나도 배움의 시간이 기다려졌다.

어떤 것이 보물인가요?

2학기 첫 주제인 '가을 속 보물찾기'의 마무리는 역시 아이들이 기다리고 기다리던 '보물찾기' 활동이었다. 하지만 우리는 이 활동을 시작하기도 전에 이미 '보물'을 찾은 것은 아닐까. 배움의 주제는 각각 떨어져 있는 것이 아니라 연결되어 있고, 그 사이사이에 우리의 삶이 있다는 것을 깨달았으니 말이다. 아이들은 1학기에 배운 노래 '예쁘지 않은 꽃은 없다'를 1년 내내 불렀는데, 노래를 부르면서 초등학교 때는 사고가 아니라 느낌으로 배운다는 걸 충분히 알 수 있었다. 2014년 4월 이후에는 '아프지만 잊지 말자'며 '진실은 침몰하지 않는다'는 노래를 같이 불렀는데, 여름이 지나고 2학기에 다시 만났을 때 한 아이는 "선생님, 그 진실 노래 잊지 않았죠?"라며 내 무딘 기억을 두드리기도 했다. 그 느낌이 남아서였는지 추석이 지나고 '색종이로 베를 짜서 따뜻한 이불 만들기' 활동을 할 때는 세월호 가족에게, 버려진 동물에게, 거리에서 차례 상을 차린 해고 노동자에게 이불을 덮어주고 싶다는 아이들이 있었다. 배움을 통해 아이들의 마음속에 자리 잡은 보물, 어쩌면 우리는 보물을 찾은 것이 아니라 어떤 것이 보물인지를 끊임없이 질문한 것이 아니었을까.

왜 나누어야 하나요?

2학기 두 번째 주제인 '우리라서 행복해'는 '나눔'에 관한 것이다. 아이들에게는 어려울 수 있는 '이웃'의 의미를 알아보고 '곁'을 조금 넓혀서 보며 '나눔'을 생각해보려고 했다.

주제 배움 계획

10. 26 ~ 12. 11	주제	우리라서 행복해	수업 일수	35	총 시수	130
주제 선정 이유						

10. 26 ~ 12. 11	주제	우리라서 행복해	수업 일수	35	총 시수	130
주제 선정 이유	나눈다는 것은 무엇일까? 왜 나누어야 하는 것일까? 내가 가진 것을 다른 사람과 나누며 사는 것이 당연하다고 하지만 막상 일상에서 실천하기란 매우 어렵다. '나눔'의 의미를 글이 아니라 마음으로 느끼고 작은 일이라도 할 수 있는 일을 찾아 실천해본다. 이웃과 우리나라를 연결하여 옛날과 오늘날 이웃과 더불어 살아가는 모습을 살펴보며 나눔과 봉사의 의미를 생각해보고 실천하면서 배운다.					

교과	단원	성취 기준	활동 내용과 평가
국어	4. 뜻을 살려 읽어요 (11)	– 띄어쓰기를 고려하여 읽고, 띄어 읽기를 달리하여 읽었을 때 생기는 의미의 변화를 안다. – 설명하는 글에서 설명의 대상이나 화제를 찾을 수 있다. – 이야기 글에서 중심인물과 사건을 찾을 수 있다. – 다양한 고유어를 상황에 맞게 사용할 수 있다.	**주제 열기** • 주제 마인드맵 – 우리나라, 이웃에 대해 떠오르는 것을 그림, 낱말 등으로 자유롭게 표현하기 • 주제 책 읽고 표현하기 – 책 읽고 생각과 느낌 이야기 나누기 – 책 읽고 인상 깊은 장면 그리기 • 주제 노래 부르기 **주제 책** 〈개구리네 한솥밥〉 〈왜 나누어야 하나요?〉
	6. 이야기꽃을 피워요 (12)	– 다른 사람의 말이나 이야기를 귀 기울여 듣는 태도를 갖는다. – 다른 사람의 말이나 이야기를 듣고 내용을 파악할 수 있다. – 문장의 기본 구조를 알 수 있다.	'우리는 이웃과 어떻게 지냈나요?' • 옛날과 오늘날 이웃과 함께 살아가는 모습 알아보기 – 여러 가지 자료(사진, 동영상)를 보고 옛날과 오늘날 이웃과 함께 살아가는 모습 찾기

	6. 이야기꽃을 피워요 (12)	– 온점, 물음표, 느낌표를 올바르게 사용할 수 있다. – 동시를 즐겨 낭송할 수 있다. – 짧은 이야기나 노래를 들려줄 수 있다.	• (국어 4. 뜻을 살려 읽어요) – 뜻이 잘 드러나게 글 띄어 읽기 – 글 읽고 누가 무엇을 했는지 알기 – 어떤 일이 있었는지 생각하며 글 읽기 – 인물의 마음 생각하며 글 띄어 읽기
국어	7. 다정하게 지내요 (11)	– 상대의 처지와 감정을 생각하며 자신의 기분이 나 느낌을 말할 수 있다. – 일상생활에서 고운 말, 바른 말을 사용하는 태 도를 지닌다. – 이야기나 시를 듣거나 읽고 작품 속 인물의 모 습과 마을을 상상할 수 있다.	• 우리의 음식과 그릇 알아보기 – 추석 때 경험 돌아보기 – 화전/수리취떡/송편 만들어본 경험 돌아 보기 – 우리의 음식 종류 알아보기 – 우리의 음식 문화 알아보기 (이웃과 나누는 음식 문화를 중심으로) • 우리의 집 – 전통 집과 지금의 집 비교하며 살펴보기 – 바람과 햇살과 친한 집 – 전통 집의 장점 살펴보고 오늘날 쓰이는 곳 알아보기
	8. 생각하며 읽어요 (11)	– 글자와 소리가 다르지 않은 낱말과 문장을 정 확하게 소리 내어 읽을 수 있다. – 글자와 소리가 다른 낱 말과 문장을 정확하게 소리 내어 읽을 수 있다. – 설명하는 글에서 설명의 대상이나 화제를 찾을 수 있다. – 문장 부호를 사용하여 자신의 생각을 문장으로 나타낼 수 있다. – 자신의 주변에서 일어난 일에 대한 생각을 문장 으로 쓸 수 있다.	• 우리의 문양 (수학 6. 규칙 찾기와 연계) – 여러 가지 자료에서 규칙 찾아 말하기 – 우리의 집과 그릇 등에서 전통 문양 찾기 – 규칙 찾아 여러 가지 방법으로 나타내기 – 규칙 만들어 늘어놓기 – 규칙 만들어 무늬 꾸미기 (전통 문양 만들기 또는 색칠하기) • 우리의 옷
통합 교과 (이웃)	1. 이웃 (21)	– (바생) 이웃 간에 지켜 야 할 예절을 알아보고 이웃과 바르게 인사하 는 생활을 실천할 수 있 다.(4)	• 우리의 인사와 글자 (국어 7. '다정하게 지내요'와 연계) – 기분을 좋게 하는 말 하기 – 이야기에 나오는 인물이 되어 듣는 사람의 기분을 좋게 하는 말 하기 – 듣는 사람의 기분을 생각하며 자기의 기분 말하기

통합 교과 (이웃)	1. 이웃 (21)	– (슬생) 이웃과 함께한 일이나 도움을 주고받았던 경험을 이야기하여 보고 이웃과 우리의 관계를 생활 모습과 관련지어 설명할 수 있다.(6) – (즐생) 이웃과 다양한 생활 모습을 알아보고 이를 여러 가지 놀이와 방법으로 표현할 수 있다.(11)	• 우리의 흥(국악 교육과 연계) – 우리의 노래, 놀이, 춤 알아보기 – 우리의 노래, 놀이, 춤 해보기 • 우리의 전통문화 책 만들기 〈왜 나누어야 하나요?〉 • 책 읽고 나눔의 의미 생각하며 이야기 나누기('왜 나누어야 하나요?') – 글을 바르게 소리 내어 읽는 방법 – 글을 바르게 소리 내어 읽기 – 글 읽고 자기의 생각 쓰기
	2. 가게 (21)	– (슬생) 생활에 필요한 물건을 종류에 따라 무리 짓고 이들 물건을 살 수 있는 우리 주변의 가게를 조사하고 정리하여 발표할 수 있다.(5) – (즐생) 가게 놀이에 즐겁게 참여하고 가게의 모습을 여러 가지 방법으로 표현할 수 있다.	• 우리 주변에 나눔을 실천하는 사람들 알아보기 • 우리가 나눌 수 있는 것 생각하고 이야기 나누기 • 우리 주변의 가게 알아보기 (국어 8. '생각하며 읽어요'와 연계) – 글을 읽고 무엇을 설명하는지 알기 – 무엇을 설명하는지 생각하며 글 읽기 – 주변에 있는 가게 조사하기 – 생활에 필요한 물건을 사는 방법 알아보기 – 노래를 부르며 장보기 놀이하기 – 주변에 있는 가게 방문하기 – 물건 잇기 놀이하기 – 가게 놀이를 계획하여 준비하기 – 우리 가게 광고지 만들기 – 가게 놀이 해서 모은 돈을 어떻게 나눌지 이야기 나누기 – 나눔을 실천하고 자신의 생각과 느낌을 표현하기
통합 교과 (우리 나라)	2. 우리의 전통문화 (20)	– (바생) 세계 속의 우리 것을 여러 가지 찾아보고 이를 소중하게 여기는 마음을 가질 수 있다.(4) – (슬생) 일상생활 속에서 우리 전통과 관련 있는 의식주 문화를 관심을 갖고 조사하여 우리의 전통문화에 대해 설명할 수 있다.(5) – (즐생) 우리나라 전통문화를 체험해보고 전통적인 도구나 문양들을 표현할 수 있다.(11)	

| 통합
교과
(겨울) | 1.
따뜻한
겨울
(10) | – (바생) 불우한 이웃에 관
심을 가져야 하는 이유를
알아보고 그들과 나누며
봉사하는 생활을 실천할
수 있다.(2)
– (슬생) 나눔과 봉사를 해
야 하는 까닭을 설명할
수 있으며 주변에서 봉사
하고 기부하고 나누는 사
람들의 사례를 찾아 소개
할 수 있다.(2)
– (즐생) 주변의 어려운 이
웃을 도울 수 있는 여러
가지 방법을 알아보고 그
들을 위해 할 수 있는 일
을 계획하고 참여할 수
있다.(6) | 생태 교육 ⑥(2시간)
– 학교 숲 식물들의 변화
생태 교육 ⑦(2시간)
– 겨울을 준비하는 식물

평가
'우리의 전통문화' 책 만들기,
책 읽고 자신의 생각 글쓰기, 가게 놀이
과정에 참여하는 태도, 나눔 실천하고
소감 나누기 |

    당연히 해야 하는 것으로 받아들이기보다 '나눔'이라는 마음과 실천의 아름다움을 느낄 수 있으면 좋겠다고 생각했다. 그래서 '나눔'의 필요성으로 바로 접근하지 않고 이야깃거리와 질문을 던지려고 노력했다. 시작하면서 '이웃' 하면 떠오르는 것을 써보았을 때 아이들은 처음에 옆집 아주머니, 윗집 아저씨 등 같은 동네에 살고 있는 사람들을 '이웃'으로 떠올렸다. 주제 책인 〈개구리네 한솥밥〉을 읽으면서 주변에서 만나고 있고 만날 수 있지만 잘 몰랐던 사람들에 대해서도 조금이나마 생각해볼 수 있었다. 3월부터 지금까지 관계를 맺고 있는 6학년이나 5학년, 전체 다모임을 함께하는 같은 모둠, 급식실에서 만나는 조리 종사원들, 장애를 가지고 있는 친구, 동네에서 만나는 가게 아저씨나 아주머니, 곳곳에

서 일하며 살아가는 사람들까지. 어쩌면 지금까지의 배움 자체가 곁에 있지만 별로 신경 쓰지 않았던 '우리'를 이웃으로 마음에 담는 과정이었다고 할 수 있을 것이다.

옛날 우리나라 사람들이 이웃과 서로 돕고 나누며 함께 살아가는 모습을 그림이나 이야기를 통해 살펴보기도 했다. 지금은 사라졌거나 새롭게 바뀐 '나눔'의 의미를 삶으로 이해하고 아름답게 느끼는 과정으로 계획한 일이었다. 의식주를 넘나들며 사람들이 서로 도왔던 모습을 살펴며 지금의 우리와 크게 다르지 않다는 것도 확인했다. 오늘날의 우리, 그 속에 있는 나는 어떻게 이웃과 함께 살고 있는지 아이들과 이야기를 나눴다.

아이들과 함께 책을 읽으며 여러 가지 이야깃거리와 생각거리를 던지고 함께 고민하는 과정에서 '나눔'의 의미를 더 깊게 짚어낼 수 있었다. 〈쿠키 한 입의 인생 수업〉이라는 책을 통해서는 '나눔'과 '공평'의 의미를 생각해보았다. 아침에 맛있는 밥을 먹고 온 아이와 겨우 빵 한 조각을 먹고 온 아이, 또 먹을 게 없어서 며칠 동안 음식을 하나도 먹지 못하고 학교에 온 아이에게 쿠키 세 조각을 어떻게 나눠야 공평한 것인지 이야기를 나눴다. 아이들은 무수히 많은 답을 내놓았다. 하지만 쿠키의 개수는 달라도 아이들은 하나씩 똑같이 나누어주는 것은 공평하지 않다는 데 모두 고개를 끄덕였다. 또 〈이웃사촌〉이라는 책에 나오는 주인공 토끼 브랭과 그리주가 갈등과 어려움을 풀어가는 과정과 〈왜 나누어야 하나요?〉에서 만난 팀이라는 아이를 통해 나눔이 단지 가진 사람이 그렇지 못한 사람에게 베푸는 것이 아니라 서로 문제를 공유하고 대화하고 어려움을 해결하는 데 힘을 모으는 것이라는 생각을 나누었다. 시혜나 제공의 개념에서 벗어나 '함께 산다'는 의미로 살필 수 있었다.

우리는 무엇을 나눌 수 있을까요?

나눔을 실천하는 사람들의 삶을 간단히 알아보고 아이들에게 물었다. 우리는 무엇을 나눌 수 있을까? 이야기를 나눈 결과, 2학기를 시작하며 함께 배움 계획을 짤 때 하고 싶었던 활동으로 모든 아이들이 꼽은 '가게 놀이'와 '나눔'을 연결해보기로 했다. 우선 '가게'가 무엇인지 살펴보았다. 우리 주변에 있는 가게를 직접 둘러보면서 아이들은 평소 잘 가지 않거나 몰랐던 가게에 관심을 가지게 되었다. 어떤 가게에서 무엇을 팔지 계획을 세우고 가게를 열 준비를 했다. 우리는 활동 이름을 '나눔 장터'라 붙이고 목적과 취지에 맞게 팔 물건을 전교생에게 기부받기로 하였다. 우리가 가게를 여는 이유와 함께하기를 바라는 마음을 담아 홍보지를 직접 만들어서 각 반을 돌며 소개했다. 다른 사람 앞에서 이야기해본 경험이 별로 없어서 가기 전에 "잘 안 들어주면 어떡해요, 제가 떨어서 말을 잘 못하면 어떡해요"라며 걱정을 많이 했지만 긴장해서 얼굴이 새빨개지거나 친구 뒤에 몸을 숨기기는 했어도 아이들의 의지와 용기는 무척 큰 힘을 발휘했다. 학생들뿐만 아니라 선생님들도 물건을 기부해주셔서 교실 한쪽에 수북이 쌓였다.

물건을 분류해서 팔고 싶은 물건이 비슷한 아이들끼리 모여 함께 가게 이름을 정하고, 역할을 나누고 하나하나 준비해나갔다. 광고지도 만들고, 간판도 만들고, 가격표도 만들면서 아이들은 많이 팔아서 이웃에게 나눠줄 돈이 많아졌으면 좋겠다는 바람을 이야기했다. 이틀 동안 중간 놀이 시간에만 열렸던 나눔 장터는 사람들로 북적였고, 아이들은 자기가 맡은 코너에서 '우리가 왜 가게를 열어서 물건을 파는지'를 열심히 설명했다. 약 8만원이 모였다고 말하자, 아이들은 감탄했다. 그리고 우리의 배움은 여기가 끝이 아니었다. 이 돈을 어떻게 나누면 좋을까를 결정하는 데 꽤 오래 걸렸다. 학교에서 연탄 봉사를 하니까 연탄을 사는 데 보태자는 의견을 비롯해서 아이들은 나누고 싶은 이웃이 참 많았다. 이 주제를 처음 시작하며 '이웃' 하면 옆집, 앞집 사람들밖에 떠올리지 못했던 아이들에게 그 사이 '이웃'이 많이 생겼기 때문일 것이다. 아픈데 돈이 부족해서 치료를 제대로 못 받는 사람들, 장애를 가지고 있어서 우리의 관심과 배려가 필요한 사람들, 혼자 사시는 할머니와 할아버지들, 정리해고를 당하고 힘들어하는 노동자들, 세월호 가족들, 위안부 할머니들… 아이들은 생각에 생각을 거듭했다. 1학년이 이틀 동안 모은 돈으로는 8만원이 크지만 나누고 싶은 마음에 비하면 참 적은 돈이었다. 결국 어린이 재단에 기부하기로 했다. 아이들이 직접 찾아가는 것이 바람직하지만 그렇게 하지 못해서 홈페이지에 들어가서 기부했다. 뿌듯한 표정으로 소감을 나누는 아이들 속에서 다시 '사람은 왜 배우는가'를 생각하게 되었다. 배우는 즐거움이란 이런 것일까? 나의 배움과 성장이 누군가를, 그리고 세상을 조금이라도 아름답게 만들 수 있다는 것이 우리를 꿈꾸게 하고 배우게 하고 성장하게 하는 힘이라는 생각이 들었다. 1학년을 마무리하며 자신들의 모습이 담긴 사진을 정리하고 추억 앨범을 만들던 아이가 말했다. "선생님, 가게 놀이 또 하고 싶어요. 그거 해서 또 이웃에 나눠줘요." 내가 지금 여기서 만나고 있는 아이들의 말, 느낌, 움직임 그리고 삶. 그것은 함께 호흡하며 배우는 교사가 되고 싶다는 꿈을 다시 확인하게 해주었다.

2학년 '마을'

세상을 만난 우리

주제 중심으로 성취 기준 통합하기

포남초등학교는 매년 학기가 시작되기 전에 동 학년 교사들끼리 모여 교육과정 재구성 회의를 한다. 고학년 교육과정을 재구성하는 것은 정말 쉽지 않은 작업이다. 과목이 많으면 많을수록 성취 기준도 많아지고 교육과정을 재구성하는 것이 막막해지기 때문이다. 그에 비해 1, 2학년은 이미 교과서가 주제 중심으로 통합되어 있어서 조금만 조율하면 교육과정의 큰 틀을 잡을 수 있다. 하지만 주제 중심으로 재구성되어 있는 것을 다시 흩어서 살피며 모아내는 어려움이 만만치 않다. 몇 개 안 되는 아이템으로 이렇게도 조합해보고 저렇게도 조합해보며 어떤 것이 최선의 방법이 될지 고민하다 보면 또 막막해진다. 우리는 일단 1, 2학년 프로젝트인 '우리랑 흙이랑'을 깊이 있게 배우기 위해 사계절을 중심으로 주제를 묶고 나머지 내용들을 통합, 재구성하는 방식으로 큰 틀을 잡았다.

교육과정에 핵심 가치 담아 다듬기

교육과정 내용에서 계절에 관한 것을 빼니 남은 것은 1학기에 나(진로, 나의 몸), 가족(친척, 다문화 가정), 2학기에 이웃(우리 마을, 직업), 우리나라(북한, 이웃나라) 4개 교과였다. 봄나들이와 마을 탐사를 연결할 수도 있었지만 나와 옆 반 선생님은 마을 탐사의 핵심이 진로 교육에 있다고 생각했다. 그래서 고심 끝에 2학기에 나올 '이웃' 책을 1학기에 당겨서 '나'와 통합, 진로 교육에 초점을 맞춰보기로 했다. 또 2학기에는 '가족'에 '우리나라'를 통합해서 다양성 존중에 대한 공부를 해보기로 하였다. '가족' 교과를 2학기로 미루니 추석이 다가올 즈음에 친척에 대해 배울 수도 있어서 적합하다고 생각했다. 이렇게 해서 탄생한 2학년 교육과정은 다음 표와 같이 여섯 개의 큰 주제로 정리되었다.

학기	주제	해당 교과서와 주요 내용	핵심 말
1학기	두근두근, 봄	봄 : 봄 날씨와 풍경, 봄철 건강관리, 봄나들이 나 : 건강관리 방법, 나의 몸 알기 국어 : 상대방을 배려하는 말하기 수학 : 여러 가지 도형	봄, 시작, 관계 맺기, 우리 몸, 몸으로 놀기
	세상을 만나러 가요	이웃 : 마을 탐사, 우리 마을 사람들이 하는 일, 공공 기관 나 : 나의 꿈, 나의 흥미와 소질 국어 : 주장하는 글쓰기	마을, 직업, 꿈, 살기 좋은 세상, 공동체
	여름 속으로 풍덩	여름 : 여름철 날씨와 풍경, 여름철 건강관리, 과일과 채소 관찰 봄 : 일기예보 국어 : 겪은 일 자세히 표현하기	여름, 체험, 날씨, 열매 관찰
2학기	세상은 무지갯빛	가족 : 다문화 가정 우리나라 : 북한의 자연환경과 인문 환경, 이웃나라 국어 : 설명하는 글, 소개하는 글	다양성, 차이와 차별, 존중, 통일, 평화
	가을이 주렁주렁	가족 : 친척 소개하기, 친척이 되는 과정 가을 : 가을 날씨와 풍경, 자연물 관찰 국어 : 재미있는 표현 넣어 시 쓰기 수학 : 표와 그래프	추석, 친척, 가을 행사, 식물 관찰

학기	주제	해당 교과서와 주요 내용	핵심 말
2학기	추억이 소복소복	겨울 : 겨울 날씨와 풍경, 겨울철 건강관리, 겨울철 놀이, 한 해 되돌아보기 국어 : 인형극으로 꾸미기	겨울, 놀이, 추억, 마무리
1, 2학년 생태 프로젝트 '우리랑 흙이랑'		- 봄, 여름, 가을, 겨울 교과와 통합한 다양한 계절 활동 - 계절별 농촌 체험학습(주문진 복사꽃 마을과 연계) - 학교 텃밭 활용 교육(고구마 농사) - 월 1회 생태 교육(강릉 '생명의 숲' 강사 지원)	

몰입할 수 있는 환경 만들기

새로운 주제를 시작할 때마다 우리는 주제와 관련한 그림책을 여러 권 찾아보고 주제 책을 정해 아이들과 함께 읽고 배울 내용을 생각 그물로 만들었다. 또 자리 배치와 모둠 이름도 주제가 바뀌는 시점에 한 번씩 바꾸었다. 1학기 동안 세 개의 주제를 배우면서 아이들은 세 번 자리를 바꾸게 되는 것이다. 또 모둠 이름도 배움 주제와 연결시켰다. 봄을 배울 때는 봄과 관련한 주제로 모둠 이름을 만들고, 마을에 대해 배울 때는 마을이나 꿈과 관련한 이름으로 만들어보도록 했다. 배움 안내지에도 배움 주제를 우리가 무엇을 배우고 있는지 간략하게 정리하였고, 칠판에도 항상 지금 배우고 있는 주제가 무엇인지 계속 떠올릴 수 있도록 적어두었다. 주제 중심 교육과정으로 수업을 할 때는 교과서 순서와 상관없이 수업이 진행되므로 처음에는 아이들이 많이 혼란스러워한다. 이때 칠판이나 게시판에 배우는 내용이나 흐름을 간단하게 정리해두면 아이들 스스로 수업의 맥락을 잡는 데 도움을 준다.

교과서가 없어도 배움은 일어나요

1학기 두 번째 주제 '세상을 만나러 가요'와 관련한 '이웃' 교과서는 원래 2학기에, 2학기 첫 번째 주제 '세상은 무지갯빛'과 관련된 '가족' 교과서는 1학기에 배부된다. 즉, 해당 교과서를 사용할 학기를 바꾸어야 한다. '가족'은 미리 받아두었다가 2학기가 되면 사용할 수 있지만 1학기에 배워야 하는 '이웃'은 2학기나 되어야 아이들에게 배부되므로 이 주제를 배울 때는 교과서를 거의 사용할 수 없다. 처음에는 막막했는데 막상 해보니 교과서 없이도 수업이 가능하다는 것을 깨달았고, 교과서에서 벗어나자 오히려 융통성 있게 교육과정을 운영해나갈 수 있어서 좋았다. 대부분의 자료는 우리 마을과 관련된 것으로 활용했고, 보편적인 내용이나 교과서가 필요하다고 판단될 때는 교과서 내용을 기본으로 한 활동지를 만들어서 사용했다.

주제 배움 계획

기간	4월 20일 ~ 6월 10일	주제	세상을 만나러 가요

'나'에 있는 '나의 꿈'과 2학기 통합교과 '이웃'을 통합해서 우리 마을을 둘러보고 곳곳에서 만나는 사람들을 인터뷰하면서 직접 우리 마을 사람들이 하는 일이 무엇인지 알아본다. 진로 교육과 연계해서 이곳저곳을 다니고 여러 마을 사람들을 만나 이야기하고 살핀 것들을 통해 다시 '나'의 꿈을 찾아보고 표현해본다. 이 과정에서 단순히 어떤 직업을 갖겠다는 장래 희망이 아니라 더 깊이 자신에 대해 들여다보고 내가 어떤 모습으로 살아가는 것이 좋을지 생각해보는 기회를 제공한다.

교과	단원	성취 기준	활동 내용과 평가
국어	3. 이렇게 해보아요 (10)	– 여러 가지 말놀이에 즐겨 참여한다.(듣말) – 낱말과 낱말의 의미 관계를 알고 활용한다.(문법)	**주제 책** 〈작은집 이야기〉(내가 원하는 마을의 모습), 〈진짜 나무가 된다면〉(나의 꿈, 나의 미래), 〈개구리네 한솥밥〉(서로 돕는 이웃)

교과	단원	성취 기준	활동 내용과 평가
국어	7. 이렇게 생각해요 (15)	– 글을 읽고 중요한 내용을 확인한다.(읽기) – 자신의 주변에서 일어난 일에 대한 생각을 글로 쓴다.(쓰기)	**주제 열기** 주제 책을 읽으며 이야기의 구조 파악하기(평가), 생각 그물을 이용하여 배움 주제 탐색하기, 주제를 담아 모둠 이름 정하고 협동화로 표현하기 **마을 탐사 준비** 우리 마을에 대해 궁금한 점 찾고 조사하기, 우리 마을의 고유 명칭 찾아보기, '보래미'의 유래 조사하기, 우리 마을의 모습 그림과 지도로 살펴보기, 학급 회의를 통해 함께 탐사 계획 세우기(준비물, 주의할 점 생각하기, 경로 정하기, 면담하고 싶은 장소나 인물 선정하기) **교통안전, 실종, 유괴 예방 교육 실시** **현장 체험학습 '우리는 보래미 탐사대 (우리 마을 돌아보기)'** 현장 체험학습 다녀와서 우리 마을 지도 그리기, 마을 탐사에서 본 것 정리하고 우리 마을 간판을 보며 사람들이 하는 일 추측하기, 장소의 변화를 생각하며 자신의 경험 공유하기(관찰 평가), 모둠 친구들과 의논하여 다양한 방법으로 우리 마을 소개하는 자료 만들기 **마을 사람들이 하는 일 인터뷰** (학부모 지원) 마을 사람들이 하는 일 조사하기, 상대에게 적절히 반응하는 인터뷰 예절 알기, 마을 주민 직업에 관해 인터뷰하기(상호 평가), 인터뷰를 통해 알게 된 점 글로 쓰기, 일의 소중함 알기, 우리 마을 직업 사전 만들기
	10. 이야기 세상 속으로 (10)	– 이야기의 시작, 중간, 끝을 파악하며 작품을 이해한다.(문학) – 일이 일어난 차례(장소의 변화)를 생각하며 듣고 말한다.(듣말)	
통합 교과 '나'	2. 나의 꿈 (26)	– (즐생) 여러 가지 방법으로 나의 꿈을 표현한다. – (바생) 자신의 꿈을 이루기 위한 실천 사항을 정해서 지킨다. – (슬생) 나의 재능을 살펴보고 나에게 맞는 꿈을 찾는다.	
통합 교과 '이웃'	1. 마을과 사람들 (44)	– (바생) 다양한 일에 대해 알아보고 일의 소중함을 느낀다. – (슬생) 우리 마을을 둘러보고 다양한 방법으로 소개한다. – (슬생) 마을의 일터를 둘러보면서 마을 사람들이 하는 일을 조사하여 발표한다. – (즐생) 우리 마을을 다양한 방법으로 표현하며 마을에 있는 시설물을 활용하여 놀이를 한다. – (즐생) 마을에서 볼 수 있는 여러 일터를 소재로 다양한 직업과 관련된 놀이를 한다.	

창체	자율 활동 (6)	– 학생 다모임과 학급회 의에 참여한다. – 교통안전 교육	**꿈꾸는 보래미** 우리 마을의 문제점을 찾고 해결 방 법 생각해보기, 공공시설 바르게 이용 하는 법 알기, 우리가 살고 싶은 마을 꾸미기(평가), 행복한 우리 마을을 위 해 부탁하는 글쓰기, 나의 성격, 내가 잘하는 것, 좋아하는 것 알아보기, 낱 말과 낱말의 의미 관계를 배우고 나와 어울리는 낱말을 골라 '나 사전' 만들 기, 나의 꿈 찾아보고 직업 놀이 하기 (관찰 평가) **생태 교육**(2시간) : 경포 습지 탐방, 습 지 생물 관찰하기
	동아리 활동 (8)	– 동아리 활동에 적극 참 여한다.	
	진로 활동 (3)	– 여러 가지 직업에 대해 조사할 수 있다. – 나의 성향, 소질을 알 수 있다.	

더 깊이, 세상을 만나러 가요

이 주제의 목적은 아이들이 우리 마을을 알고, 자기가 갖고 싶은 직업에 대해 고민해보는 것이었다. 원래 직업에 대한 것은 앞서 배운 '나'에서 다루는 내용이지만 우리는 막연하게 '나는 커서 ○○이 될 거야'를 생각하는 것보다, 다양한 직업을 가진 사람들의 삶을 직접 보고 느낄 기회를 아이들에게 주는 것이 좋겠다고 판단했다. 2학년 아이들은 이 주제를 배우면서 두 차례 마을 탐사를 계획하고 다녀왔다. 탐사를 나가기 전, 앞으로 보고 배우게 될 것이 무엇인지 떠올려보고 동네 지도를 커다랗게 출력해서 자세히 보며 탐사 코스를 함께 정했다. 첫 번째 탐사에서는 마을에서 볼 수 있는 것들을 모두 관찰했다. 그리고 건물 간판을 포함해 인상 깊었던 장면을 10개씩 적어오기로 했다. 교문 밖을 나서자 아이들은 마치 처음 보는 세상을 대하듯이 모든 것을 새롭게 바라보고, 모든 것을 다 눈에 담을 듯 반짝거렸다. 시작할 때는 10개까지 적기로 했는데 어느새 수첩에는 마을의 온갖 풍경이 가득 차 있었다. 매일 지나던 길도 배움과 연결 지으면 이렇게 새롭게 와 닿을 수 있구나, 하는 것을 느꼈다. 교실로 돌아와서 아이들이 본 것을 공공시설물, 자연물, 건물 등으로 분류해보고 코스를 정하며 지도에 직접 표시를 했다. 그리고 간판을 적은 것은 따로 모아서 직업 공부를 하는 데 사용했다. 각각의 건물에는 어떤 일을 하는 사람들이 있을까를 되짚어보며 더 탐색해보기로 했다.

두 번째 탐사는 마을 사람들을 대상으로 직업 인터뷰를 하는 것이었다. 아이들과 함께 인터뷰해보고 싶은 사람과 장소를 선정하고 질문지를 만들었다. 장소 선정을 할 때는 왜 그곳에 가고 싶은지, 타당한 이유를 대고 상대방을 설득하는 과정을 거치도록 했다. 무엇을 알고 싶어서, 무엇을 위해서, 왜 내가 그 사람을 만나고 싶은지 머릿속으로 정리하고 가면 그냥 '가고 싶으니까 간다'고 할 때보다 훨씬 적극적으로 인터뷰할 수 있고, 또 질문지를 만들 때 책임감도 느낄 수 있다. 아이들의 치열한 토의 끝에 소아과 의원, 경찰서, 우체국, 빵집, 소방서, 도서관이 선정되었다. 처음에는 더 많은 후보지들이 나왔지만 인터뷰를 부탁하는 과정에서 일정이 맞지 않거나 갈 수 없게 된 곳을 제외하니 여섯 곳으로 좁혀졌다. 교사가 일방적으로 '여기에 가자'고 통보하지 않고 아이들에게 하나하나 가고 싶은 이유를 들으며 장소를 정했고, 가고 싶지만 갈 수 없는 곳에 대해서는 사정을 설명하니 납득해주었다.

2학년 아이들은 각자 가고 싶은 장소를 골라 모두 6개의 모둠을 만들었다. 그런데 교사는 담임 둘 뿐이었기에 아이들이 동시에 다른 장소로 탐사를 나갈 수 없는 상황이라서 우리는 학부모님의 도움을 받기로 했다. 탐사 일주일 전에 아이들과 함께 마을 탐사를 해주실 분을 찾는다는 안내장을 보내며 지원하시는 분이 부족하면 어쩌나 걱정했는데 다행히 여러 분이 적극적으로 나서주셔서 6개 모둠이 무사히 탐사를 다녀올 수 있었다.

아이들은 배움 공책 가득히 자신의 궁금증을 채우고 친구들에게 알려줄 생각에 한껏 들떠서 학교로 돌아왔다. 각자 다녀온 곳에서 어떤 일이 있었는지, 무엇을 배웠는지를 공유하는 시간을 가지면서 자기가 가보지 않은 곳에 대해서도 자세히 알 수 있었다. 우리는 두 번의 마을 탐사를 통해서 알게 된 직업을 정리하고, 우리 마을 사람들이 하는 일을 직업 카드로 표현해보았다.

이제 두 번의 마을 탐사를 끝내고 가장 중요한 활동이 남았다. 살기 좋은 세상에 대한 고민을 하는 일이었다. 우리 마을이 어떻게 변하면 더 행복해질지, 내가 어떤 어른이 되면 세상이 더 살기 좋아질지 생각해보는 활동이었다. 탐사 나가기 전에 같이 살펴본 마을 지도에 내가 바라는 우리 마을의 모습을 글이나 그림으로 표현해서 살고 싶은 마을 지도를 완성했다.

자동차보다 자전거를 많이 타면 좋겠다는 바람을 담아 자전거를 그려서 지도에 붙였고, 꽃과 나무를 그려서 붙였고, 나무 그늘에서 쉬고 있는 자신의 모습도 그려서 붙였다. 병원으로 가는 길에 인도가 없어서 아픈 사람들이 위험할 것 같다며 인도를 그려서 붙였고, 싸우는 어른들이 없으면 좋겠다는 바람도 써서 붙였다. 승강기가 없는 건물에는 장애인을 위한 승강기가 설치되면 좋겠다는 이야기도 나왔다. 놀이공원이 있으면 좋겠다는 의견이 나올 법도 했는데 그걸 그리는 아이는 신기하게 아무도 없었다. 약한 사람이 더 편하게 사는 세상, 싸움이 없는 세상을 바라는 아이들의 따뜻한 마음에 코끝이 찡해졌다.

살기 좋은 세상을 생각해본 다음에는 살기 좋은 세상에서 나의 모습은 어떠면 좋을까를 고민해보았다. 아홉 살 아이들에게 너무 어려운 질문일지 모르지만 주변에서 닮고 싶은 어른을 찾아보는 것부터 시작하니 의외로 쉽게 접근할 수 있었다. 엄마에게서 닮고 싶은 모습은 친절하게 말하는 것, 아빠에게서 닮고 싶은 모습은 용기 있게 행동하는 것, 사촌 형에게서 닮고 싶은 모습은 아는 것이 많은 것, 하는 식으로 아이들은 내가 되고 싶은 어른의 모습을 구체화했다. 또 내가 잘하는 것과 즐거워하는 것이 무엇인지, 친구가 잘하는 것은 무엇인지 함께 이야기를 나누며 미래에 갖고 싶은 직업을 생각해보았다. 갖고 싶은 직업이 없는 아이도 있었지만 고민 중이라는 아이들에게는 요즘 관심이 가는 직업에 대해서 알아보고 발표하도록 했다.

직업 결정을 넘어서는 진로 교육

학기 초에 성취 기준 6개 주제로 교육과정을 재구성할 때 우리가 생각한 진로 교육의 방향은, 흔히 말하는 것보다 조금 더 깊고 조금 더 넓게 접근하자는 것이었다. 단순히 어른이 되어 가지고 싶은 직업을 정하는 것뿐만 아니라 나는 커서 어떤 어른이 되고 싶은지, 내가 닮고 싶은 어른은 누구인지, 어떤 사람이 세상을 행복하게 만들 수 있는지에 대해 깊이 고민할 수 있기를 바랐기 때문이다. 또 당장 되고 싶은 것이 없거나 꿈이 없다 하더라도 내가 어떤 것을 좋아하고 어떤 것을 잘하는지 천천히 알아가며 미래와 연결 지어 고민해보는 시간을 갖는 것은 그 자체로 의미 있다고 생각했다.

진로 교육이란 직업에 대한 고민을 넘어서 자신의 삶에 대해 진지한 목표와 계획을 세워나갈 수 있어야 한다. 이번 주제를 통해 우리 마을과 나의 꿈이 동떨어진 것이 아님을 알고 따뜻한 마음으로 세상을 만날 수 있기를 바랐는데, 아이들은 교사가 생각한 것보다 훨씬 훌륭하게 해내 주었다.

즐거운 배움을 만나다

학년 교육과정, 어떻게 볼까?

그동안 학년 교육과정이라고 하면 교과서에 나온 내용을 전달하기 위한 진도표와 학사 일정에 맞춰 기계적으로 나눈 시수표가 다였다. 여기에 창체를 활용해서 교사 개인이 하고 싶은 활동을 추가하는 형태였다. 하지만 이렇게 만들어진 교육과정은 제출하기 위한 서류일 뿐 1년의 교육 활동에 어떠한 영향도 미치지 못했다. 교과서에 나오는 대로, 교사용 지도서에서 하라는 대로, 차근차근 친절하게 일러주는 차시대로만 가르쳤으니 굳이 계획서라는 것이 따로 있을 필요도 없었다. 그랬기에 학년 교육과정 계획서라는 것은 인터넷에 올라온 자료를 다운받아서 학사 일정에 맞게 시수만 수정해서 제출하면 되는 아주 간단한 업무에 불과했다.

그런데 이렇게 교과서 차시만을 쫓는 교육과정 운영은 교사가 아이들과 무엇을 하고 있는지, 지금의 배움이 어디로 흘러가고 있는지를 보지 못하게 했다. 무엇보다 아이들의 삶이나 배움과 전혀 상관없이 단순한 교과 내용 전달자로 교사의 역할을 한정 짓게 했다. 아이들은 이미 학원에서 지겨울 정도로 교과서를 훑으며 방대한 지식을 꾸역꾸역 집어넣고 있는데 말이다. "선생님, 그거 시험에 나와요? 그냥 밑줄이나 긋죠." 신규 교사 때 만난 6학년 아이의 말이 지금도 아픈 기억으로 새겨져 있다.

학년 교육과정, 어떻게 할까?

동 학년 선생님과 모여서 일단 교과별 성취 기준을 살펴보았다. 3학년 아이들과 좀 더 가치 있는 배움을 나누기 위해 주제와 성취 기준을 일치시키려고 애썼다. 우리는 성취 기준을 배움의 주제에 맞게 재구성하면서 배움에 방해되지 않도록 흐름을 정리해나갔다. 교육과정 계획서는 얼핏 보면 교사에게는 절대적인 나침반이요, 아이들에게는 신성불가침의 존재로 보일 수도 있다. 그런데 교육과정은 아이들과 만나면서 비로소 빛을 발할 수 있다. 우리가 꿈꾸는 모든 것은 아이들과의 수업에서 빚어져야 비로소 형체를 갖게 되기 때문이다. 그러므로 궁극적으로 교육과정은 아이들이 만들어가는 것이다. 더 적극적인 교사라면 아이들과 계획서 작성부터 함께할 수 있을 것이다.

우리는 교육과정을 아이들과 함께 공유하는 시간을 가졌다. 교과서를 들여다보며 교과별, 단원별로 무엇을 배워나갈지 찾아보고, 교과별 단원별로 분리되어 있는 것을 하나로 모아보고, 정리했다. 더 잘 배울 수 있는 방법에 대해 많은 의견을 냈다. 몇몇 아이들은 즉흥적으로 체육활동, 놀이동산을 고집하기도 했으나 우리가 무엇을 배우기 위해 이런 활동을 하는가를 토의하는 과정 속에서 기특하게도 실현 가능하고 배움의 본질을 살릴 수 있는 활동들로 정리해내는 모습을 보여주었다.

학년 교육과정을 세우다

세상에 대한 호기심이 다시 한 번 터져 나오는 3학년 아이들에게 교사의 눈과 입을 통해서만 세상을 만나게 해서는 안 된다. 교사는 무수히 많은 타자와 만날 수 있도록 길을 열어주고, 친구들과 협력하며 배워나가는 기쁨을 알 수 있도록 도와야 한다. 그 속에서 아이들은 민주 시민으로 성장할 수 있는 건강한 힘을 키우게 될 것이며, 궁극적으로 그렇게 길러진 힘이 아이들의 삶에 든든한 버팀목이 될 것이다. 교사는 한 명도 소외되지 않고 모든 아이가 배움의 기쁨을 충분히 맛볼 수 있도록 최선의 노력을 다해야 한다. 그 노력의 길을 주제중심교과통합 교육과정이 도울 수 있을 것이다.

한 해 배움 주제		
기간	만남	만나는 이유
1학기 3. 3 ~ 3. 28	나, 너, 우리 마음 열기	또 한 걸음 성장한 친구들과 함께 3학년 과정을 만들어가는 첫 달인 만큼 올해를 함께 살아가기 위해 공유하고 인정해야 할 것들에 대해 생각해보는 장을 마련한다. 또한 모든 학년에 필요한 적응 기간이란 점, 적응이라는 것은 수동적 행위가 아닌 능동적 행위가 되었을 때 비로소 안전함과 편안함과 만족감을 느낄 수 있는 만큼 아이 이해 활동을 통해 여유 있게 학기를 시작할 수 있도록 돕는다.
	주요 성취 기준	나와 너의 소중함, 듣기와 예의에 맞는 말하기의 중요성, 이동 수단과 의사소통 수단에 대해 배우며 한 해를 함께 살아갈 수 있는 방법에 대해 이야기 나눈다.
3. 31 ~ 4. 25	생명의 소중함	생명의 소중함에 대해 깊이 느껴보는 계기를 마련하며 감성을 키워가는 장을 마련한다.
	주요 성취 기준	동물의 한살이, 생명 존중을 문학 작품과 함께 마음으로 느낀다. 동물 책 만들기 프로젝트를 진행한다.
4. 28 ~ 5. 16	나와 함께 살아가는 어른들	내 주변에 있는 어른들을 돌아보며 어른들의 삶의 모습에 대해 생각해보고 나의 성장에 어떠한 도움을 주고 있는지, 나는 어떤 어른이 되고 싶은지 서로 나누어보는 장을 마련한다. 이는 진로와 더불어 진행되는 활동으로 직업이 중요한 것이 아니라 어떤 사람이 그 직업을 갖느냐가 중요한 만큼 어떠한 어른이 되어야 하는지에 대해 생각해볼 수 있는 기회를 갖는다.

1학기	4. 28 ~ 5. 16	주요 성취 기준	가정생활의 중요성, 감사하는 마음 표현하기를 올바른 맞춤법과 높임말로 풀어낸다.
	5. 19 ~ 6. 13	더불어 살아가는 우리	작은 돌멩이들로 집을 지어나가듯이 낱낱의 것들이 모여 하나의 온전한 사회를 만들어가고 있음을 깨닫는 장을 마련한다. 아울러 진로와 연계하여 노동자의 중요성에 대해 생각해본다.
		주요 성취 기준	중심지가 되기까지의 과정, 물체를 이루고 있는 물질, 물건들의 소중함에 대해 배우며 선거와 관련지어 더불어 살아가는 의미에 대해 생각해본다.
	6. 16 ~ 7. 25	삶의 터전	자연과 더불어 살아가고 있는 인간의 삶의 방식을 돌아보며 삶의 터전의 중요성에 대해 생각해본다.
		주요 성취 기준	지도에서 지역 찾아보기, 자연환경과 삶의 모습, 지표의 변화 속에서 자연환경의 존재 가치에 대해 생각해본다.
2학기	8. 26 ~ 9. 26	아름다운 전통	우리나라의 전통문화에 대한 이해를 높이고 조상들의 지혜로움과 나의 뿌리에 대해 생각해본다.
		주요 성취 기준	옛날의 의식주와 생활 도구, 액체와 기체, 들이와 무게를 함께 배우며 전통 음식 만들기 체험을 통해 조상들의 슬기로움을 느껴본다.
	9. 29 ~ 11. 7	평등한 지구촌	우리나라를 넘어서 세계의 다양한 생활 모습을 보며 '서로 다른 문화'에 대해 깊고 넓게 생각해보는 장을 마련한다.
		주요 성취 기준	다양한 문화 형성과 변화를 여러 나라의 동화 속에서 만나며 사람의 모습이 다양하듯 동물들의 삶도 다양함을 함께 배운다.
	11. 10 ~ 12. 19	서로 돕는 우리	분리와 경쟁을 넘어서 서로 협력하며 살아가는 우리 이웃들의 일상 모습을 마주해본다.
		주요 성취 기준	우리 지역의 인문적 자연적 특징, 지역 간의 긴밀함, 지층과 화석을 함께 배우고 다양한 지역 자료들을 찾아 읽으며 서로 도와가는 방법에 대해 생각해본다.
	12. 22 ~ 2. 13	아름다운 마무리	3학년 배움 내용을 마무리하는 장을 마련하고 작은 졸업식을 준비한다. 졸업식 준비를 하며 한 해 동안 가꿔온 행복한 성장을 스스로 느껴보는 시기이다. 자신의 힘이 얼마나 커졌는지 확인하고 서로 칭찬해주고 일깨워주는 장이다. 다양한 관점에서 성장한 지점을 찾아주고 스스로 발현할 수 있도록 돕는 것이 중요하다. 또한 새 학년을 맞아 한 걸음 더 나아갈 수 있는 마무리 활동을 펼친다.

함께 만드는 교육 활동 '협력'

학교에서의 배움은 협력적이어야 한다. 모든 수업은 귀 기울여 듣기 위해 서로 배려하고, 잘 배우기 위해 서로 협력하는 과정으로 진행되어야 한다. 예를 들면 개인 간 모둠 간 경쟁을 유발하는 스티커를 걷어내고, 한 줄로 세우는 시상과 점수를 폐지해서 협력을 지향하려는 의지를 반영해야 한다. 우리는 협력과 배려를 바탕에 두고 함께 살아가고 있는 우리의 이웃을 따뜻한 눈으로 들여다볼 수 있기를, 한 걸음 더 나아가 진정한 나눔을 통해 내가 더 풍족해지는 삶을 살아보고자 했다.

2학기 학교 교육과정에서 함께하는 프로젝트는 협력이었다. 협력 프로젝트는 9월부터 준비하는 김장 활동으로 텃밭에 1, 2학년이 배추와 무를 심고 3, 4학년은 풀을 뽑고 포기를 묶어주면서 정성을 다해 키운다. 그렇게 배추와 무가 자라면 5, 6학년은 한 포기 한 포기 뽑아서 잘 씻어내고 학부모회와 함께 소금에 절이고 양념을 버무려 김장을 한다. 2학기 내내 전교생의 품을 빌려 만들어진 김장 김치를 함께 맛보며 서로의 정성이 만났을 때 만들어지는 협력의 위대한 힘에 보람을 느낀다.

다른 학년은 이 활동을 즐생, 실과, 과학 교과 시간과 연계하여 진행했으나 3학년은 짬짬이 풀 뽑는 역할이었기에 아침 산책 시간을 활용했다. 아이들은 1, 2학년 동생들이 어렵게 심어놓은 배추와 무를 정성껏 가꾸는 이유와 중요성에 대해 심적으로는 이해했지만 먼지 폴폴 나는 밭에 앉아 풀을 뽑는다는 것 자체를 매우 싫어했다. 전교생이 협력하여 김장 나눔에 참여하고 있다는 맥락은 알고 있었으나 실제로 절이고 버무리는 활동을 하는 것이 아니다 보니 김장 나눔에 참여한다는 것이 실감나지 않는다고도 했다. 풀 뽑기는 정말 재미없고 귀찮기만 한 노동이었다. 아이들의 반응이 그렇다 보니 감동보다 불만이 많은 풀 뽑기를 통해 우리가 함께 김장을 했다고 밀고 나가기에는 미안한 구석이 있었다. 늘 아이들이 주체가 되어 느끼고 의미를 새겨야 한다고 이야기했는데 그저 교과서적인 배움에만 머물 판이었다. 그래서 아예 '서로 돕는 우리'에서 더 깊이 있게 다뤄보기로 했다. 처음에는 지역 간 교류를 중심으로 서로 협력하는 내용을 떠올렸으나 아이들의 삶과 닿아 있는 이웃 나눔 실천을 통해 교류와 협력을 배우면 좋겠다는 생각에 과학 2단원인 '지층과 화석'을 들여다보면서 자연스럽게 '연탄'을 도출해낼 수 있었다. 대표적인 화석 연료이기도 하면서 탄광 지대가 아닌 우리 마을에도 연탄을 배달하는 과정을 통해 사회 1단원에서 강조하는 '교류'를 자연스럽게 엮을 수 있을 것 같았다.

주제 배움 계획

기간	11. 10 ~ 12. 19		주제	서로 돕는 우리	수업 일수	30
주제중심교과통합						
교과	단원	성취 기준		활동 내용과 평가		
국어	3. 내용을 간추려 보아요	– 이야기의 흐름을 파악하며 글의 내용을 간추린다.		**주제 만나기** – 연탄에 얽힌 따뜻한 이야기를 읽고 이웃과 나눔을 실천하며 살아가는 어른들 알아보기		
	7. 알기 쉽게 전해요	– 국어의 낱말 확장 방법을 알고 다양한 어휘를 익힌다. – 알맞은 낱말을 사용하여 설명하는 글을 쓴다.				

교과	단원	성취 기준	활동 내용과 평가
국어	– 모두 읽기 : 〈거인의 정원〉, 〈너만의 냄새〉, 〈연탄 도둑〉		**기본 배움 쌓기** (에너지 교육과 함께) – 연탄에 대해 설명하는 글 읽고 연탄의 생성 과정을 지층과 화석의 형성 과정과 연관 지어 설명하기(배움 공책, 활동지) – 퇴적층 알고 퇴적암 분류하기(배움 공책) – 다양한 물건 가져와서 원산지나 제조 공장 확인해보고 다양한 지역에서 만들어진 것을 강릉에서 만나게 되는 과정과 이유를 설명하는 글로 써보기(글쓰기 공책) – 원산지의 위치 찾아보기 – 교류의 뜻 정리하기(배움 공책) – 우리 지역의 인문적 자연적 특징과 연관 지어 다른 지역과의 교류 내용 추측해보기
사회	1. 우리 지역 다른 지역	– 우리 지역과 밀접하게 교류하는 지역의 위치를 찾아보고 우리 지역의 어느 방향에 위치하고 있는지 말할 수 있다. – 우리 지역이 다른 지역과 밀접한 관계를 맺고 있는 사례를 조사하고 지역과 지역이 서로 긴밀하게 연결되어 있는 이유를 지역의 인문적·자연적 특징과 연관 지어 설명할 수 있다.	
과학	2. 지층과 화석	– 지층의 형성 과정을 알고 쌓인 순서를 이해한다. – 지층을 관찰하고 여러 지층의 같은 점과 다른 점을 이해한다. – 퇴적암이 만들어지는 과정을 이해하고 그 특징에 따라 퇴적암을 구분한다. – 화석의 생성 과정을 이해한다. – 화석이 지구의 과거 모습을 알려줄 수 있음을 이해한다. – 화석이 자원으로서 우리 생활에서 활용되는 다양한 예를 들 수 있다.	**주제 펼치기** – 나도 고고학자(안전 교육과 함께) ① 동해 천곡동굴과 태백 석탄박물관 탐사 계획하기 ② 천곡동굴과 석탄박물관 탐사하고 소개하는 글쓰기(글쓰기 공책) – 실천하는 자주인(인성 교육, 경제 교육과 함께) ① 공중도덕 지키며 연탄을 직접 배달하기 ② 1학년에서 진행하는 옷 기부 활동 함께하기 ③ 공중도덕 지키며 학생회에서 마련한 나눔 매점에 기부하고 참여하기 ④ 바자회 운영하기
도덕	5. 내 힘으로 잘해요	– 자주의 의미와 중요성을 알 수 있다. – 자주적인 생활을 위한 판단과 실천하기 위한 방법을 알고 실천할 수 있다.	

도덕	7. 함께하는 세상	– 공중도덕의 의미와 중요성을 종합적으로 이해하고 공공장소에서 지켜야 할 질서와 규칙을 적극적으로 실천할 수 있다.	**주제 내면화하기** – '실천하는 자주인'에 대한 자신의 느낌이나 생각 정리해보기(배움 공책) – 교류의 뜻을 생각하며 서로 돕는 우리의 모습을 움직이는 그림으로 표현하기(연속 화면으로 만화 그리기)
미술	8. 신기한 화면	– 움직이는 그림을 만들 수 있다.	
	9. 재미있는 가게	– 벼룩시장을 만들고 참여할 수 있다.	
창체	봉사	– 이웃의 소중함을 알고 협력하여 연탄 배달에 최선을 다해 참여한다.	
	진로	– 낯설지만 가치 있는 직업에 대해 알 수 있다.	
비통합 교과			
이하 생략			

배움이 되기까지의 이야기

'서로 돕는 우리'를 시작하는 첫날, 배움 주제와 시기를 같이해서 짝을 바꾸고 책상과 사물함을 정리하는 활동으로 아침을 열었다. 짝 바꾸기는 아이들과 의논해서 결정했다. 전에는 임의로 잘하는 아이들이 골고루 앉도록 배치했으나 협력하며 배워가는 교실에 항상 잘하는 아이와 항상 못하는 아이는 존재하지 않는다는 것을 알게 된 뒤로는 자리 배치로 골치를 앓는 일이 없어졌다. 짝이 바뀜에 따라 자연스럽게 함께 배우는 모둠 구성원이 달라졌고, 새로운 분위기에서 새로운 주제를 맞아 다시 설레는 마음으로 배워갈 준비가 아이들에게는 되어 있었다.

연탄 기부와 관련한 기사 한 편을 공유하고 아이들의 경험을 나누어보았다. 개인과 이웃 간의 교류, 개인과 개인의 교류, 즉 일상에서 일어나는 무수히 많은 만남들 자체가 바로 교류라는 생각이 들었다. 아이들의 삶과 닿아 있는 텍스트가 가장 좋은 수업 자료라는 생각으로 활동지를 만들고 나누는 것으로 첫 수업을 시작했다.

배움 주제에 대해 고민하면서 교류라는 것이 '함께하는 삶'이라는 철학과 맞닿아 있고, 적극적으로 함께하는 삶을 살아내는 것이 바로 '나눔'이라는 생각이 들었다. 배워가면서 아이들이 가장 관심을 갖고 기다린 것은 현장 체험학습이었다. 직접 지층 속으로 들어갈 날을 흥분된 마음으로 기다렸고, 박물관에서 마주하게 될 석탄의 모든 것을 매우 궁금하게 여겼다. 일회성 체험 행사가 아닌 아이들의 관심과 욕구, 교육과정 전개에서 필요한 활동으로 구성하다보니 체험학습은 아주 중요한 수업 방법이 되었고, 우리 지역을 만나는 활동은 매우 중요한 의미를 갖게 되었다.

모든 체험학습은 아이들이 직접 계획을 세우는 것부터 시작했다. 지금 배우고 있는 것을 더 잘 배우기 위해 우리가 갈 수 있는 곳, 꼭 가보고 싶은 장소를 선정하고, 모둠별로 교통편이나 조사할 내용과 방법을 수업 속에서 만들었다. 이번 배움 과정에서는 천곡동굴과 석탄박물관을 가보자고 했기에 박물관 홈페이지를 보면서 탐사의 동선과 자세히 알아볼 내용을 선정하는 것, 동굴이 만들어지기까지 과정에 대해 미리 알아보는 수업이 이루어졌다. 이렇게 철저히 준비하여 떠나는 체험학습이었던 만큼 아이들도 당연히 수업하는 시간으로 인식하게 되었다.

아이들은 천곡동굴 입구에서 지층 속으로 들어간다는 것 자체에 매

현장 체험학습 계획서

주제	서로 돕는 우리	대상	3학년 46명
때	2014년 12월 2일(화)	곳	동해 천곡천연동굴, 태백 석탄박물관
관련 교과	과학, 사회	교통	버스 임대

목표	– '서로 돕는 우리'에서 만나는 과학 2. 지층과 화석, 사회 1. 우리 지역 다른 지역 단원에서 배운 기초 내용을 바탕으로 한 걸음 더 나아가 깊이 있는 탐구 학습을 할 수 있도록 한다. – 화석 연료인 연탄의 생성 과정을 알고 지구 역사에 대해서 관심을 갖는다.

준비물	교사 : 학생 명단, 비상 약품, 쓰레기봉투, 간식 등
	아동 : 간편한 복장, 간식 약간, 도시락, 필기도구, 카메라

활동 과정	시간	활동 내용	유의점
사전 지도	체험 전	– 지층과 화석, 퇴적암에 대한 개념 알기 – 지역 간 교류 알기 – 화석 연료의 생성 과정 알기	조사 활동 주의점 숙지
학교 준비 활동 (학생)	08:30~ 08:40 08:40~ 09:30	– 인원 파악, 이동시 주의사항 공유 – 교통 규칙과 공중도덕 지키기 – 학교 출발 – 동해 천곡천연동굴로 이동	주의사항 확인 – 안전벨트 착용 – 창밖으로 손, 머리 내밀지 않기
모둠 활동	09:40~ 11:10	동굴 탐사	– 질서 지도 – 안전사고 예방 지도 – 깨끗이 정리하기
전체 활동	11:10~ 13:40	태백 석탄박물관으로 이동, 점심 식사	
모둠 활동	13:40~ 15:00	화석과 석탄 조사 탐구	
마침 활동		15:00~17:10 학교 도착	
체험 후 활동		소개하는 글쓰기	
소요 경비 내역 (총계 : 601,800원)	버스 대절 : 450,000원×1대=450,000원 간식 : 2,000원×46명=92,000원 동굴 입장료 : 800원×46명=36,800원 박물관 입장료 : 500원×46명=23,000원		
예산 지원	– 통합 학급 지원비 : 167,000원(3고운)+114,300원(4보람)=281,300원 – 현장 체험학습 지원비 : 601,800원−281,300원=320,500원		

우 긴장하는 모습을 보이기도 했고, 탐사 내내 놀라움과 즐거움을 아낌없이 표현했다. 심지어 동굴에 한 번 더 들어갔다 오면 안 되겠느냐는 모둠도 있었다. 동굴이라는 특수성과 바깥 활동이라는 부담감이 있었기에 혹시라도 엉뚱한 장난으로 사고가 나진 않을까 살짝 염려도 했으나 모든 아이들이 정말 진지하게 배우고 있었다.

석탄박물관에서 집중한 곳은 광부들이 일하는 모습을 전시한 곳이었다. 계획할 때는 비중이 적었던 곳이었는데 막상 광부들이 실제로 사용한 물품과 진폐증 자료, 좁고 낡은 탄광의 모습, 먼지가 두껍게 내려앉은 전시물을 보고 많이 놀라는 듯했다.

돌아와서 배움 공책에 각자 수집해온 자료를 정리했고, 글쓰기 공책에는 내가 보고 듣고 생각한 것을 중심으로 배운 것을 소개하는 글을 써보았다. 특히 한 아이의 '석탄과 화석 그리고 인간'이라는 제목을 붙인 글이 기억에 남는다. 석탄박물관에 간 이유는 석탄의 생성 과정과 어떻게 석탄이 연탄으로 만들어지는지에 대해 잘 배워보기 위해서였다. 그런데 뜻밖에도 아이들은 그 속에서 '광부'라는 일하는 사람을 눈여겨보았던 것이다. 이렇게 아이들과 함께 만드는 교육과정에는 신선한 배움이 있다.

협력으로 완성한 연탄 배달

처음 연탄 배달을 계획했을 때는 아주 쉽게 생각했다. 시나 단체에서 마련해둔 연탄을 단순히 나르기만 하면 된다고 생각했기 때문이다. 그런데 센터 담당자와 연락을 하면서 기본 1천 장을 우리가 직접 사야 한다는 것, 1천 장을 직접 아이들이 여러 가정에 배달해야 한다는 것을 알았다. 난감했다. 어떻게 할까 옆 반 선생님과 머리를 맞대도 딱히 길이 보이지 않았다. 결국 교사협의회 안건으로 제안했다. 모든 선생님이 내 일처럼 고민해주셨다. 짝 학년이기도 했던 5학년은 연탄 배달을 같이 할 수 있겠는지 아이들과 함께 의논해보기로 했고, 학생회를 맡고 계신 선생님들은 나눔 매점 수익금을 아직 어디에 쓸지 정하지 못했으니 학생회에 제안해보겠다고 해주었다. 정말 고마웠다. 일주일 뒤, 5학년은 기꺼이 연탄 배달에 동행하겠다고 결정해주었고, 학생회에서도 수익금을 흔쾌히 연탄 구입에 기부해주었다. 교사와 학생이 함께 성장을 경험하는 훌륭한 배움의 장이 곧 학교임을 다시 한 번 확인한 순간이었다.

이렇게 교사와 학생 모두의 협력으로 연탄 배달을 하게 되었다. 아이들은 아침부터 무척 들떠 있었다. 3학년과 5학년 네 개 반이 시내버스를 타고 배달할 장소로 이동하며 서로 격려하고 응원하는 것도 잊지 않았다. 왜 우리가 먼저 버스를 타지 않느냐고 툴툴거릴 법한 녀석들조차 활짝 웃으며 손을 흔들어주는 모습이 그렇게 예쁠 수 없었다.

협력은 삶이며 실천이다. 교사도 학생도 삶 속에서 실천했던 협력, 온 학교가 한마음으로 이루어낸 공동체가 3학년 교육과정과 함께여서 배움의 즐거움은 더욱 깊었다.

꽃 할머니에게 봄이 오기를

한해살이를 6개 주제로

교육과정을 재구성하는 일이 쉬운 작업은 아니지만 재구성하기 위해 모든 과목의 성취 기준을 찾고, 여러 교과의 성취 기준을 같은 주제로 묶으면서 학년 교육과정을 어렴풋이 머릿속에 그린다. 물론 모든 교과를 주제에 다 담을 수는 없다. 함께 담을 수 없는 교과의 단원이나 성취 기준은 그 나름대로 독립적으로 운영할 수 있도록 계획하면 된다. 한 해의 교육과정을 재구성하며 1년 동안 아이들과 어떤 배움을 만들어가야 할지, 그러기 위해서 어떤 활동을 해야 할지 떠오르는 것들을 교육과정 속에 차곡차곡 담는 시간은 상상만으로도 설레고 두근거린다.

4학년은 여러 교과의 성취 기준을 살펴보고 1학기에 세 가지, 2학기에 세 가지 주제로 묶어보았다. 그렇게 해서 나온 여섯 가지 주제는 '만남은 소중한 거야', '세상은 변하는 거야', '우리가 주인인 거야', '함께하면 바뀌는 거야', '달라도 공평한 거야', '나누면 행복한 거야'였다. 또한 포남초등학교 3, 4학년의 경우 문화·예술에 더 집중하는 기간이라 '길 위의 인문학' 프로그램을 활용하여 박물관 수업을 교육과정에 가져올 수 있도록 1년 프로젝트로 계획하였으며, 사회 교과 1~2학기에 걸쳐 나오는 민주주의, 주민 자치 등의 키워드를 살려 1년간 민주 시민으로서의 역량을 키우기 위한 다양한 활동을 교과와 연계해 함께 진행해보고

자 하였다.

소수자와 여성 인권에 대한 배움

4학년 2학기 사회 과목에는 성 역할과 양성평등, 사회적 소수자와 차별 사례가 나오고, 도덕 과목에는 다문화 사회에서 타인의 인권을 존중해야 한다는 내용이 나온다. 우리는 이 두 과목을 중심으로 인권 교육을 하기로 했다. 성이나 문화가 달라도 모든 사람이 평등하다는 것을 알 수 있도록 주제를 선정하고 수업을 구성해서 다섯 번째 교과통합 학습 주제를 '달라도 공평한 거야'로 정했다.

옆 반 선생님과 인권 교육의 대상에 대한 이야기를 나누었다. 사회 시간에 배우는 성 역할과 소수자를 포함할 수 있는 대상이면 좋겠다는 의견이 나왔고, 여전히 남성에 비해 차별받고 있는 여성의 인권을 다루는 것이 좋겠다고 생각했다. 두 가지를 연결하니 '위안부' 할머니들이 떠올랐다. 할머니들은 위안부 피해가 공식적으로 알려진 1991년까지 오랜 세월 동안 따가운 시선과 차별을 받으며 부당한 대우를 견뎌야 했다. 이 주제라면 사회적 소수자와 여성 인권의 관점으로 위안부 할머니에 대해 배울 수 있을 거라고 생각했다.

교육과정을 계획할 당시에는 역사 교과서 국정화 문제가 사회적으로 논란이 되던 시기였다. 친일과 독재를 미화하는 국정화 교과서 문제를, 그 교과서로 역사를 배울 당사자인 아이들에게도 알려야겠다는 생각이 들었다. 위안부 할머니들이 겪은 가슴 아픈 일을 통해서 제대로 된 역사를 배울 수 있기를 희망했다. 4학년은 그동안 '길 위의 인문학' 프로그램과 연계해서 박물관으로 가는 체험학습을 여러 번 했다. 이번 주제에서도 전쟁과여성인권박물관으로 체험학습을 다녀오자는 것과 박물관을 운영하는 한국정신대문제대책협의회에서 준비하는 수요 집회에 참가해보기로 했다.

포남초등학교에서는 계절별로 한 번씩, 1년에 네 번 보래미배움터 기간이 있다. 교과서와 교실에서의 배움을 벗어나 사회에서 어떤 일이 일어나는지를 알아보고, 배운 것을 실제 생활에 적용해 더 깊이 있는 배움을 추구하자는 취지에서 하는 것이다. 이때 위안부 할머니에 대해 깊이 있게 배워보기로 하면서 가을 보래미배움터의 주제는 '꽃 할머니에게 봄이 오기를'로 결정했다.

주제 배움 계획

기간	10. 5 ~ 11. 13	주제	달라도 공평한 거야	수업 일수	29
주제 선정 이유		4학년은 사회 과목에서 성 역할에 대한 내용과 사회적 소수자와 차별 사례에 대해서 다룬다. 또 도덕 과목에서 사회와 비슷하게 문화에 대해서 다루고, 다문화 사회에서 타인의 인권을 존중하는 태도를 기르고자 하는 내용이 담겨 있다. 성이나 문화가 달라도 모두 똑같은 사람임을 알고 평등하다는 것을 알게 하려고 주제를 선정했다. 이들 과목을 중심으로 통합을 이루고자 했다.			

교과	단원	성취 기준	활동 내용과 평가
국어	1. 이야기를 간추려요	– 작품 속 인물, 사건, 배경에 대해 설명한다. – 글을 읽고 대강의 내용을 간추린다. – 낱말들을 분류해보고 국어사전에서 찾아본다.	– 노래로 시작하는 인권 – 시대에 따른 성 역할의 변화 모습 알기 – 다양한 가족의 종류 알기 – 〈사라, 버스를 타다〉 함께 읽고 생각 나누기

국어	4. 글 속의 생각을 찾아요	– 글을 읽고 중심 생각을 파악한다. – 낱말들을 분류하고 국어사전에서 찾아본다.	– 소수자를 차별하는 모습을 본다면 어떻게 행동할지 생각해보기 – 소수자에 대한 편견 및 차별 사례를 다룬 기사와 뉴스 살펴보고 원인 생각 해보기 – 문제 해결을 제안하는 글쓰기(평가) – 우리 주변의 여성 인권 깊이 들여다보기 – 성교육과 성희롱, 성폭력 예방 교육(2시간) – 〈꽃 할머니〉, 〈소녀 이야기〉 읽고 생각 나누기 – 영화 〈소리굽쇠〉 보고 생각나누기 – 체험학습 장소인 수요 집회와 전쟁과여성인권 박물관에 대해 조사하기 – 우리의 생각을 담아 평화 나비 만들기 – 꽃 할머니에게 편지 쓰고 전달하기 – 수요 집회 참여와 전쟁과여성인권박물관 체험학습 – 체험학습 다녀온 소감 나누고 글로 쓰기 – 전교생을 대상으로 위안부 할머니들에 대해 알리기 – 위안부 배상을 위한 천만인 서명 받기 – 나비 기금 모으기 – 수요 집회와 전쟁과여성인권박물관을 다녀와서 알게 된 사실과 느낀 점 쓰기(평가)
	6. 우리말 여행을 떠나요	– 표준어와 방언의 가치를 알고 상황에 따라 효과적으로 사용한다. – 다양한 매체를 보거나 듣고 생각과 느낌을 나눈다.	
사회	2. 사회 변화와 우리 생활	– 할머니(할아버지), 아버지(어머니), 나로 이어지는 세대 간 가족 수, 가족 구성 등을 조사해보고 옛날과 오늘날의 가족 형태를 비교하여 설명할 수 있다. – 성 역할의 변화 모습을 사례를 들어 설명하고 양성 평등 사회의 필요성과 이러한 사회를 만들기 위한 방안을 제시할 수 있다. – 우리나라 인구 구성의 변화 모습을 설명하고 그로 인해 나타나는 다양한 사회 문제를 제시할 수 있다. – 사회적 소수자에 대한 편견 및 차별 사례를 조사하고 이러한 문제의 원인과 해결 방안을 제시할 수 있다.	
도덕	8. 다양한 문화, 조화로운 세상	– 문화에 대해 종합적인 관점에서 올바르게 이해하고 다문화 사회에서 타인의 인권을 존중하는 바람직한 생활 태도를 지닐 수 있다.	
미술	5. 가고 싶은 산· 들·바다	– 주변의 자연물과 인공물을 탐색하여 느낌과 생각을 다양한 방법으로 나타낸다. – 몸의 다양한 감각을 활용하여 주변의 자연물과 인공물을 탐색한다.	
창체	성교육	– 보건선생님과 함께 성희롱과 성폭력이 무엇인지 배운다. – 성희롱과 성폭력을 예방할 수 있는 방법에 대해 안다.	

인권, 누구나 행복할 권리가 있다

'달라도 공평한 거야' 주제 통합 학습의 핵심 주제인 '인권'을 어떻게 만나야 할까, 고민을 많이 했다. 4학년이 배우기에 너무 어려운 개념이라서 아이들 눈높이에 맞추려는 고민 끝에 도입을 노래로 시작하기로 했다. 제목은 '바로 그 한 사람이.' 가사는 이렇다. '이 세상 어디에나 태양이 비추듯이 누구나 행복할 권리가 있다는 것을. 길을 걷다 차이는 돌멩이라 하여도 그것 없인 어떤 집도 지을 수 없다는 걸. 너무 빨리 혼자서 앞서가지 마세요. 그렇게 혼자 가면 당신도 외로울 거예요. 저 뒤에 앉아서 한숨 돌리는 사람, 바로 그 한 사람이 정말 소중한 사람이죠.' 노래를 배우고 아이들과 가사에 대해 이야기를 나누었다. 우선 가사에서 마음에 드는 구절을 선택하고 이유를 말해보도록 했다. 그리고 저 뒤에 앉아서 한숨을 쉬는 사람이 누구를 말하는 것인지, 노래가 말하고자 하는 것이 무엇인지를 물었다. 모습이 달라도 우리는 모두 공평하고 누구나 행복할 권리가 있다는 것을 함께 배웠다.

저 뒤에 앉아서 한숨 돌리는 사람, 사회적 소수자

먼저 사회 교과에 나오는 소수자에 대해 알아보았다. 사회적 소수자는 성, 장애, 인종, 국적, 종교, 사상 등에서 국가나 사회의 지배적 가치와 기준을 달리한다는 이유로 차별의 대상이 되거나 불평등한 대우를 받는 사람을 일컫는다. 소수자를 배우기 위해 나눠준 활동지에는 아이들이 헷갈리고 어려워할 만한 사람들을 소개했다. 양심적 병역 거부자, 동성애자, 시리아 난민, 재일 한국인 등 아이들이 뜻을 몰라 어려워하는 경우에는 간단하게 설명을 해주었다. 양심적 병역 거부자는 종교적 신념을 가지고 군대에 가지 않는 사람들로 군대는 사람을 죽이는 것을 배우는 곳이기에 평화를 지키고자 군대를 거부하는 사람들이라고 말했다. 시리아 난민은 쿠르디의 사진을 보여주고 전쟁 때문에 더는 자신의 나라에서 살 수 없어 목숨을 걸고 탈출하는 사람들이라고 알려줬다. 위안부 할머니를 모르는 학생들이 많았지만 몇몇은 동화책이나 다른 매체를 통해서 알고 있었다. 수업 속에서 할머니들을 알고 있는 학생들이 모르는 친구들에게 설명을 하며 부족한 부분을 보완해주었다. 설명을 듣고 아이들은 양심적 병역 거부자, 시리아 난민들, 위안부 할머니들 모두 사회적 소수자라고 말했다. 아이들은 어른들이 생각하는 것 이상으로 차별에 민감하다는 것을 알 수 있었다.

소중한 사람들을 잊어서는 안 돼요

소수자를 구별해보고 나서 소수자가 차별받는 상황을 본다면 어떻게 할지 생각해보는 시간을 가졌다. 세 가지 상황을 제시했다. 동생이 자폐를 가진 장애인인데 식당에 가서 소란을 피웠을 때, 마트에서 돈이 없는 사람 대신 계산을 해주었는데 이를 비판하는 사람을 만났을 때, 외국인 노동자를 조롱하는 사람을 만났을 때. 첫 번째 상황에서 대부분의 아이들은 다른 사람에게 미안하다고 말한다 했고, 몇몇은 식당에 가지 못할 것 같다고 했다. 두 번째 상황에서 아이들은 돈을 빌려주지 않겠다고 했다. 이유를 물어보니 그렇게 도와주면 그것이 당연하다고 생각해서 스스로 일을 하지 않을 것 같다고 했다. 세 번째 상황에서 아이들은 조롱

하는 사람을 말리겠다고 했다.

준비한 상황은 미국 ABC 방송 'What Would You Do?'라는 프로그램에서 방영한 내용을 편집한 것으로, 사회적 문제 상황을 놓고 사람들이 어떻게 행동할지 관찰하는 실험 카메라 방송이었다. 모두 영상을 집중해서 보았고 소감을 나누었다. 그동안 장애인 가족에 대해 편견을 가지고 있었다고 말하는 아이가 있었고, 어려운 처지에 놓여 도움이 필요하다면 조건 없이 돕겠다는 아이들, 소수자를 차별하는 상황에 더 적극적으로 나서서 행동하겠다는 아이들도 있었다.

소수자의 권리를 제안하는 글쓰기

우리는 영상을 통해 아이들이 차이를 인정하고 다양성을 존중하며 사회적 약자를 배려할 줄 아는 사람이 되기를 바랐다. 다음 시간에는 소수자에 대한 편견과 차별 사례를 다룬 기사와 뉴스를 살펴보고 차별이 일어나는 원인을 생각해보고 문제를 해결할 수 있도록 제안하는 글쓰기를 했다. 이주 노동자, 외모로 차별받는 여성들, 세월호 유가족들, 시리아 난민들, 장애인 등 다섯 가지 상황을 준비하고, 이 중에 하나를 선택해서 글을 썼다.

위안부 문제, 어떻게 만날까?

초등학생들은 대부분 위안부 할머니에 대해서 잘 모른다. 더구나 4학년은 아직 역사를 배우지 않아서 설명할 것이 많다. 일제강점기 상황을 알려줘야 하고, 그 시기가 지금으로부터 얼마나 오래전인지, 이 가슴 아푼 역사가 지금까지 어떤 영향을 끼치고 있는지 알려줘야 한다. 설명하기에 부담스러운 내용도 많다. 먼저 용어에 대한 부분으로, 위안부의 '위안'은 이 제도를 통해서 성적 위안을 받은 가해자인 일본군 입장에서 만든 말이다. 피해자인 여성 입장에서 본다면 '성 노예'라 부르는 것이 맞지만 이를 어느 수준으로 어떻게 설명해야 할지 난감했다. 4학년 아이들로서는 성폭력에 대한 전반적인 이해가 부족할 테고, 이를 받아들이는 남학생과 여학생 사이의 감수성에도 차이가 있을 거라고 예상했다.

위안부 할머니는 전쟁으로 인한 피해자이므로 일본은 당연히 가해자이지만 명확한 가해자를 규정해야만 했다. 단순히 일본을 가해자로 규정하면 '일본이 모두 잘못했고 일본 사람은 다 나쁘다'는 인식을 심어줄 수 있기 때문이다. 우리 반에는 엄마가 일본인인 다문화 가정의 학생이 있었다. 단편적인 인식으로 인해 그 아이가 엄마에 대해 잘못된 생각을 하거나 다른 학생들이 그 아이에게 그릇된 시각을 갖게 할 수는 없었다. 결국 식민지 당시의 일본 정부와 일본 군, 여전히 잘못을 인정하지 않는 현 일본 정부를 가해자로 규정했다. 또 일본인 중에서도 위안부 문제에 관심을 가지고 잘못을 인정하는 양심적인 시민들이 있다는 사실을 알렸다.

하지만 아이들과 함께 알고 싶은 것은 따로 있었다. 위안부 할머니들은 일본 정부의 사과만을 바라는 게 아니라는 사실이었다. 할머니들은 당연히 일본의 진정한 사죄를 바라고 있지만 전쟁으로 고통 받는 여성이 없는 세상을 위해서 싸우고 있기 때문이다. 실례로 베트남 전쟁 때 우리나라 군인이 저지른 만행으로 고통 받는 베트남 사람들이 있다. 제대로 청산하지 못한 역사로 인해 피해자였던 우리가 가해자가 된 것이다. 위안부 할머니들은 피해를 받은 베트남 사람들에게 사과를 하고 그들을 위한 기금을 마련하고 있다. 우리 아이들에게 일본의 잘못뿐만 아니라 우리의 잘못과 아울러 평화의 가치를 만나게 하고 싶었다.

교실과 교과서를 벗어나 세상 속으로

♣ 그림책으로 위안부 할머니들 만나기 & 편지 쓰기

가을 보래미배움터 첫날은 위안부 할머니가 나오는 그림책 〈꽃 할머니〉와 〈소녀 이야기〉 두 권을 읽어주었다. 〈꽃 할머니〉를 통해 할머니가 어떻게 일본군에 끌려갔는지, 위안소는 어떻게 운영되었는지, 전 세계에 위안소가 얼마나 되었는지, 할머니의 아픔이 얼마나 큰지를 알았다. 위안소에 갇힌 소녀들과 그 앞에 길게 줄지어 있는 일본군, 영업 시간표와 요금표, 성병 검사대를 묘사한 장면에서 할머니들이 당한 끔찍한 일을 짐작할 수 있었다. '한 번 당할 때마다 마음도 한 번씩 죽어갔다'는 문장과 할머니의 고통을 꽃이 떨어지는 모습으로 표현한 장면은 감동적이었다. 그림을 보고 문장을 읽으며 아이들은 할머니의 고통에 감정이입했으므로 굳이 성폭력을 어떻게 설명해야 할지 고민할 필요가 없었다.

〈소녀 이야기〉는 애니메이션 영상을 그림책으로 옮긴 것이어서 마치할머니가 이야기를 직접 들려주는 듯 생생하게 전해졌다. 주재소에 끌려간 아버지를 석방시키려고 일본 공장에 일하러 가는 줄 알았지만 인도네시아 자바 섬으로 끌려간 할머니의 이야기였다. 그림책 중간에 아이들에게 설명해줄 수 있는 역사 자료들이 함께 있어서 몰랐던 사실을 자세히 배울 수 있었다. "내 몸을 빼앗아가도 내 마음만은 빼앗아가지 못한다, 그런 정신으로 살았습니다." 할머니의 말씀에 고개를 숙이며 눈물을 흘리는 아이들도 있었다. 우리는 그림책을 읽고 할머니들께 편지를 쓰기로 했다.

♣ 영화로 보는 위안부 할머니들 이야기 & 평화 나비 만들기

둘째 날에는 두 반 학생들이 도서관에 모여서 위안부를 다룬 〈소리 굽쇠〉라는 영화를 보았다. 영화는 일제강점기에 방직 공장에 취직시켜 준다는 말에 속아 중국으로 팔려간 할머니와 할머니의 손녀딸 이야기가 번갈아가며 나온다. 손녀딸이 겪는 아픔이 위안부 문제와 직접적으로 연관된 것이 아닌 데다 다소 감정적으로 흘러간 부분이 있어서 위안부 문제에만 집중하지 못한 점은 아쉬웠다. 하지만 제목 '소리굽쇠'는 잘못된 과거사로 시작된 고통이 세월을 초월하여 현세대까지 울리고 있다는 의미로, 두 시대 두 여인의 이야기가 엇갈리면서 위안부 할머니들의 고통과 상처가 대물림되고 있음을 보여준다. 영화를 보고 나서, 다음 날 참여할 수요 집회에서 사용할 평화 나비를 만들기로 했다. 아이들은 평화 나비에 할머니들을 응원하는 말과 일본 정부에 사과를 촉구하는 말을 썼다.

♣ 수요 집회 & 전쟁과여성인권박물관

셋째 날은 위안부 문제에 대해 일본의 진정한 사과를 바라는 수요 집회에 참석했다. 수요 집회는 1992년부터 매주 수요일마다 이어지고 있는데 우리가 참석한 것은 1,201회째였다. 많은 시민과 중·고등학생이 단체로 와 있었다. 자리가 없어 서성이고 있는데 주최 측(한국정신대문제대책협의회)에서 앞쪽에 자리를 마련해주어 가장 가까이에서 참여할 수 있었다. 아이들은 처음 와보는 집회 분위기에 낯설어했지만 수업 시간에 배운 소녀상 곁에서 할머니들의 시위에 함께한다는 데 용기를 냈다. 그리고 주위에 있던 언니, 오빠들이 그날 집회에 참석한 사람들 중 가장 어린 우리 아이들을 응원해주었다. 집회 중간에 아이들은 할머니들께 직접 쓴 편지를 전달했고, 두 아이는 많은 사람들 앞에서 할머니들께 쓴 편지를 직접 읽었다. 집회에 참석한 사람들은 4학년 어린이가 가슴 아픈 역사에 공감하며 사과를 하지 않는 일본에 대한 분노를 용기 있게 표현한 데 대해 뜨거운 박수를 보내주었다

수요 집회를 마치고 나서 전쟁과여성인권박물관으로 갔다. 박물관은 위안부 할머니들이 겪은 역사를 기억할 수 있도록 교육하고 문제를 해결하기 위해 활동하는 공간이다. 아이들은 설명해주시는 선생님을 따라 박물관 곳곳을 돌아보며 역사를 배웠고, 나눠준 과제를 수행했다. 그림책이나 영화로는 알 수 없었던 세세한 사실을 사진과 영상 자료로 새롭게 확인할 수 있었다. 박물관에서는 1991년 김학순 할머니가 최초로 기자회견을 통해 자신이 위안부 피해자임을 증언한 이후로 많은 여성과 시민이 연대하여 일본 정부의 범죄 행위를 고발하고 있음을 알리고 있다. 이곳에서 아이들은 할머니들이 그저 피해자에 머무르지 않고 전 세계에서 전쟁으로 고통 받는 여성들을 위해 활동하고 계시다는 사실을 몸소 배웠다. 세상의 편견에 맞서 용기를 내신 할머니들의 활동을 보면서 아이들의 가슴에도 뜨거운 무엇인가가 생겨난 듯했다.

배운 것 나누기

현장 체험을 다녀온 아이들은 학교에서 직접 할 수 있는 일을 해보자고 제안했다. 그래서 다른 학년 학생들에게 위안부 문제를 알리고, 문제를 해결하기 위한 서명을 받고, 나비 기금을 모으기로 했다. 고운반 아이들은 위안부 할머니들의 슬픈 역사를 알리는 홍보물을 만들고 위안부 문제 해결을 위한 천만인 서명을 받기로, 보람반 아이들은 전쟁 성폭력 여성들을 돕는 나비 기금에 대해 알리는 홍보물을 만들고 기금을 모으기로 했다. 다른 반에서 발표를 할 때는 그 학년 수준에 맞게 쓰는 말을 조정해야 한다는 것을 생각했고, 아이들은 각자 맡은 학년에 가서 발표할 내용을 머리를 맞대고 고민한 다음, 모둠별로 다른 학년 교실에 찾아가 위안부 할머니들의 가슴 아픈 역사를 알리고 나비 기금에 대해 설명했다. 다른 반에 가서 여러 사람 앞에서 발표하는 것은 쉬운 일이 아니었다. 그럼에도 자신들이 배운 내용을 다른 학생들에게도 꼭 알리고 싶은 바람 때문인지 아이들은 씩씩하게 발표를 마쳤다. 다른 학년에서도 4학년 학생들이 정성스럽게 만든 홍보물을 관심 있게 보며 귀 기울여 들어주었다.

발표를 마친 뒤에는 학교 곳곳에 홍보물을 붙이고 4학년 교실 문 앞에 나비 기금 모금 장소 두 곳을 마련했다. 아이들이 100원, 200원씩 낸 돈과 선생님들이 낸 성금이 총 20만원이 넘었고, 우리는 이를 정대협에 보냈다. 아이들은 많은 돈을 모았다는 것과 할머니들을 도울 수 있다는 것에 기뻐했고, 자신들의 힘으로 다른 학년 학생들에게 위안부 문제를 알렸다는 사실에도 뿌듯함을 느꼈다.

걱정이 감동으로

사실 위안부 문제에 대해서 아이들이 얼마나 이해하고 공감할 수 있을지 걱정이 많았다. 어떤 방식과 수준으로 가르쳐야 할지 고민도 많았고, 위안부 문제를 정치적으로 이용하는 사람들이 있으므로 교사로서 이런 수업을 해도 될까 하는 마음도 있었다. 하지만 위안부 문제는 정치적인 문제가 아니라 역사적 사실이며 상식의 문제였다. 아이들은 가슴 아픈 할머니들의 슬픔에 공감했고, 제대로 사과 받지 못한 우리 역사에 분노했다. 아이들이 학교에서 자신들이 할 수 있는 방법으로 실천하고 행동하는 모습을 보면서 교사인 우리도 감동했다. 아이들은 위안부 문제가 수치스런 역사가 아니라 안타깝고 슬픈 역사라고 말했다. 그리고 우리의 관심 하나하나가 이 문제를 해결하는 유일한 길일지도 모른다고 말했다. 준비했던 것보다 훨씬 크게 배우고 깨달은 아이들 덕분에 오히려 교사인 우리가 더 많이 배운 수업이었다.

처음에 인권 수업을 준비하면서 여러 가지 걱정이 많았다. 어렵기만 한 인권 문제를 어떻게 하면 흥미롭게 가르칠 수 있을까, 소수자에 대한 시선이 여전히 곱지 않고 차별이 당연하게 여겨지는 사회에서 인권을 외치는 것이 어쩌면 무모한 일일지도 모른다고 생각했기 때문이다. 하지만 진지하게 배움에 임하는 아이들을 보면서, 또 편견을 반성하고 차별을 반대하는 행동에 적극적으로 나서겠다는 아이들을 보면서 커다란 감동을 받았다. 앞으로도 우리 아이들과 생활하면서 같이 성장하고 함께 배울 수 있는 기회를 자주 가져야겠다고 생각했다.

 5학년 '노동'

아이들과 함께 교육과정을 재구성하다

늘, 모두 같은 것을 할 필요는 없다

처음 교사가 되었을 때는 국어를 가르치는 것이 참 재미없었다. 전담 선생님 시간에 교사 연구실에서 국어 교과서 지문을 읽고 있는데 옆 반 선생님이 놀리듯 말을 건넸다. "아니, 그 글이 눈에 들어와? 난 집중이 안 되던데. 그거 안 읽어도 가르칠 수 있잖아…" 아, 나만 집중 안 되는 게 아니었구나. 교사조차 흥미가 생기지 않는 글을 아이들에게 읽히고 관심을 갖게 해야 하다니….

순서를 바꿔서 가르치면 좋을 것 같은 주제가 있다. 과학 시간에 환경을 공부하고, 몇 주 있다가 사회 시간에도 환경 단원이 나오는데, 몇 달 지나면 국어 시간에도 환경과 관련한 글이 나온다. 이 시간들을 다 모으면 훨씬 짜임새 있게 쓸 수 있을 것 같지만 우리 반만 진도가 다르면 평가 성적이 나빠질까 봐 그렇게 못했다. 때로는 필요도 없는 지식을 가르친다는 생각이 들 때가 있는데 그래도 시험에 나올까 봐 꾸역꾸역 가르쳐야 했다. 모두 똑같은 것을 하면 재미있을 때도 있지만 늘 모두 같은 것을 한다는 건 끔찍한 일이기도 하다. 대한민국 5학년 학생이 모두 똑같은 교과서로 배운다는 것도 무서운 일이다. 같은 책으로 공부하니까 같은 시험을 보자고 주장하는 사람들이 나오는 것인지도 모르고…. 그런데 우리 학교는 아니다. 다행이다, 교육과정을 재구성할 수 있어서. 그리고 시험도 없어서.

어떻게 재구성할까?

5학년 교육과정 재구성은 세 단계로 나누어 진행했다. 1단계는 학기가 시작되기 전에 교사들의 교육과정 분석과 기획이고, 2단계는 학기가 시작된 다음에 각 반에서 아이들과 함께하는 재구성이며, 3단계는 양쪽 반 아이들의 의견을 조율해서 현실화한 재구성이다. 두 반이 똑같이 하지는 않지만 가능하면 맞추려고 노력했다. 먼저 학기가 시작되기 전 동 학년 교사들끼리 만나 생각을 나누었다. 서로 생각이 비슷하면 잘 맞는 것 같아서 좋고, 한쪽의 생각이 막혔을 때 다른 한쪽이 새로운 생각으로 물꼬를 터주니 감탄스럽다. 주제를 선정하고, 이에 맞춰 각 과목별 성취 기준을 배치하고, 주제를 실현하기 위한 주요 활동을 계획했다. 주제를 설정할 때는 시기적으로 알맞은 것, 아이들에게 필요한 가치를 중심에 놓았다. 1학기에는 만남, 생명의 소중함, 평화를 찾는 어른들, 시원한 여행이라는 주제를 선정했다. 예를 들어 '만남'은 3월에 나와 친구의 감정을 느끼고 서로를 알아가며 함께 공부할 준비를 하는 것이고, '생명의 소중함'은 4월에 생태적 관점에서 동물과 식물에 대해 생각하며 생명 존중을 공부하는 식이었다. 이렇게 주제를 정하고 미리 출력한 과목별 성취 기준을 오려 붙이거나 포스트잇에 써서 주제별로 배치하고, 어떻게 깊은 배움을 얻을 것인지 주요 활동을 고민했다. 학기가 시작된 뒤에는 아이들과 함께 다시 재구성을 했는데 1학기와 2학기를 다르게 진행했다. 1학기 때는 교사들이 주제를 제시하면 모둠별로 주제별 색종이에 성취 기준과 단원을 배치하고, 각 주제별로 공부하고 싶은 방법이나 활동을 계획했다. 그런 다음 모둠별로 계획한 것에서 공통된 것을 뽑아 성취 기준과 단원을 확정하고 함께할 공부 방법과 활동을 정했다.

2학기는 아예 아이들과 주제 선정부터 시작했고, 월별 기념일이나 1박 2일 같은 학교 행사를 만들어보았다. 모둠별로 만든 주제에서 공통으로 나온 것을 중심으로 주제를 확정했다. 1학기 때 교사들이 짜낸 것보다 더 창의적인 주제 이름이 나왔다. 1학기 때 유은실의 〈우리 동네 미자 씨〉를 재미있게 본 아이들이 많았는데 이 영향으로 미자 씨 시리즈가 나왔다. 교사가 무미건조하게 정한 '여행', '나눔'에 비해 아이들이 정한 '역사 속 미자 씨', '선물 주는 미자 씨' 등은 흥미로웠다. 이 주제 아래 1학기 때처럼 다시 모둠별로 주제에 알맞은 성취 기준을 배치하고, 하고 싶은 활동을 계획했다. 방법이 비슷해서인지 결과적으로 교사와 아이들이 크게 다르지 않은 주제와 성취 기준(단원)을 배치했다. 아이들은 배울 내용을 스스로 생각하고 계획함으로써 즐겁게 배움의 주체가 되었다. 각 반의 재구성 작업이 끝나자 교사들이 모여 두 반 아이들의 생각을 조정해서 교육과정 계획서를 작성했다. 주제 이름은 두 반의 개성에 따라 조금 달랐지만 내용은 되도록 맞추려고 했다. 이어서 주제별 활동을 각 반에서 교사가 아이들과 공유하는 과정을 거침으로써 교육과정 재구성 계획을 마무리했다. 물론 실제로 진행하다 보면 많이 바뀌기도 한다.

교과서 유감, 노동·인권 평화 교육을 실천하다

1학기 교과목의 성취 기준을 통틀어 가장 접근하기 어려웠던 부분이 사회과의 정치 단원과 경제 단원이었다. '우리나라의 민주화 과정에 대한 이해를 바탕으로 민주주의와 참여의 관계를 파악하고, 일상생활에서 실천할 수 있는 참여 방법을 제시할 수 있다'는 성취 기준을 보면 먼저 민주화 과정에 대한 이해가 선행되어야 하는데 이것이 쉽지 않을 것 같았다. 2014년까지는 5학년 사회과에서 1년 동안 역사 영역을 배운 뒤에 6학년에 올라가서 이 성취 기준을 이루도록 되어 있었다. 즉, 당시에는 5학년 때 현대사에서 민주화 과정을 배운 아이들이 6학년에 올라와서 배우는 내용이었다. 그런데 2015년에 역사 영역이 5학년 2학기와 6학년 1학기로 나누어지면서 이 성취 기준이 현대사에 대한 배경 지식이 없는 5학년 1학기로 내려왔다. 게다가 사회 교과서를 따르자면 성취 기준과 반대로 두 차시 동안 일상생활 실천 방법을 먼저 계획한 다음에 한 차시 동안 우리나라 민주화 과정을 사진으로 보면서 참여의 중요성을 깨닫는 순서로 배워야 한다. 정치사 영역은 아이들이 어려워하는 부분인데 짧은 시간에 많은 내용을 해야 하니 더 문제였다.

경제 영역은 경제 활동 사례, 우리 경제의 특징, 경제 성장과 문제점, 경제 주체의 역할, 국제 거래에 대해서 배워야 한다. 우리 교과서를 가만히 들여다보면 아이들의 삶과 많이 동떨어져 있음을 알 수 있다. 아이들은 자신의 부모님들이 그렇듯 임금 노동자로 살아갈 가능성이 큰데도 경제 단원에서 노동 교육은 거의 다루고 있지 않다. 교과서는 노동조합이나 적정 임금, 근로 여건 개선에 대한 이야기는 한 마디도 없이 '근로

자들의 고생으로 경제 성장이 되었다'는 것만 중요하게 다룬다. 또 약자로서 노동자와 강자로서 사용자 간의 힘이 불균형하다는 사실은 빼고 '회사 측과 근로자가 각자의 주장만 고집한다'는 단순한 표현과 '노사 갈등으로 국가 경제와 회사가 손해를 입는다'는 것만 강조한다. 약자인 노동자의 권리 실현을 위해 헌법으로 보장하는 노동조합을 배워야 했고, 노동 인권을 존중하는 평화 교육으로서 노동 교육이 필요했다.

　이런 고민 아래 주제를 '평화를 찾는 어른들'로 정했다. 그리고 아이들이 경제 문제나 민주화 과정을 자신의 삶과 연결시키도록 위기철의 〈청년 노동자 전태일〉로 '천천히 깊게 읽기' 수업을 계획했다. '천천히 깊게 읽기'는 한 권의 책을 다양한 활동을 하며 깊이 있게 읽는 독서법이다. 두어 달 동안 같은 책을 읽으며 여러 과목의 성취 기준을 이루기 위한 활동을 계획했다.

주제 배움 계획

기간	2015. 4. 27 ~ 6. 19	주제	평화를 찾는 어른들

우리 아이들은 기업가보다 노동자로 살아갈 가능성이 크다. 노동자, 민중의 입장에서 경제 성장을 바라보고 민주화 과정을 이해하기 위해 위기철의 〈청년 노동자 전태일〉을 중심으로 수업을 진행하려 한다. 노동자의 인권을 배운 후 인권 실현의 목적으로서 법을 공부하려 한다. 사회과(경제 성장, 민주화 과정과 공동체 문제 해결)와 도덕과(인권, 법, 공경)를 중심으로 실과과(가정 이해)와 국어과(다의어, 인물의 이해, 종류에 따른 글 읽기, 관점)를 접목하여 공부하려고 한다.

주제중심교과통합 학습			
교과	단원	성취 기준	활동 내용과 평가
도덕	5. 웃어른 공경	고령화 사회에서 나타날 수 있는 문제점을 종합적으로 인식하고, 신·구세대가 조화롭게 살아가는 데 필요한 예절 및 가치와 규범을 지속적으로 실천하려는 태도를 지닐 수 있다.	**주제 열기** – 전태일은 무엇을 하려는 것일까?(〈아름다운 청년 전태일〉 영화 일부분 보기)

교과	단원	성취 기준	활동 내용과 평가
도덕	6. 인권 존중	인권의 의미와 중요성을 종합적으로 이해하고 구체적인 사례들을 통해 인권 침해에 대한 올바른 판단을 할 수 있으며 생활 속에서 인권 존중을 실천하려는 적극적인 태도를 지닐 수 있다.	– '천천히 깊게 읽기'란? 샛길로 빠지고 천천히 생각하며 큰소리로 읽기, 모르는 것 서로 물어보며 읽기(왜 그랬을까? 무슨 뜻이지?) – 차례 보며 이야기 상상하기
	7. 모두 함께 지켜요	질서 있고 안전한 사회생활을 영위하기 위해 법과 규칙을 지키는 것의 중요함을 종합적으로 이해하고 일상생활에서 준법의 태도를 일관되게 지닐 수 있다.	– '전태일' 평전 수업 • 어린 전태일 부분 1차 산업, 경제활동의 의미(모의 경제활동, 음료수 매점하기 : 7월), 책에서 경제활동 찾기, 우리 경제의 특징 알기(구두닦이들은 왜 전태일을 괴롭혔을까?), 해방 / 한국전쟁 / 4·19와 5·16 알기
국어	1. 인물의 말과 행동	작품 속 인물의 생각과 행동을 나와 견주어 이해하고 평가한다.	
	3. 상황에 알맞은 낱말	낱말이 상황에 따라 다양하게 해석됨을 이해하고 효과적으로 표현할 수 있다.	문학작품의 관점 이해(다른 위인전과 다르게 왜 작가는 전태일의 나쁜 점들을 자꾸 이야기할까?), 작품 속에 나타나는 다의어 찾고 의미 알기, 다의어+경제활동이 포함되는 이야기 만들기(서술형 평가), 작품 속 인물의 생각과 행동을 나와 견주어 이해하고 평가
	5. 대상의 특성을 살려	적절한 설명 방법을 사용하여 대상의 특징이 드러나게 글을 쓴다.	
	11. 여러 가지 독서 방법	– 여러 가지 독서 방법이 있음을 알고 이를 적용한다. – 자신이 좋아하는 문학작품을 들고 그 이유를 말한다.	• 노동자 전태일 부분 정부, 기업가, 근로자가 수행한 역할 이해, 경공업 발전(전태일이 속한 산업), 국제 거래의 의미(무역 놀이와 함께 이해하기), 경제 지표 읽기 1(관찰 평가)
	12. 문학에서 찾는 즐거움	작품에서 말하고 있는 사람의 관점을 이해한다.	
사회	3. 경제 성장과 발전의 역사	– 다양한 경제활동의 사례를 통해 우리 경제의 주요 특징이 자유와 경쟁에 있음을 이해할 수 있다. – 여러 가지 경제 정보(통계, 사진, 각종 지표 등)를 통해 우리 경제의 성장 과정과 그 특징을 파악할 수 있다. – 경제 성장 과정에서 정부, 기업가, 근로자가 수행한 역할을 이해하고 그 중요성을 설명할 수 있다.	인권 존중 : 아동 인권, 노동 인권을 중심으로 인권 이야기(관찰 평가) 함께 읽는 책 : 〈비바람 속에 피어난 꽃〉 전태일 책 속에 나오는 음식(팥을 이용한 음식) 해 먹기 작품 속 인물의 생각과 행동을 나와 견주어 이해하고 평가

사회	3. 경제 성장과 발전의 역사	– 우리나라가 국제 거래를 통해 다른 나라와 경제적으로 상호 의존하면서 서로 경쟁하는 관계에 있음을 이해할 수 있다.	• 분신하는 전태일 부분 근로기준법을 통해 법이 인권 실현을 위해 존재함을 알기, 경쟁 사회 속 어른들의 노고 헤아리기
	4. 우리 사회의 과제와 문화의 발전 1) 경제 성장의 그림자 2) 우리 사회의 오늘과 내일	– 경제 성장 과정에서 나타나는 여러 문제(빈부 격차, 노사 갈등, 자원 고갈 등)를 확인하고 이에 대한 해결 방법을 모색할 수 있다. – 우리나라의 민주화 과정에 대한 이해를 바탕으로 민주주의와 참여의 관계를 파악하고 일상생활에서 실천할 수 있는 참여 방법을 제시할 수 있다. – 관용, 대화, 타협, 절차 준수 등 민주적 태도의 중요성을 인식하고 일상생활 속에서 이를 실천할 수 있다.	전태일과 관련된 신문, 만화, 그림 등 다양한 종류의 글 읽는 방법 알고 적용하기(관찰 평가) 경제 성장의 문제점, 경제 지표 읽기 2 – 웃어른 공경하기 건강한 가족이 될 수 있도록 전태일 아버지와 전태일의 대화 고치기 전태일을 읽고 어른들은 어떤 삶을 살아왔는지 헤아리기
실과	1. 나와 가정생활 2) 가정일과 가족원의 역할	– 건강한 가족과 가정생활을 유지하기 위해 필요한 조건을 설명할 수 있다. – 가족 간 협력과 배려를 실천하기 위해 내가 할 수 있는 일을 찾아서 능동적으로 수행할 수 있다.	일주일 동안 집안 어른을 관찰하고 설명하는 글쓰기, 어른들의 집안일 관찰, 면담 조사하고 내가 할 수 있는 역할 정하여 실천하기(체크리스트) – 민주주의와 참여 활동 – 전태일은 평화시장 노동자들의 근로 조건 개선을 위해 무슨 일을 했나? – 전태일 외에 우리 사회 민주화를 위해 힘쓴 자료 제시(아이들이 갔던 미디어·기자 박물관 현장학습 사진 이용) – 우리 학교 주변의 문제를 개선하기 위한 직접 행동 계획 하기(관찰 평가) **주제 닫기** – 평화를 찾는 어른들 : 공정하고 평화로운 사회 상상하기(관찰 평가) – 전태일을 읽고 나서 소감문 쓰기(서술형 평가)

평화를 찾는 어른들

〈청년 노동자 전태일〉을 중심으로 교육과정을 재구성하며 사회뿐 아니라 도덕, 국어, 실과를 통합했다. 책을 처음부터 끝까지 수업 시간에 아이들이 돌아가며 소리 내어 읽었다. 두 문단 정도를 읽고 모르는 단어나 이해하기 어려운 장면에 대해 서로 질문하고 답하는 시간을 충분히 가졌다. 아이들이 질문하는 내용 중에 교과와 관련한 것들이 나오면 자연스럽게 그 부분에 대해서 공부했다.

주제를 여는 첫 시간은 주제 전체에 대한 관심을 갖는 시간이다. 궁금증을 갖도록 하기 위해서 영화 〈아름다운 청년 전태일〉 중 전태일이 분신하는 장면을 보여주었다. 등장인물이 누구인지, 무엇을 하는 것인지, 왜 하는지에 대한 일체의 정보를 주지 않고 보게 했더니 아이들은 조금 충격을 받은 것 같았다. 영상을 본 다음 어떤 생각이나 의문이 드는지 칠판에 나와 써보게 하며 배움의 문을 열었다. 책의 차례를 보며 어떤 이야기가 진행될지 예상하기를 했다. 예상하기 활동에서 아이들은 자신의 생각이 맞는지 뒷부분의 내용을 읽어보고 싶어 했다. 책을 미리 읽고 결론을 알면 재미가 없으니 가능하면 수업 시간에 함께 읽자고 제안하자 궁금하게 여기는 아이들이 늘어났고 몇몇은 몰래 읽기도 했다. 인터넷으로 검색해보거나 부모님께 여쭤보는 아이들도 있었다. 책의 앞부분에 일제강점기, 해방 그리고 미군정과 친일파 잔존 문제, 4·19혁명 등 굵직한 현대사가 배경으로 나온다. 일반적인 사회 교과서처럼 그 사건 자체를 설명한 것을 배우는 게 아니라 이야기의 맥락에 자연스럽게 사건들이 등장해서 그런지 아이들은 내용을 더 알고 싶어 하며 가슴으로 받아들였다. 이승만의 부정 선거와 시위대에 총을 쏘는 정부에 분노하다가 4·19혁명이 일어나자 다행이라며 가슴을 쓸어내렸고, 다음 해에 5·16 쿠데타가 일어난 것을 알고는 믿을 수 없어 했다.

전태일의 어린 시절을 읽으면서 전태일과 부모님의 삶에 등장하는 다양한 경제활동 사례를 접하며 1, 2차 산업을 배웠으며 우리 경제의 특징을 공부했다. 알코올 중독자였던 전태일 아버지와 가족들의 대화를 보며 건강한 가족이 되기 위해 어떻게 대화해야 하는지 역할극을 했다.

어린 시절 전태일은 마음 착하고 열심히 공부하고 싶어 하는 아이였지만 여러 번 가출을 하고 큰돈을 주워도 주인에게 돌려주지 않는 등 일반적인 전기문 속 주인공과 달랐다. 여기에 한 아이가 "이 사람 정말 좋은 사람 맞아요?" 하고 묻자 많은 아이가 맞장구를 치며 공감했다. 이 질문을 국어과에서 배워야 하는 작품의 관점을 이해하는 부분으로 연결해서 '작가는 왜 이런 내용을 썼을까'를 아이들과 함께 생각했다.

책을 읽는 과정 자체가 국어과 배움의 중요 요소이므로 국어과 대부분의 성취 기준을 무리 없이 수행할 수 있었다. 또 책에 나오는 단어로 다의어와 동음이의어를 구별하고 연습할 수 있었다. 책을 읽다가 틈만 나면 '전태일은 왜 그랬을까? 나라면 어떻게 했을까?'에 대해 계속 이야기를 나누며 작품 속 인물의 생각과 행동을 나와 견주어보았다. 초등학생에게는 읽기 어려운 책이기에 전반부를 읽을 때는 모르는 단어가 참 많이 나왔다. 그러나 누군가는 그 뜻을 아는 경우가 있어서 대부분 아이들끼리 서로 알려주며 책을 읽었다. 모두 모르는 단어가 나올 때는 사전을 찾아보며 읽었고 새로 알게 된 단어들과 동음이의어를 이용해서 모둠별로 이야기 만들기 활동을 했다. 200쪽이나 되는 책이고 거의 두 달에 걸쳐 읽었기에 중간에 줄거리를 정리하고 앞으로 어떤 이야기가 진행될지 생각해보는 활동도 했다. 모둠별로 내용을 조금씩 나누어 자신들이 생각하기에 가장 중요한 장면을 정지 장면으로 표현하는 연극과 무슨 장면인지 맞혀보는 놀이를 했다.

〈청년 노동자 전태일〉을 읽으며 경공업을 포함한 2차 산업을 알아보았고, 경제 성장을 이해하며 그 속에서 정부, 기업가, 노동자의 역할에 대해 배웠다. 전태일이 경험한 노동 현실이 보편적인 상황이었음을 알게 하려고 보충 도서로 당시의 10대 노동자들의 일기를 모은 한윤수의 〈비바람 속에 피어난 꽃〉 일부를 읽었다. 노동 인권 존중과 근로기준법을 생각하며 도덕과 영역인 인권과 법에 대해서 배웠고, 노동자와 아동 인권을 중심으로 인권을 실현하기 위한 목적으로서 법과 규칙을 공부했다.

'천천히 깊게 읽기'답게 책을 읽다가 자주 멈추고 생각하고 이야기하는 등 성취 기준에 없어도 의미 있는 활동을 접목하려고 애썼다.

전태일은 평화시장에서 재단사로 일하며 열악한 노동 조건을 바꾸기 위해 여러 가지 노력을 했다. 노동 조건 개선을 위해 동료들과 근로기준법을 공부했고, 작업 환경 실태 조사를 했으며, 근로감독관을 찾아갔고, 노동 현실을 알리기 위해 방송국과 신문사를 찾아갔다. 단어도 어렵고 내용도 생소해서 아이들이 이해를 못하거나 흥미가 떨어질까 봐 걱정했는데 아이들이 쓴 글을 보면 머리뿐만 아니라 마음으로도 이해하고 있다는 것을 알 수 있었다. 전태일 분신에 대한 신문 사설과 보도 기사를 비교하며 설명하는 글과 주장하는 글을 어떻게 읽어야 하는지, 글의 종류에 따라 다르게 읽는 방법을 배웠다.

📖 활동지

날짜 : 2015년 6월 23일
과목 : 국어
주제 : 종류에 따른 글 읽기
이름 :

시장 종업원 분신자살. 근로 조건 개선 요구 제지당하자 13일 오후
1시 30분쯤 서울 을지로 6가 17 평화시장 앞길에서 시장 종업원
전태일 군이 '노동청이 근로 조건 개선을 적극 협조해주지 않고 있
다'고 분신자살을 기도, 중화상을 입고 성모병원에 입원 중 14일 새
벽 숨졌다. 전 군은 1시부터 청계천 5가~6가 사이의 평화, 동화, 통
일 등 3개 연쇄 상가 종업원 5백여 명과 같이 근로 조건 개선 등 요
구 조건을 내걸고 농성을 하려 했으나 경찰과 시장 경비원들의 제
지를 받자 가지고 온 휘발유를 뿌리고 불을 댕겼다. (조선일보, 1970
년 11월 14일)

'라 퐁떼느'의 우화시는 머리 위에 솟아난 뿔의 영광에만 취했던 사
슴의 회한을 노래한다. 늪에 비친 사슴의 뿔은 스스로가 보아도 너
무 아름다웠다. 우뚝하면서 우아하게 솟아난 뿔, 그러나 그 아래 그
의 몸체를 받쳐 선 다리는 너무 초라했다. 그 다리를 살찌울 생각은
하지 못하고 사슴은 '왜 이런 다리를…' 하며 한숨만 쉬었다. 그러나
뿔 위로만 쏠렸던 사슴의 눈이 다리로 내려지는 날은 그리 멀지 않

았다. 사냥개에 쫓겨 숲으로 뛰어들었을 때 나뭇가지며 덩굴에 마냥 걸리는 뿔은 사슴이 뿔보다 다리가 중요함을, 다리의 영광을 깨닫게 했다. 최근 서울 한 고가도로 아래에서 착취와 질병에 시달리는 청소년들을 위해 스스로의 몸을 불태운 재단사가 있었다. 자동차들이 질주하는 그 다리 아래서 평화시장의 남녀 노동자들이 한 층을 다시 이 층으로 나눈 비좁은 먼지 구덕에서 우리 아이들의 몸을 덥혀주는 옷가지들을 짜내고 있었던 것이다. 뒤늦게나마 그 다리 아래 눈을 돌려서 노동조합을 만들게 한다, 근로기준법을 지키게 한다며 바쁘다. 이것을 두고 소 잃고 외양간 고친다며 뭐라고 할 것은 없다. 경제 성장이 우선이라며 그동안 외면했던 고통 받는 노동자들이 있다는 것을 깨달아야 한다. 이제부터라도 늦지 않았다. (동아일보, 1970년 11월 18일)

– 위 두 글은 모두 신문에 실린 것입니다. 그렇지만 느낌이 다르지요? 두 글은 어떻게 다른가요? 이런 글은 각각 무엇을 중심으로 살펴보아야 할까요?

- -

- -

- -

- -

- -

- -

- -

- -

주제중심교과통합 수업을 마치며

주제를 정하고 단원을 재구성하는 작업은 결코 쉽지 않았다. 학기가 시작되기 전에는 무엇을 할까 고민을 떨칠 수 없었고, 적어도 이틀 이상 동 학년 선생님과 재구성을 위한 만남의 시간을 가졌으며, 아이들과도 재구성 자료를 따로 준비해야 했다. 두 반이 재구성한 것을 조정하는 과정도 필요했고, 이를 다시 우리 반 아이들에게 설명하고 설득하는 과정도 거쳐야 했다. 또 실제로 공부를 해보면 예상과 달라서 계속 수정하며 진행해야 했다. 교과서를 거의 사용하지 않을 때는 계속 성취 기준과 접목시킬 텍스트를 찾거나 새로운 활동지를 만드는 등 사전에 반드시 중요 발문을 준비해야 하는 어려움도 있었다. 일반적으로 교육과정 재구성을 하면 중복되는 단원들을 한 번에 배워서 시간이 모자라지 않은 편인데 '평화를 찾는 어른들'에서는 '천천히 깊게 읽기'를 하느라 나중에 시간이 부족해서 아이들을 재촉한 것도 사실이다. 그럼에도 교육과정을 재구성하는 일은 참 즐거웠다. 교사는 자신의 철학에 맞는 가치를 교육할 수 있고, 아이들은 자신의 삶과 관련한 깊이 배우기를 할 수 있었기 때문이다. 주어진 교과서를 그대로 가르치는 것이 아니라 교과목과 단원을 재배치하고 중심 활동을 정하는 것, 아이들과 함께 결정하는 것은 교사에게나 아이들에게나 뿌듯한 일임이 분명했다. 아마 스스로 결정한다는 것이 우리에게 만족감과 성장하고 있다는 느낌을 주기 때문일 것이다.

우리가 계획하고 우리가 만들고 우리가 즐기다

어떻게 디자인할까?

흔히 초등학생이 아닌 것 같은데 그렇다고 중학생도 아닌 아이들이 6학년이라고 한다. 이런 6학년을 맡는다는 것은 쉽지 않은 일이지만 그래도 6년이라는 긴 여정을 마무리하며 또 하나의 시작을 준비한다는 뿌듯함이 있다. 6학년이 되면 친구들과 함께 떠날 수학여행과 떨리는 마음으로 받아들 졸업 앨범, 헤어짐과 함께 새로운 시작을 알릴 졸업식까지 많은 일이 기다리고 있다. 그래서 우리는 6학년만의 세 가지 이벤트를 '우리의 1년'라는 하나의 주제로 연결해서 진행하기로 했다. 또 이를 교육과정과 단절된 별도의 프로젝트가 아니라 교육과정에서 녹여내기를 놓치지 않았다. 초등학교 6년을 마무리하는 한 해를 보다 의미 있게, 또 아이들 스스로 즐겁고 주체적으로 참여할 수 있게, 하나의 장을 만들고자 했다.

졸업 여행과 관련해서는 의미 있는 장소를 조사하는 것부터 주어진 예산 안에서 여행 코스를 선정하는 것까지 아이들이 직접 하도록 했다. 이에 해당하는 교과와 성취 기준이 무엇일까 찾아보았더니 우리 국토에 대해 배우는 사회 교과 1단원 '살기 좋은 우리 국토'가 있었다. 주된 흐름을 사회 과목으로 잡고 장소를 선정하는 데 필요한 조사 활동을 '창의적 체험활동'으로 연결해서 컴퓨터실에서 검색하고 도서관에서 각종 도서를 찾아보았다. 또 여행이라는 특성상 예산을 고려해야 했으므로 수학 교과 4단원 '비와 비율'을 함께 공부하며 각 모둠에서 찾은 여행 코스에 소요되는 전체 예산이 얼마나 되고 그 중에서 숙박비, 식비, 입장료 등이 어느 정도의 비율을 차지하는지 공부했다. 이 모든 과정에서 함께 의견을 나누고 조율하는 일이 필요했는데 이를 국어 교과 '토의하기'와 연결했다.

졸업 앨범을 만들 때는 아이들의 자율성을 최대한 살리는 방향으로, 창의적 체험활동 중 '자율 활동' 시간을 활용해서 진행했다. 또 학교의 다양한 풍경을 배경으로 우리의 모습을 사진에 담아야 했기에 미술 교과 1단원 '안녕! 우리 학교'와 연계해서 창의적으로 진행하기로 했다. 졸업식은 6학년인 우리의 행사인 만큼 우리 손으로 만들면 어떨까 하는 생각에서 활동적이고 흥이 많은 아이들의 에너지를 한데 모아 졸업식 당일에 펼칠 공연을 계획했다. 6학년이 모두 주인공이 되어 서로 축하하고 새로운 시작을 격려하는 의미를 담기로 했다. 준비하는 과정에서 잊지 못할 마지막 추억이 만들어지는 것은 또 하나의 선물일 것이다. 졸업식 공연은 음악 교과 '어울림 음악', '추억을 담은 음악' 단원을 주요 골자로 하여 서로의 목소리에 귀 기울이며 노래와 춤과 공연을 준비해서 발표하기로 했다. 곡 선정 등 준비하는 과정에서 갈등이 일어난다면 어떻게 풀어나갈지는 마침 도덕 교과에 '갈등을 대화로 풀어가는 생활'이라는 단원이 있어서 통합하기로 했다.

주제 배움 계획

주제	우리의 1년	날짜	2015년 3월 2일~2016년 1월 6일

독립된 주제로 6학년 한 해에 걸쳐 장기적으로 진행한다. 배운 내용 혹은 앞으로 배우게 될 내용을 확인할 수 있고 교육적으로도 의미 있는 장소들을 인터넷, 책 등 다양한 방법으로 찾아보고 선정하여 졸업 여행을 계획한다. 또 나와 친구들, 학교 선생님들의 사진을 직접 찍어서 졸업 앨범을 만든다. 졸업식 공연을 우리 스스로 계획하여 6학년 한 해를 마무리하여 보다 뜻깊은 졸업식이 될 수 있도록 한다.

통합교과			
교과	단원	성취 기준	활동 내용과 평가
사회	6-1 1. 살기 좋은 우리 국토	- 지도나 지구본을 통해 우리나라의 위치와 영역(독도, 비무장 지대, 접경 지역 등)을 찾을 수 있고 그 중요성을 설명할 수 있다. - 우리나라 사람들의 생활 모습을 통해 자연적 특성(기후, 지형 등)과 그 변화를 말할 수 있다. - 지도를 통해 우리나라의 인구 분포를 살펴보고 그 특성과 문제점에 대해 말할 수 있다. - 교통과 통신의 발달로 변해가는 우리 국토의 모습을 말할 수 있다.	**졸업 여행** - 우리 국토의 영역과 지형, 기후를 알아보고 우리가 가는 졸업 여행 코스 짜기 - 인터넷에서 정보를 찾아 졸업 여행지를 선정하고 여행 계획 작성하기 - 졸업 여행지에 대한 정보 조사 후 결과를 비와 비율로 나타내고 분석하기 - 졸업 여행 장소 선정을 위한 토의하기(관찰 평가) - 우리에게 필요한 규칙, 약속을 스스로 만들기(졸업 여행 약속 정하기와 연계)
창체	정보 찾기	인터넷을 통해 원하는 정보를 효율적으로 탐색하고 유용한 정보를 선택할 수 있다.	
수학	4. 비와 비율	비와 비율이 필요한 상황을 알고 이를 활용할 수 있다.	
국어		토의 절차와 방법을 알아보고 학습 상황에서 토의할 만한 주제를 정하여 토의할 수 있다.	
창체		나, 친구, 선생님의 사진을 찍어 졸업 앨범을 만들 수 있다.	**졸업 앨범** - 학교 곳곳에서 친구들과 나의 모습을 사진으로 재미있게 담기
미술	1. 안녕! 우리 학교	신나는 학교생활 모습을 다양한 방법으로 표현할 수 있다.	

	2.6 어울림 음악	가사와 리듬의 어울림을 생각하며 다양한 방법으로 노래를 부를 수 있다.	
음악	4.3 추억을 담은 음악	- 노래와 춤과 관련된 공연을 준비하여 여러 사람들 앞에서 발표할 수 있다. - 진지하고 바른 태도로 공연을 감상한다.	**졸업 공연** - 서로를 이해하고 갈등을 해결하며 평화롭게 준비하기 - 졸업식 공연이 어떤 의미를 가지고 있는지, 어떻게 운영할 것인지 토의를 통해 계획하고 준비하기 - 서로의 소리에 귀 기울이고 화음을 느끼며 부분 2부 합창하기(평가)
도덕	3. 갈등을 대화로 풀어 가는 생활	갈등 상황을 이해하고 갈등이 생겼을 때 효과적으로 대처하여 평화로운 교실을 만들 수 있다.	
국어		토의 절차와 방법을 알아보고 배움 상황에서 토의할 만한 주제를 정하여 토의할 수 있다.	
창체		모두 즐겁게 협력하여 졸업식 공연을 준비하고 졸업식을 즐길 수 있다.	

우리가 계획한 졸업 여행

아이들의 꿈과 재능을 마음껏 펼칠 수 있도록 도와주는 곳이 학교일 것 같지만 사실 아이들을 무기력한 존재로 만들어버리는 곳이 학교이기도 하다. 배우고 참여하는 쪽은 아이들이어야 하는데 아이들은 교육 활동의 대상이 될 뿐 주체가 되지 못하는 경우가 많다. 무엇을 배울지, 어디에 갈지, 어떻게 할지를 학교는 좀처럼 아이들에게 묻지 않는다. 학교 교육과정에서 그 대표적인 것이 수학여행이다.

6학년 아이들에게 1년 동안 했던 것 중 가장 즐거운 일이 무엇이냐고 물어보면 많은 아이가 수학여행이라고 대답한다. 학교를 떠나 친구들과 가는 여행은 생각만으로도 설레는 모양이다. 그런데 이 설렘의 열쇠를 교사가 쥐고 있다. 물론 1안, 2안으로 선택지를 만들어 아이들에게 선택할 기회를 주기는 하지만 이것은 진정한 결정권이 아니다. 선택의 폭이 너무 좁거니와 무엇보다 아이들이 가져야 할 것은 결정권보다 '계획할 기회'다. 우리는 아이들과 함께 수학여행을 계획하고 만들어가기로 했다.

보통 수학여행을 6학년 때 가는데 우리는 이 여행을 졸업을 맞이할 6학년의 특성을 담을 수 있는 여행이라고 생각했고, 6학년 아이들이 졸업을 앞두고 친구들과 추억을 쌓고 또 다른 배움을 경험할 수 있는 여행이라는 데 초점을 두어서 '졸업 여행'이라 부르기로 했다.

5월쯤 아이들과 처음으로 졸업 여행에 대한 이야기를 나누었다. 수학여행이 아니라 졸업 여행이라 부르는 이유부터 함께 이야기했다. 아이들은 언제 갈지도 정하지 않은 졸업 여행에 벌써부터 마음이 부풀었다. 가장 먼저 의견을 모아야 할 것은 날짜였다. 언제 갈까? 어떤 아이들은 하루빨리 가고 싶은 마음에 1학기 때 가자고 했고, 어떤 아이들은 날씨가 따뜻할 때 가자고 했으며, 어떤 아이들은 졸업 여행이니만큼 졸업이 얼마 남지 않은 시기에 가자고 했다. 일단 직접 여행 계획을 세워서 그대로 갈 거라는 것만 밝혔더니 교실은 흥분의 도가니가 되어 제주도에 가자, 놀이동산에만 있다가 오자, 저녁에 바비큐 파티를 하자는 등, 배가 산으로 갈 지경이었다. 하지만 차츰 몇 가지 약속을 통해 알차고 교육적인 일정으로 채워지기 시작했다. 졸업 여행을 계획할 때 고려할 우리의 약속은 이랬다.

- 우리의 배움과 관련지어 계획하자.
- 1인당 경비는 식비, 숙박비, 교통비 포함 10만원을 넘지 않도록 하자.
- 친구들이 만족하고 납득할 수 있는 계획을 세우자.

우리는 2박 3일 졸업 여행 계획을 짰다. 날짜는 배움이 반 이상 진행된 9월 말에 가기로 했다. 이제 본격적으로 어느 지역, 어떤 코스로 갈 것인가를 조사했다. 우리가 배운 내용, 앞으로 배울 내용과 관련해서 더 깊이 배울 수 있는 장소를 찾기로 했다. 아이들은 6학년 모든 교과서를 펼쳐들었다. 학기 초에 이미 교육과정 만들기를 위해 교과서를 전부 훑어보았기 때문에 한 번씩은 본 상태였지만 배움 내용과 졸업 여행 장소를 바로 연결시켜야 했으므로 그 어느 때보다 진지하게 교과서를 탐독했다. 배움 내용과 관련된 문화 유적지나 가보고 싶은 지역을 하나하나 눈여겨보았다. 대략 관심이 가는 부분을 정해둔 다음, 모둠별로 책을 들고 컴퓨터실로 가서 구체적으로 사이트를 찾았다. 자신들이 갈 여행지를 직접 찾는다고 생각하니 즐거웠는지 검색하는 아이들의 눈이 빛나는 것을 보고 이런 기회를 주기를 정말 잘했다는 생각이 들었다. 6학년이라도 충분히 여행 계획을 짤 수 있음을 실감했다.

장소 검색을 마치고 교실로 돌아와서 모둠별로 발표하는 시간을 가졌다. 왜 그곳에 가야 하는지, 우리가 배우는 내용과는 어떤 관련이 있는지를 설명하며 내용을 공유했다. 수도권, 중부 내륙권, 동해안 쪽 등 여러 지역과 박물관, 문화 유적지, 천문대, 섬, 음식 만들기 체험 등 다양한 코스가 나왔다. 또 입장료, 숙박비, 식비는 물론이고 2박 3일 일정에 적합한 동선을 고려했다. 특히 인상적인 것은 아이들이 흔히 수학여행으로 가고 싶어 하는 놀이동산을 아무도 넣지 않은 점이다. 배움 내용과 연관을 짓지 못한 것인지, 아니면 배움과 큰 관련이 없다고 판단한 것인지 놀이동산 대신 의미 있는 장소들을 찾아낸 아이들이 대견했다. 어떤 모둠은 아침에 숙소에서 잠깐 할 수 있는 미션을 생각해내기도 했고, 저녁에는 숙소에서 친구들과 직접 요리를 해먹자고 제안하기도 했다. 아이들은 여행을 통해 진정으로 친구들과 즐거운 추억을 만들려고 했고, 졸업 여행의 의미를 잘 이해하며 즐기고 있었다.

아이들이 찾은 장소를 모아 각 장소별로 정리해서 책자를 만들었다. 책자에는 사이트 이름과 위치, 입장료, 어떤 곳인지 등을 써서 일주일 동안 각 반에 두고 가고 싶은 곳 세 군데에 스티커를 붙이도록 했다. 아이들은 친구들이 찾은 사이트들을 보며 매우 신중하게 스티커를 붙였다. 가장 많은 스티커를 받은 사이트 몇 군데가 나왔는데 그중에 치즈 만들기 체험을 하는 곳이 있었다. 일인당 5만원이나 드는 곳이라서 가야 할지 말지를 놓고 의견을 주고받았다. 그 결과, 너무 많은 돈이 들어서 아쉽지만 포기하는 쪽으로 의견이 모아졌다. 최종적으로 정한 장소들을 위치와 이동 거리를 고려해서 1일차, 2일차, 3일차에 적절하게 배치했다.

여행지는 모두 아이들이 배움의 내용과 관련지어 정한 곳이었다. 부천 아인스월드는 세계 여러 나라의 건축물을 축소해놓은 곳이었고, 트릭아트 체험관은 빛을 통해 착시를 일으켜 재미있는 그림을 볼 수 있는 곳이었다. 서대문 형무소는 일제강점기 독립운동가들과 근대 독재 시대에 민주화를 위해 애쓰다 잔인한 고문으로 희생된 민주 열사들을 기릴 수 있는 곳이었다. 에너지드림센터는 한강 난지공원에 있는데 쓰레기 매립지를 가꾸어 아름다운 공원으로 만든 곳에서 다양한 생태 에너지를 배울 수 있었다. 잡월드에서는 진로와 관련하여 직접 다양한 직업 체험을 했고, 세종대왕릉에서는 조선시대 과학 기술과 한글에 대해 눈으로 보며 문화해설사의 해설을 들을 수 있었다.

졸업 여행을 준비하는 내내 교사로서 고민한 부분은 교육과정과 자연스럽게 연결하는 것이었다. 다행히 우리 아이들은 여러 교과의 다양한 성취 기준과 졸업 여행의 실제 활동을 자연스럽게 연결하며 참여했다. 여행 전에는 매체를 활용하여 적극적으로 조사하고 발표하였고, 여행 중에는 모르는 것을 묻고 답하며 관련된 배움 내용에 대해 이야기꽃을 피웠다. 여행을 다녀온 뒤에는 국어 교과의 '기행문 쓰기'와 '겪은 일을 글로 쓰기'와 연계해서 8절 도화지에 보고 들은 것, 배운 것, 느낀 것을 개성 있게 정리했다. 두 학기에 걸쳐 졸업 여행을 계획하고 실행하는 과정에서 아이들은 이미 국어 교과서를 펼쳐놓고 수업하지 않아도 '토의하기' 성취 기준에 맞춰 충분히 배웠으며, 이 모든 과정이 그 자체로 평가였다.

우리가 만드는 졸업 앨범

일반적으로 졸업 앨범은 사진관에 일정 비용을 지불하면 일괄적으로 사진을 찍고 인쇄해서 나눠준다. 우리는 이런 재미없고 일방적인 졸업 앨범에 의문을 제기했다. 졸업 앨범은 아이들이 평생 소장할 뜻깊은 기넘품인데 단순히 졸업식 날에 받아드는 '결과물'이 되는 것을 바꾸고 싶었다. 그렇다면 만드는 과정부터 직접 참여하는 것은 어떨까? 게다가 사진관에 위탁하면 비용도 만만치 않았고, 포남초는 행복더하기학교로 지정된 이후 모든 교육 활동 경비를 학교 부담으로 한다는 원칙을 세우고 실천하고 있어서 졸업 앨범도 선물로 증정하는데, 앨범 값이 자꾸 올라서 걱정하던 참이기도 했다. 우리는 인터넷 업체를 통해 저렴한 가격에 앨범을 제작할 수 있다는 사실을 알게 되었고, 앨범에 넣을 사진을 주문자 측에서 직접 준비해야 한다는 것이 좋았다. 즉, 아이들이 사진을 찍을 수 있다는 것! 우리는 졸업 앨범이라는 또 하나의 창구를 통해서 아이들이 교육과정에 직접 참여할 수 있는 길을 텄다. 생각해보면 졸업 앨범이란 얼마나 천편일률적이고 획일적인가. 지금 우리의 생기발랄함을 그대로 담아야 진정한 졸업 앨범이 될 터인데 말이다.

우리는 창의적 체험활동 시간을 활용하기로 했다. 먼저 4명씩 모둠을 만들고 모둠별로 학교에서 자신들이 카메라에 담아야 할 선생님들을 지정해주었다. 아이들은 생각지도 못한 소품을 찾아서 촬영에 쓰는가 하면 학교 곳곳을 둘러보며 좋은 곳을 찾아냈다. 한복을 입고 온 아이도 있었고, 어릴 적에 찍은 사진을 들고 와서 똑같은 포즈로 찍은 다음 나란히 배치해놓은 아이도 있었다. 교사들이 꼭꼭 움켜쥐고 아이들에게 풀어놓지 못한 권한이 얼마나 많을까? 이렇게 건강하고 신선한 아이디어를 가진 아이들을 우리가 너무 속박하고 있다는 것을 깨달았다.

아이들이 직접 찍은 사진을 모아 졸업 앨범을 만드는 것은 분명 뜻깊은 일이었다. 하지만 개인 사진과 모둠 사진, 교직원 사진 등 창체 수업을 활용해서 아이들이 직접 찍은 사진 말고 절반을 차지하는 일상 사진들은 틈틈이 교사가 찍거나 아이들끼리 찍은 사진을 편집해서 넣어야 했다. 졸업식 날 앨범을 받아든 아이들의 표정은 한껏 밝았다. 깔깔거리며 자기가 찍은 사진을 흐뭇하게 바라보는 아이들, 자유로운 포즈로 찍은 사진을 보고 민망해하는 아이들, 다른 모둠 친구들이 찍은 사진을 보고 멋있다고 칭찬해주는 아이들. 저마다 앨범을 꼭 끌어안고 눈을 떼지 못했다.

아이들이 학교 구성원 모두의 사진을 애정 어린 눈빛으로 바라볼 수 있는 것은 발품을 팔며 앨범에 담을 대상과 소통한 소중한 경험이 있기 때문이다. 이런 과정을 통해서 졸업이 단지 6학년들끼리만 마무리하는 의식을 넘어서 학교 공동체에서 함께 생활한 구성원 모두를 돌아보고, 사람과 사람이 함께할 때 느낄 수 있는 따스함과 연대감을 생각해보는 계기가 되었을 것이라 믿는다. 학교라는 작은 사회에서 다양한 사람들과 그물처럼 관계 맺으며 도움을 주고받았음을 아이들은 졸업 앨범이라는 작은 기획을 통해서 어렴풋이나마 깨달았을 것이다. 아이들이 주체적으로 계획하고 만드는 데 그치지 않고 선택된 '누군가'가 아닌 '공동체'를 되돌아보는 것이 '우리가 만드는 졸업 앨범'의 의미다.

우리가 즐거운 졸업 공연

몇 년 전부터 우리는 졸업식에 대한 고민을 해왔다. 외부 단체로부터 상과 장학금을 들여와서 학교에서 미리 '선발'한 아이들을 무대에 올리는 장면이 우리 머릿속에 각인된 졸업식이었기에 이 모습을 바꾸고 싶었다. 상을 받을 아이를 선발하는 기준도 모르겠고, 아이들을 꼭 선발해야 하는지도 의문이었다. 도대체 교사인 우리가 무슨 자격으로 아이들을 선별할 수 있단 말인가? 무엇보다 외부 시상을 꼭 해야 하는 걸까? 근본적 물음에서 시작한 토론 끝에 포남초는 졸업식에서 외부 시상을 공문을 통해 정중하게 거절했다. 몇몇만 상을 받고 대부분의 아이들은 부러움 어린 시선으로 축하해주고 끝나는 졸업식이 아니라 아이들 모두 주인공이 되어 축하하고 축하받으며 새로운 시작을 맞이할 수 있는 진짜 졸업식을 만들기로 했다.

우리 6학년 아이들은 참 흥이 많다. 굉장히 활동적이고 자기주장도 강하고 노래 부르기나 춤추기를 좋아한다. 음악 시간만 되면 노랫소리가 온 복도에 울려 퍼질 만큼 6학년이 맞나 싶을 정도로 좋아한다. 이 아이들이 끼를 제대로 발산할 노래를 찾던 중 'seasons of love'라는 곡을 만났다. 친구들과 함께한 소중한 시간들로 우리의 1년을 기억하자는 내용이 마음에 와 닿아 이 노래로 공연을 하기로 했다. 처음에는 사람이 많이 모이는 졸업식 날 무대에서 공연하는 게 싫다는 의견이 많았다. 하지만 몇 사람만 나가는 게 아니라 그날의 주인공인 6학년 모두가 함께하는 공연, 다 같이 연습해서 즐기고 축하하는 자리, 우리가 준비하고 참여해서 만드는 능동적인 행사라는 호소에 긍정적인 반응을 보여주었다.

졸업식 당일, 아이들은 아침부터 공연 이야기로 들떴다. 식이 시작되고 자신들의 공연 차례가 되자 한껏 상기된 표정으로 '우리 잘할 수 있어!'라며 서로를 격려했다. 가족과 선생님들 앞에서 정말 멋진 모습을 보여주고 싶다는 비장한 사명감까지 엿보였다. 공연을 마치고 자기들끼리 박수 치고 환호하는 걸 보면서 아이들이 공연을 정말 즐겼다는 걸 알 수 있었다.

지금까지의 졸업식은 딱딱하고 엄숙한 의식이었다. 우리는 묵직한 틀을 깨고 즐거움과 주체성을 선택했다. 주인공이어야 할 아이들이 수동적으로 앉아서 상을 받는 몇몇을 위해 손뼉을 쳐주고 교장선생님이 하는 말씀을 듣고 끝나버리는 졸업식을, 원래의 주인공들에게 돌려주었다. 교사에게나 졸업생에게나 큰 의미로 다가오지 못하는 기존의 졸업식을 직접 준비하고 만들면서 진정한 우리 것으로 바꾸었다. 준비하는 과정에서 때로는 '함께'라는 가치를 잊고 의견이 부딪히기도 했지만 끊임없이 소통하고 대화하면서 우리는 함께 이루어내는 활동의 본질을 찾았다. 또 갈등을 해결해가는 과정을 통해서 아이들과 교사가 서로 평등한 관계에서 의견을 주고받으며 민주주의를 몸소 체험했다. 주체인 아이들이 능동적으로 참여하는 졸업식이야말로 우리 교육이 충분히 민주적이고 자율적일 수 있음을 여실히 보여주었다.

'배움의공동체'를 실천하는 수업 이야기

우리에게 수업은

배움이 있는 수업을 디자인하는 일은 버겁다. 특히 공개 수업에 안 좋은 기억을 가진 교사라면 수업을 열겠다고 마음먹는 데만도 큰 용기가 필요하다. 하지만 아이들의 배움을 중심에 놓고 실제 상황을 직접 눈으로 관찰하고 함께 돌아보며 대안을 찾는 일은 교사를 성장하게 해준다. 나아가 민주적이고 협력적인 학교 문화를 만들어가는 가장 중요한 방법이라는 생각에 우리는 서로를 믿고 함께하기로 했다.

매주 한 번 교사들은 그 달의 수업 열기를 준비하는 교사의 교실에 모인다. 과목을 정하고 주제를 정하고 이 차시가 교육과정에서 어떤 의미를 갖는지, 활동과 표현이 있는 배움을 어떻게 만들지, 아이들의 삶과 어떻게 연결 지을지를 이야기한다. 경쟁 교육이 나쁘다, 스티커를 사용하는 건 좋지 않다, 아이들이 서로 돕는 관계는 이렇게 형성한다, 하고 단정적으로 언급하지는 않는다. 교과의 본질을 고민하며 전체 교육과정에서 어떻게 펼쳐낼지 생각하고 생활 속 아이들의 모습을 떠올린다. "이 주제는 뭔가 명확하지 않은 것 같아요." 또는 "이 질문은 아이들이 이해하기 어렵겠어요. 아이들 생활 속에서 찾을 수 있는 것이 무엇일까요?" 끊임없는 대화로 질 높은 배움에 대한 성찰을 이어간다.

수업을 열고 수업 속에서 아이들을 바라보고 아이들의 배움을 관찰한다. 수업이 끝난 뒤에는 수업에서 배운 점을 이야기하고 각자의 수업과 연결한다. 자신의 수업을 돌아보고 더 나은 방향을 고민하는 과정은 이제 우리에게 일상이 되었다.

수업을 돌아보고 성찰하고 경험을 공유하는 일은 교사 한 사람 한 사람의 성장을 위한 양식이 된다. '수업이 바뀌면 학교가 바뀐다'는 말처럼 수업을 통해서 아이들의 배움과 교사들의 배움을 협력적으로 끌어낼 수 있고, 참여와 소통 속에서 아이들과의 관계를 재정립할 수도 있다. 수업을 통해서 아이들의 배움을 바라보고 아이들과의 관계를 살피고, 나아가 나눔과 배려의 생활교육을 풀어내는 계기를 만들기도 했다.

교사는 새로운 단원에 들어갈 때마다 생활 속에서 밀접한 것들을 찾아내고 아이들과 함께 궁리하며 배움을 얻어간다. 아이들은 신기하게도 같은 문제를 다양한 방식으로 풀기도 하고, 어른인 교사보다 더 쉽고 기발한 방법을 찾아내기도 한다. 가끔은 어려운 문제에 매달려 시간 가는 줄 모르고 몰두하기도 한다. "잘 모르겠어. 가르쳐줄래?" 하며 친구에게 도움을 청하는 아이들을 볼 때, 친구의 설명을 듣고 고개를 끄덕이는 아이를 만날 때 그렇게 예쁠 수가 없다.

　이런 과정을 거치면서 교사도 성장한다. 초기에는 아이들이 조금만 싫은 소릴 해도 서운하고 화가 나던 것이 이제는 아이들의 목소리를 들으려 노력하고, 어려움을 호소하는 아이들을 받아들이려 애쓰게 된다. 교사로서 점점 늘어가는 참을성에 대견해하며 있는 그대로 아이들을 보아줄 인내심이 우리에게 존재한다는 사실에 감사하기도 한다.

　2012년 첫 회를 시작으로 매번 수업 열기가 있을 때마다 함께 모여 교육철학과 교과의 본질, 이를 펼쳐낼 교육과정, 교육과정을 실천한 수업, 수업 평가를 동료들과 나누었다. 이렇게 교사와 교사, 교사와 학생, 학생과 학생의 배움에 있어 민주적이고 공공적이며 탁월함을 추구한 '배움의공동체'인 우리는 함께 성장해왔다. 서로에 대한 믿음으로 함께 공부하며 머리를 맞대고 살아온 지난 4년이 우리에게 가져다준 선물이자 교사로서 살아가는 기쁨이기도 하다. 교실 문을 활짝 열고 서로의 허물까지 보듬을 수 있는 우리가 기특하다. 어떤 난관과 실패와 두려움을 만나도 격려와 칭찬, 용기와 북돋움으로 서로 배려하며 동반 성장해온 우리는 가르치는 전문가는 물론 배우는 전문가가 되었고, 좋은 것을 좋게 바라보는 시각과 시선, 관점을 나누고 공유하고 공감하며 살아가는 교사가 되었다.

　물론 여전히 부족함이 많다. 우리는 수업을 디자인하는 능력, 교육과정을 더 깊고 넓게 들여다보는 시야, 협력적인 배움을 실천하는 방법, 아이들의 표현을 읽어내는 감각, 아이들의 생각을 받아들이는 마음 등 보다 많은 전문성을 키우고 싶다.

포남초등학교 교사들의 수업 열기는 자발적인 참여를 추구하며 교사들이 서로를 위해 또 서로를 통해 성장하는 장을 만들어가기에 그 의미가 크다. 수업 속에서 아이들의 언어를 읽고 아이들의 관계를 이해하며 아이들을 만나는 전문가, 그 속에서 아이들의 배움과 성장을 디자인하는 전문가, 끊임없이 배우고 노력하는 교사가 되기 위해 길을 만들어가고 있다.

즐거운 배움이 있는 '수업 열기' 원칙

① **수업 관찰자의 관점**
- 수업에 최대한 방해가 되지 않는 선에서 적극적으로 관찰하기
- 아이들의 수업 활동에 개입하지 않기
- 교사의 수업 기술보다 학습자의 '배움'에 주목하기
- 학습자가 어디에서 배우고 어디에서 주춤거리는지 살피기
- 교사의 지시, 지도에 따라 학생들이 어떻게 배우는지 살피기
- 학생들이 배움의 맥락을 이해하는지 살피기
- 학습들 간에 의미 있는 모둠 활동이 이루어지는지 살피기
- 교실에 배움과 상관없는 불필요한 언어와 행동은 없는지 살피기
- 교사는 학습자 한 명 한 명에 주목하는지 살피기
- 학습자와 학습자, 학습자와 사물, 학습자와 사건의 연결 및 관계는 어떤지 살피기
- 학습자에게 점프가 있는 배움이 이루어지는지 살피기
- 교실에 서로 들어주는 관계가 성립되었는지 살피기
- 협동적인 배움이 일어나는지 살피기
- 사실 발견 → 원인 찾기 → 자신이 배운 점 이야기하기
- 모둠으로 나누어 관찰하기

② **수업협의회의 흐름**

- 사회자가 수업 및 수업자 소개(사회자는 진행만 담당)
- 수업자가 수업 흐름 소개
- 수업의 디자인 측면(주제, 목표, 목표에 부합하는 방법, 되돌리기, 연결짓기, 교사의 개입 정도, 교사와 학생의 관계 맺기 등)과 학생들의 배움(배움이 일어나는 곳, 주춤거리는 이유, 모둠 친구들과의 관계, 학급의 전체적인 협력 분위기 등)으로 구분하여 이야기하기
- 전체적인 수업 비평
- 수업자의 자기 성찰 → 수업에 대한 기대 → 준비하면서 힘들었던 점
- 모둠별 토의 후 전체 토의

③ **수업협의회에서 함께 지켜야 할 것**

- 일대일로 대화하지 않기(참관자의 의문을 수업자나 관찰한 동료에게 질문하고 대답하며 배우는 것이 아니라 모두 함께 생각하기)
- 한 사람의 의문을 함께 이야기하기(모둠 활동에 참여하지 않는 아이에 대해서 '내 교과에서는 이렇다'는 식으로 자신의 체험과 방법을 이야기하기)
- 전원이 최소한 한 번은 발언하기
- 가르치는 방식에 집착하지 말기(아이들의 자세와 사실로부터 배우기)
- 모든 아이를 평등하게 대하기(문제가 있는 아이에 편향해서 이야기하지 말기)
- 지금까지 해오던 방식에 집착하지 말기
- 교사의 위치 고려하기(모든 아이를 교사의 신체 이미지 속으로 끌어들이는 위치)
- 서로 들어주는 관계 구축하기(솔직하고 진지한 경청 관계 구축)
- 교사의 세 가지 역할 재인식하기(듣기, 연결짓기, 되돌리기)
- 수업협의회는 사실에 근거해서 구체적으로 검토하기(배움이 어디에서 성립하고 어디에서 주춤거리는지를 구체적으로 검토하기)
- 참관자 자신이 배운 것을 교류하기(수업자에 대한 조언이 아니라 참관을 통해 본인이 배운 것 이야기하기)

수업 관찰 기록

2015년 00월 00일 0요일		포남초등학교 0학년 00반	수업자	○○○
교과	주제		관찰자	○○○

디자인	사실		분석 배운 점
	교사	학생	
hope (도입)			
step (기초)			
jump (발전)			
성찰 배움			

분석 팁
- 수업 흐름 파악하기(각 단계에서 어떤 활동이 제시되고 어떻게 배우는지 살피기)
- 학생들의 배움의 성립 분석하기(어느 지점 또는 어떤 활동에서 배우고 주춤거리는지 살피기)
- 교사와 학생, 학생과 학생의 관계 분석하기(교사의 학생 대응과 학생들 간의 도움 살피기)
- 내 교과, 내 수업으로 성찰하기(교과의 벽을 넘어서 내가 배운 점 정리하기)

놀이로 배우는 '국어'

일제식 수업을 버리고 변화를 꾀하다

교사인 나에게 가장 자신 없는 일은 수업이었다. 수업은 늘 불확실한 대상이라서 내가 지금 잘하고 있는지 끊임없이 되묻고 돌아보게 했다. 교사라는 자리에 선 순간부터 지금까지 매일 하는 일인데도 나는 여전히 수업이 어렵다.

지금까지 아이들은 내가 생각한 범위 안에서만 생각하고 움직여야 했다. 내 안에는 정해진 답이 있었고, 그 답을 향해 거침없이 나아갈 때 교사로서 권위가 선다고 생각했다. 나를 넘어서는 지식은 있을 수 없다고 생각했기에 처음부터 끝까지 내가 끌어가는 수업이 되었다. 내가 가장 많이 말했고 내가 가장 많이 공부해야 했다. 단 한 명도, 단 한 순간도 아이들의 눈이 내게서 떨어져선 안 되고 조용히 나만 바라보아야 했다. 이미 교과서를 세 번째 훑는다는 한 아이는 지겨워서 어쩔 줄 몰라 하며 하루하루를 버텼다. 나는 그런 사실 따위는 모른다는 듯, 모두 처음 접할 거라는 생각에 갇혀서 열심히 떠들었다. 과연 우리 반 아이들 중 몇이나 내 이야기를 들었을까? 내 설명을 듣고 새롭게 배운 아이는 몇이나 될까? 나는 도대체 아이들에게 무엇을 가르치고 싶었던 걸까?

혁신학교인 행복더하기학교로 출발한 그해, 학교의 틀을 세우면서 학교라는 공간의 본질인 '배움'을 고민하지 않을 수 없었다. 아이들의 배움에 관해 끊임없이 이야기를 나누는 동안 자연스럽게 평가와 수업도 고민하게 되었다. 그 하나로 우리는 과정을 소중히 여기는 평가를 지향하고, 모든 일제식 평가를 버리기로 했다. 똑같은 시험지를 풀 필요가 없으니 똑같은 교과서로 배울 필요도 없었다. 우리 반 아이들이 가장 잘 배울 만한 수업 자료를 찾아서 함께 나눠야 할 가치를 고민하고, 교사도 학생도 함께 배워나가는 수업이면 되었다. 단순히 지식만 전달하던 일제식을 걷어낸 수업, 그것은 어떤 형태여야 할까. 수업을 바꾸기 위한 새로운 고민을 시작했다.

'배움의공동체'를 만나다

교사만 공부하고 교사만 이야기하는 조용한 교실이 아니라 소통하고 협력하며 배워나가는 교실, 일등과 꼴찌를 차별하며 한 줄 세우기에 급급하지 않은 교실, 한 명도 소외되지 않고 모두 진지하게 배워나갈 수 있는 교실, 편안하고 존중받는 분위기에서 언제든 묻고 답할 수 있는 배움의 관계가 살아나는 교실, 바로 우리가 꿈꾸던 교실이었다.

한 학기 동안 포남초등학교와 같은 시기에 행복더하기학교를 시작한 광정초등학교의 '배움의공동체' 수업 컨설팅에 모든 교사가 참여했다. 수업을 이야기하는 과정에서 아이들의 배움이란 이런 것이구나, 다소 흥분하며 동료 교사들과 수업에 대해 진지하게 이야기를 나누었다. 당시 수업을 관찰한 동료 교사들과 다음과 같은 소감을 나누었다.

"○○이를 관찰했다. 배움이 일어나는 시기가 언제일까 유심히 봤다. 첫 번째 학습지에서는 각도 재는 방법을 몰랐다. 두 번째 학습지를 하면서 자신감을 얻었다. 옆 아이들과 얘기하는 시간을 확보하는 것이 필요하다는 걸 알았다."

"○○이는 자만 가지고 45도 각도를 그리고 있었다. 가로 3센티미터, 세로 3센티미터 선을 긋고 그 사이에 선을 그었으나 44도가 나왔다. 4학년이 이 정도 하는 것은 대단한 일이다. 하지만 자만으로는 정확하게 그릴 수 없다는 선생님 말씀에 자기가 틀렸다고 생각했다."

수업 열기란 이렇게 함께 배우는 것이었다. 손우정 대표의 컨설팅도 가슴에 남았다.

"아이들은 교사가 하는 말은 몰라도 친구 말은 잘 알아듣는다. 왜 여기가 틀렸는지 알게 하는 것이 중요하지, 맞는 걸 가르치는 게 중요하지 않다. 틀린 것과 틀린 것이 부딪히도록 해야 한다. 저 친구는 왜 나랑 다를까? 여기서부터 의문이 시작되고 배움의 동기가 형성된다."

아이들이 어떻게 배워가고 있는지를 직접 눈으로 보고 배운 우리는 신선함과 행복함에, 돌아오는 차 안에서도 수업 이야기를 멈출 수가 없었다. 배움의 즐거움을 함께 경험한 우리는 행복더하기학교를 시작한 그 해 2학기부터 '배움의공동체' 수업 열기를 하게 되었다. 그럼 누가 할까? 첫 수업 열기라는 부담감은 있었지만 우리가 그토록 고민하며 일제식 수업에서 벗어나기 위해 만들어온 노력들이 있었기에, 함께 걸어가고 있는 동료 교사들이 있었기에, 첫 수업 열기에 지원할 용기를 낼 수 있었다.

수업을 그리다

동료 교사들과 모여 읽기의 본질을 고민하며 수업을 디자인해나갔다.

"요즘 전통을 주제로 전래놀이를 한다. 가르기와 모으기도 배우고 있다. 그래서 구슬을 가지고 놀이도 하고 가르기도 하고 모으기도 하려고 학급에 구슬을 두었는데 이걸 읽기 자료로 만들면 좋을 것 같다."

"아이들이 정말 읽고 싶어 하는 글은 자신들과 직접 연관된 내용이라고 한다. 자신들이 하게 될 구슬 놀이에 관한 글을 읽으면 어떨까."

"구슬 놀이를 설명하는 글을 넣어 활동지로 만들어보았다."

"구슬 놀이 설명 글을 직접 쓴 걸로 아는데 1학년 아이들에게는 좀 어려운 것 같다."

"어렵지만 수업 디자인이 좋다. 직접 읽고 이해하고 이해한 대로 놀아야 한다. 아이들의 능력을 믿어도 좋겠다."

"1학년이지만 수준도 있고 3학년 아이들과 수업한다는 느낌이 들 때도 많다. 그래서 도전해보면 좋겠다."

'배움의공동체'를 접하면서 많이 달라졌다고 생각했지만 한 번에 모든 것을 바꿀 수는 없었다. 분 단위로 끊어서 전개하던 버릇이나 불필요한 모둠별 구호가 그랬다. 그때는 그래도 뭔가 다른 수업을 한다고 생각해서 뿌듯해했는데 지금 돌아보니 섬세하지 못하고 부족함이 많은 수업을 한 것 같아서 부끄러운 마음이 든다. 하지만 나와 동료 교사들의 성장 과정에 의미 있는 밑거름이 되어준 수업이었기에 첫 경험이라는 의미까지 부여해서 수업 열기 내용을 공개한다.

함께 만든 수업 과정(안)

일시	9월 25일 5교시	대상	1학년 보람반 23명	수업자	남○○
교과	국어	단원	2. 꼼꼼하게 살펴요	차시	4/5
주제	글의 내용을 이해하며 바르게 읽고 놀이에 참여할 수 있다.				

교수·학습 활동	
과제 해결하며 생각 나누기	활동 안내하기(2분) : 전체 활동 활동지 만나기(28분) : 모둠 활동 – 글의 내용을 이해하며 충분히 읽고 문제를 해결한다. – 놀이를 직접 해보면서 잘 안 되는 부분이 생기면 다시 글을 읽을 수 있도록 한다. – 문제를 바르게 해결했는지 다시 생각해본다.
정리하기	활동지 공유하기(10분) : 전체 활동 – 글자와 다르게 소리 나는 부분에 유의하며 읽어본다.(읽기) – 틀린 글자를 찾아서 바르게 고쳐본다.(쓰기) – 놀이하는 방법을 간추려 이야기한다.(듣기, 말하기)
교사의 수업 철학	전 교과에 걸쳐 살펴보면 아예 읽지 않으려는 아이, 더듬거리며 읽는 아이, 잘 읽는 아이 등 저마다 수준은 다르나 한 가지 공통점은 꼼꼼하게 읽어내지 못한다는 것이다. 대충 자기 생각대로 읽어버리는 경우가 종종 있다. 이는 특히 수학 시간이나 국어 시간에 문제와 답을 전혀 어울리지 않게 적어놓은 것을 보고 알 수 있었는데 읽기와 이해하기, 듣기와 이해하기가 아직은 자연스럽지 않은 탓인 것 같다. 단순히 몇몇 단어 선택의 문제가 아니라 읽기 습관의 문제란 생각이 든다. 오늘 활동은 통합교과 성격이 강한데 교사 역시 추석과 전통놀이, 수학 시간에 배우는 가르기와 모으기, 덧셈 뺄셈 등을 염두에 두고 활동지를 만들었다. 국어 교과에서 다루는 문해 능력 기르기는 1년의 과정 속에서 아이들과 꾸준히 배워갈 부분이기에 이번 수업도 하나의 과정이라는 생각으로 활동지를 만들었다. 활동지 내용을 아이들이 좋아하는 구슬 놀이로 정해 즐겁게 읽기에 참여하기를 바랐고 직접 읽고 이해해서 더 재미있게 놀이를 하는 알찬 경험을 제공하려고 했다. 이 두 가지를 통해 죽은 글이 아닌 살아 있는 글이 되기를 희망했고 아이들이 더 집중해서 열심히 읽고 놀이를 했으면 했다.

수업 활동 자료

단원명	2. 꼼꼼히 살펴요	차시	5	날짜	2012년 9월 25일

1학년 보람반 이름 (　　　　　)

1. 모둠 친구들과 함께 글을 바르게 소리 내어 읽으세요.
2. 글의 내용에 알맞은 제목을 (　　) 안에 쓰세요.
3. 필요한 준비물을 가져와서 놀이를 해보세요.
4. 틀린 글자 다섯 개를 찾아서 바르게 고쳐 쓰세요.

(　　　　　　　　　　)

구슬 놀이는 아주 먼 옛날부터 해왔습니다. 옛날 사람들은 파도에 의해 둥글게 된 조약돌이나 호두, 과일 씨 등을 구슬로 사용하며 놀았습니다.
구슬로 할 수 있는 노리에는 여러 가지가 있습니다. 그중에서 오늘은 홀짝을 배워보도록 합시다. 먼저 구슬을 열 개씩 나누어 가집니다. 순서를 정합니다. 순서대로 도라가면서 한 명씩 접는 사람을 합니다.

접는 사람은 두 손 안에 들어가는 만큼 구슬을 넣고 흔들다가 적당히 갈라 양쪽 주먹에 나누어 쥔 다음 한 쪽 주머글 앞으로 내밀며 "홀? 짝?" 하고 묻습니다. 그러면 나머지 사람은 각자 걸고 싶은 만큼의 구슬을 손에 잡고 "홀!" 또는 "짝!" 하고 대답하며 구슬을 쥔 손을 앞으로 내밀어야 합니다.

접는 사람이 주먹을 펴며 홀인지 짝인지 보여줍니다. 둘씩 짝 지을 수 있으면 짝수이므로 '짝', 둘씩 짝 지어 하나가 남으면 홀수이므로 '홀'입니다.

만약 접는 사람에게 홀이 나왔다면 '짝'이라고 답한 사람이 틀렸으므로 걸었던 거슬 모두 접는 사람에게 줍니다. 그리고 접는 사람은 '홀'을 맞힌 사람에게 그 사라미 건 구슬 수만큼 세어서 줍니다. 그리고 다음 차례가 접는 사람이 됩니다. 이렇게 돌아가면서 놀이를 합니다.

배움 활동을 위한 자리

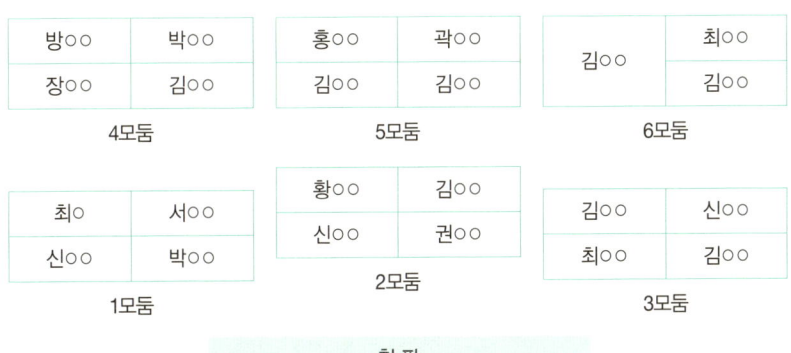

방○○	박○○
장○○	김○○

4모둠

홍○○	곽○○
김○○	김○○

5모둠

김○○	최○○
	김○○

6모둠

최○	서○○
신○○	박○○

1모둠

황○○	김○○
신○○	권○○

2모둠

김○○	신○○
최○○	김○○

3모둠

칠 판

* 포남초등학교의 수업은 모두 이런 식으로 모둠 자리를 만들어 진행한다.
(다음에 나오는 수업들에서는 '배움 활동을 위한 자리'를 따로 넣지 않기로 한다.)

수업을 펼치다

간단한 활동 안내가 끝나고 바로 모둠을 만들어 활동에 들어갔다. 먼저 글을 천천히 함께 읽었다. 밑줄을 그어가며 읽는 아이, 소리 내어 읽는 아이, 손가락으로 표시하며 읽는 아이 등 저마다 모습은 다르지만 모두의 눈이 활동지를 향해 있었다. 글을 한 번 읽고 먼저 틀린 글자를 찾아냈다. 틀린 글자 아래 바르게 고쳐 쓰며 모둠끼리 의견을 나누었다. 또 아이들은 각자 글의 제목을 찾아내고 이유를 들어가며 설명했다. 실물화상기로 활동지를 보여주며 어떤 제목을 찾았는지 물어보자, 자신이 생각한 제목을 열심히 발표했다. 대체로 '구슬 놀이'라고 이야기하는 아이들이 많아서 '구슬 놀이'라고 한 번 써주었다.

본격적으로 구슬 놀이가 시작되었다. 놀이를 하려면 구슬이 몇 개 필요한지, 방법은 무엇인지, 다시 한 번 글을 읽고 찾아내도록 했다. 구슬을 받으러 나오라고 하자 모둠에서 글을 같이 읽고 정확한 구슬 수를 알고 나온 아이도 있었지만 혼자 뛰어나와 아무 숫자나 대는 아이도 있었다. 구슬을 손에 쥐자 교실은 소란해졌다. 아이들의 작은 손에 구슬이 다 들어가지 못해 굴러 떨어지기도 하고 튀어나가기도 했다. 소란스러움에 놀라 재빨리 전체 상황을 공유하고 활동으로 들어갔다.

수업을 진행하면서 얼마나 진땀을 뺐는지 모른다. 구슬이 등장하는 순간 교실이 확 흐트러지는 느낌이었다. 여기저기서 구슬이 떨어지고 굴러가고 무조건 나와서 구슬을 달라는 아이까지, 눈앞이 깜깜해졌다. 내가 왜 구슬을 선택했을까? 얌전히 차례를 지키리라 생각한 것이 한심스러웠다. 하지만 이후에 열린 수업협의회에서 한 참관 교사가 아이들의 소란을 '배움에 집중한 즐거운 소란스러움'이라고 한 말에 멍해졌다. 구슬은 소리가 날 수밖에 없다. 또 아이들에게 구슬 열 개는 한 손에 쥘 수 없을 만큼 많기도 했다. 그러니 당연히 구슬이 떨어지고 굴러가고 번잡스러워질 수밖에 없는 일. 그런데도 나는 번잡스러움 자체가 마음에 들지 않아서 진땀을 흘린 것이다. 구슬이 최고의 자료였는지, 개수가 많은 건 아니었는지, 아이들의 배움에 도움이 되었는지, 오히려 배움을 방해하지 않았는지를 고민하기보다 여전히 아이들이 조용히 나에게만 집중하길 바라는 마음으로 가득했음을 깨달은 순간이었다.

수업에서 배우다

수업협의회에 함께한 선생님들은 사뭇 진지했고 수업에 관해 열띤 논의가 이루어졌다. '우리 스스로도 이만큼의 수업협의회를 진행할 수 있어.' 뿌듯해하며 그간의 성장을 실감하기도 했다. 앞으로 포남초등학교의 수업 열기는 부담이 아니라 함께 성장하는 시간이 되리라 기대되었다.

세 개 모둠으로 나누어 관찰한 사실을 포스트잇에 적어 붙이고 배운 지점을 서로 이야기하는 것이 그렇게 행복할 수 없었다. 전체 공유를 하면서 미처 알지 못했던 우리 반의 모습을 마주하고는 연신 얕은 탄성을 뱉기도 했다. 정말 고마운 건 ○○이를 비로소 이해할 수 있게 된 것이었다. 수업 시간에 집중하지 못하고 멍하게 있거나 심지어 교실 뒤에서 돌아다니기까지 하던 아이였다. 그런데 동료 교사의 관찰에 따르면 그 동안 ○○이를 제대로 이해하지 못한 내가 반성해야 했다. ○○이가 수업

초반에는 열심히 읽고 함께하려 했지만 자신의 의견을 들어주지 않는 모둠 친구들에게 조금씩 소외되면서 결국엔 배움의 끈을 놓아버리더라는 것이었다. 마음이 아팠다. 그리고 많이 고마웠다. 수업을 열지 않았다면 나는 결국 ○○이를 배움에서 소외시킨 채 왜곡된 모습만 기억하고 있었을 테니 말이다.

나로서는 수업 열기가 아이들이 배움에서 어떻게 소외되는지를 여실히 깨달은 시간이기도 했다. 사실 '단 한 명도 배움에서 소외되지 않도록 한다'는 말이 무슨 뜻인지 잘 몰랐다. 배움에서 소외되는 게 아니라 자신이 관심이 없으니까, 하기 싫으니까 안 하는 거라고 간단히 생각해 버렸다. 그런데 그게 아니라는 것을 알게 된 것이다. 누구나 선생님과 친구들한테 인정받고 잘하고 싶지, 안 하고 싶고 못하고 싶은 학생은 없다. 잘 배우지 못하는 학생이 있다면 분명 거기에는 이유가 있을 테고, 교사는 그 이유를 찾아내려 애써야 한다. 그래서 가능하면 모든 아이가 배움 속에서 즐겁게 성장하도록 도와야 한다. 그게 교사고 학교가 존재하는 이유이기 때문이다. 자그마치 10년, 학창 시절까지 합하면 30년을 '가만히 있어라, 조용히 하라'며 온통 명령하고 통제하는 말들 속에서 살아왔다. 그랬던 우리가 수업을 고민하고 수업을 통해 그런 문화를 하나씩 걷어내기 시작했다는 것만으로도 참 뿌듯했다.

한 선생님의 이야기가 마음을 울린다. "그동안 수업 열기는 행사 치르듯 통과의례처럼 당연히 신규 교사가 떠맡는 분위기였는데 오늘 수업은 스스로 수업을 열어주신 선배 교사가 있었고, 수업에서 배운 점을 함께 나누는 우리가 있어서 더욱 뜻깊은 자리가 되었습니다. 앞으로도 서로 수업을 열고 함께 배워가면 좋겠습니다." 수업 열기가 어떻게든 빨리 처리해버리려는 천덕꾸러기가 아니라 교사된 우리의 삶으로 온전히 들어오는 순간이었다. 적어도 배움의 기쁨을 함께 경험한 우리에게 수업 열기는 더 이상 기피 대상이 아닌, 교사의 성장을 불러오는 소중한 배움의 자리가 될 거라는 확신이 생겼다. 학교가 같은 일을 하고 비슷한 고민을 안고 있는 동료 교사들과 함께 살아가고 있는 공간임을 다시 한번 확인할 수 있었던 소중한 시간이었다.

자연과 함께 배우는 '바른생활'

부끄러움을 이기다

2015년, 두 번째 수업 열기를 준비하며 걱정과 두려움에 떨었던 첫 번째 수업 열기의 기억이 떠올랐다. 그와 동시에 아이들의 반짝거리던 눈빛, 배움에 몰입했던 장면, 격려해주고 희망의 시선으로 바라봐주던 선생님들도 생각났다. 누군가에게 내 수업을 보여준다는 건 참 불편한 일이지만 수업 열기와 수업협의회에서의 배운 것은 기대 이상이었다.

두 번째 수업 열기를 준비하며 처음과는 다른 고민에 빠졌다. 저학년 아이들은 처음 맡은 데다 막 새 학기가 시작된 4월에 제대로 된 수업 열기가 가능할지 의문이었다. 한참 좌충우돌하며 서로 맞춰가는 중인 나와 아이들이 수업 열기에서 어떤 모습을 보여줄지도 걱정되었다. 4월 수업을 앞두고 3월부터 수업협의회를 시작해야 했으나 학급 만들기만으로도 정신이 없어 무슨 수업을 할지 정하지 못하고 있었다. 결국 비빌 언덕은 동료 선생님들밖에 없었다. 수업협의회에서 선생님들은 모두 내 수업처럼 함께 고민하고 같이 디자인해주었다.

수업을 그리다

3월에 우리는 '두근두근 봄'이라는 주제로 봄에 관해 배우고 산책과 바깥 활동을 통해 몸과 마음으로 봄을 느끼는 수업을 진행했다. 우리는 이번 수업 열기에서 이 통합 주제, 즉 '봄나들이'로 쓰레기 분류 배출과 재활용에 관한 부분을 다루기로 정했다.

수업협의회에서는 다섯 고개나 수수께끼 같은 말놀이와 재활용을 연결하는 방법이 제시되었다. 국어의 말놀이와 '바른생활'과 '슬기로운 생활'을 통합한 것이다. 통합교과에는 환경을 위해 분류 배출하기가 학습 내용으로 제시돼 있다. 분류 배출과 관련한 내용을 재미있는 말놀이로 풀어보자는 것이었다. 말놀이는 아이들이 쉽게 흥미를 가질 수 있고 아이들의 재미있는 아이디어도 볼 수 있어 좋은 반면, 부정적인 측면도 우려됐다. 아이들이 말놀이 자체에 몰입하다 보면 진짜 수업에서 하고 싶은 이야기가 사라지지 않을까 하는 것이었다.

또 다른 방법으로 산책길에 주워온 쓰레기를 직접 분류 배출해보자는 이야기가 나왔다. 그동안 아이들과 일주일에 한 번은 산책을 다녀오자고 약속했고, 매주는 어려웠지만 가능하면 약속을 지켰다. 산책길에는 쓰레기가 많았고 우리 아이들이 버리는 쓰레기도 외면할 수 없었다. 그 쓰레기를 모두 모아서 직접 자기 손으로 분류 배출해보는 것도 중요한 일이었다. 이 과정에서 보다 정확하게 분류 배출하는 방법을 알고 실천하자는 제안도 있었다. 1학년에서 이미 배웠고 많은 아이가 분류 배출 방법을 알지만 보다 깊이 있게 배우는 것도 좋을 것 같았다. 다만 단순한 분류가 아니라 세세하게 사물을 살피고 분류해보기로 했다. 예를 들면 유리병의 병과 뚜껑 부분을 분리해서 배출하고, 우유갑은 깨끗이 씻어서 분류하는 방법을 배우는 것이다. 그리고 재활용이 되는 것과 안 되는 것을 분류하고, 활동 후에는 분류 배출을 실천하자는 캠페인을 벌이는 것으로 점프도 가능하리라 짐작했다.

그런데 논의 과정에서 과연 아이들이 진짜로 알기를 바라는 게 무엇인지 고민이 생겼다. 성취 기준은 분류 배출 자체가 아니라 자연을 보호하는 것이기 때문이다. 이 논의가 나의 짧은 교직 경력에 아주 의미 있게 다가왔다. 특히 수업의 중심을 잘 잡지 못하던 내게 수업의 본질부터 파헤치며 무엇을 왜 가르치는지를 논의했던 장면은 강한 기억으로 남았다. 여느 수업협의회라면 수업 기법과 어떻게 아이들의 시선을 사로잡을 자료를 내놓을지 의논하기 마련인데, 우리는 내가 아이들에게 무엇을 왜 가르치고 싶은지를 물었다. 나는 그동안 수업을 준비하며 '무엇을 가르치고 싶은가? 그것을 왜 가르치고 싶은가?' 하는 고민을 해본 적이 있었나 돌아보니 부끄럽게도 거의 없었다. 교과서에 있으니까, 재미있으니까 하는 단순한 이유들로 진짜 수업의 본질을 잊고 있었다.

고민 끝에 아이들과 나누고 싶은 이야기는 '어떻게 하면 자연과 더불어 살 수 있을까'로 정리했다. 우리는 자연을 채취해서 먹기도 하고 자연을 이용해서 놀기도 한다. 자연을 보호한다는 의미는 단순히 자연을 훼손하지 않고 그대로 둔다기보다 자연과 함께 서로 도우며 하나의 공동체로 살아가는 것이다. 아이들이 이를 알고 실천하기를 바랐다.

아이들에게 자연과 더불어 사는 방법을 이야기하면 대개 자연보호로 이해하고 꽃 꺾지 않기, 나무에 올라가지 않기, 쓰레기 버리지 않기 등을 든다. 하지만 이번 수업에서는 '~을 하지 않기'보다 '어떻게 하면 좋을까'에 초점을 맞추기로 했다. 그리고 '꽃을 꺾는 아이는 모두 나쁜가?'라는 깊이 있는 질문을 던져보기로 했다. 우리 반 아이들은 산책길에 종종 내게 작은 꽃들을 건넨다. 선생님한테 선물하고 싶어서, 엄마한테 보여주고 싶어서 꽃을 가져오는 아이들을 자연을 보호하지 않았다며 '나쁜 아이'로 치부할 수 있을까? 나는 아이들이 단순한 사실로만 옳고 그름을 판단하는 대신 방법을 찾고 실천할 수 있으면 좋겠다고 생각했다. 그래서 누군가에게 보여주고 싶어서 꽃을 꺾어야 하는 갈등 상황이 주어졌을 때 아이들 스스로 문제를 해결하도록 수업을 디자인했다.

함께 만든 수업 과정(안)

일시	2015년 4월 23일 목요일	대상	2보람 23명	수업 교실	2학년 보람반	수업자	박○○
교과	바른생활, 국어	단원	2. 봄나들이				
주제	자연을 소중히 하는 방법 알기						

	교수·학습 활동	
배움 주제 및 활동 내용	**배움 주제 : 두근두근 봄(총 시수 : 135)** – 두근두근 첫 만남 : 진단 활동, 학급 철학 공유, 학급 세우기 (총 31차시) – 봄철 날씨의 특징과 사람들의 생활 모습 관련짓기 (총 16차시) – 여러 가지 방법으로 봄 풍경 표현하기(총 11차시) – 우리 몸의 구조와 하는 일을 알고 소중히 여기기(총 11차시) – 나의 감정 살피고 상대방에게 표현하는 방법 알기(총 10차시) – 봄철 건강 관리법과 병원의 역할 알기(총 13차시) – 나의 성장에 따라 변화된 모습 살펴보고 친구의 성장 과정 인터뷰하기 (총 5차시) – 봄나들이 계획 세우고 환경을 생각하며 봄나들이 다녀오기 (총 28차시) **본 차시 : 봄나들이 가서 자연을 소중히 여기기 위해 지켜야 할 일 알아보기** – 분류하는 여러 가지 기준을 배워 실생활에 활용(분류 배출)하기(총 10차시)	**바른생활** 봄 철 환경을 보호하기 위해 우리가 할 수 있는 일들을 이야기해보고 자연보호 활동에 참여한다. **성취 기준** **국어** 자신의 주변에서 일어난 일에 대한 생각을 글로 쓴다.

자연보호에 관한 경험 나누기(짝 활동)
– 그림을 살펴보며 비슷한 경험 떠올리기
– 자연을 보호하는 행동이나 그렇지 못한 행동을 했던 경험 이야기하기

**수업
흐름**

상황에 알맞은 행동 생각해보기(짝 활동)
– 그림 속 아이들이 왜 그렇게 행동하는지 생각해보기
– 상황에 따라 어떻게 행동하면 좋을지 이야기하기

그림 속 아이들에게 해주고 싶은 말 생각해보기
– 자연을 보호해야 하는 이유를 들어 내 생각 쓰기

**교사의
수업
철학**

올해 재구성한 2학년 교육과정의 첫 주제는 '두근두근 봄'이다. 3~4월 동안 아이들과 나눈 이야기는 내 몸의 성장과 봄 날씨, 그에 따라 나타나는 주변 풍경의 변화를 탐색하는 것이었다. 그리고 4월 마지막 주에는 배운 것을 바탕으로 계획을 세워 나들이를 함으로써 배움과 아이들의 생활을 연결하려고 한다. '두근두근 봄'을 시작하면서 아이들에게 '봄' 하면 어떤 말이 떠오르는지 물었을 때 많은 아이들이 꽃이나 풀, 나무, 개구리 같이 생태와 관련한 말들을 떠올렸고 다양한 봄나들이 경험을 풀어놓았다. 그리고 산책을 다녀오며 봄비를 맞으며 배웠던 내용들을 생활과 연결하는 모습도 볼 수 있었다. 그 중에서는 선생님한테 주겠다며 꽃을 꺾어온 아이, 지렁이를 키운다고 우유갑에 흙과 함께 지렁이를 담아온 아이도 있었다. 나름 이유가 있는 행동이었지만 자연을 훼손하는 행동이라는 비난을 들었던 아이들에게 교사는 어떤 이야기를 들려주어야 했을까? 아이들에게는 너무 당연하다는 듯이 자연을 훼손하면 안 된다고 이야기하지만 가치 혼란을 가져오는 상황에서는 어떻게 하면 좋을지 구체적인 방법을 깊이 생각해볼 기회가 없었던 것 같다. 앞으로 계속 산책을 가고, 생태 수업을 하고, 여러 곤충과 동물을 만날 아이들이 자연을 소중히 하는 방법에 대해 깊이 고민하고 방법을 찾는 시간이 되면 좋겠다.

수업 활동 자료(교과서 그림)

수업을 펼치다

수업은 교과서 그림을 보고 이야기를 나누는 활동으로 시작했다. 아이들은 그림을 살피며 그림 속 아이들의 행동을 재빨리 찾아냈다. 자기 경험을 소개할 때는 훨씬 다양한 이야기가 나왔다. 얼마 전 우리 반 ○○이가 교실로 지렁이를 가지고 온 일도 한몫했고 산책을 다녀오며 겪은 아이들의 경험이 자연스레 풀려나왔다.

다음으로 아이들에게 '왜'라는 질문을 던졌다. 내가 아이들에게 정말 묻고 싶던 것, 아이들이 어떤 이유와 해결 방안을 내놓을지 궁금해서 던진 질문이었다. "그림 속 친구가 왜 꽃을 꺾었을까요?", "이 아이는 왜 새장에 손을 대고 있을까요?" 아이들은 "꽃을 선물하고 싶었다", "새를 관찰하려고 했다", "새가 떨어지려고 해서 올려주는 것 같다" 등의 이유를 말했다. 어른의 일반적인 시선과 달리 놀랍게도 아이들의 추측으로 인해 그림 속 아이들은 단순히 나쁜 아이를 벗어나고 있었다. 그리고 아이들은 평소 장난꾸러기로 유명한 같은 반 친구 ○○이의 행동에도 나름의 이유가 있음을 말하며 이해해주기도 했다. ○○이의 일상에 반전이 생기는 순간이었다.

단순히 옳고 그름을 벗어나 그 원인을 생각하게 된 아이들에게 "그럼 너희는 어떻게 하겠느냐?"고 물었다. 아이들은 꽃을 꺾지 않고 새를 다치지 않게 하는 선에서 여러 가지 방법들을 내놓았다. "꽃 사진을 찍어서 보여주겠다"거나 "뿌리는 건드리지 않고 꽃잎만 살짝 만져보겠다"는 대답도 나왔다. 꽃이 살기 위해서는 뿌리를 뽑으면 안 된다는 사실까지 탐구해낸 것이다. 그리고 그림 속 친구들에게 무슨 이야기를 해줄지 적어보게 했다. 아이들은 '하면 안 돼!'가 아닌 '해야 해!'라는 구체적인 방법들을 제시했다. 작고 어리게만 여겼던 2학년 아이들의 커다란 마음 씀씀이와 생각을 엿볼 수 있었다. 그리고 우리는 즐겁게 다녀올 봄나들이를 기약하며 수업을 마무리했다.

수업에서 배우다

수업을 마친 뒤 컨설팅은 통합에 관한 이야기로 시작되었다.

"통합 교육과정이란 교육 내용에 관한 것이다. 통합 교육 내용의 편성 원리는 '주제' 중심이며 우리나라의 통합교과는 아이들의 경험 세계를 생활의 관점에서 통합적으로 접근하도록 한다. 즉, 아이들이 배우는 통합 주제와 내용이 자신의 삶과 밀접하게 연결되도록 통합하는 것이다. 지금은 성취 기준이나 목표가 바른생활, 슬기로운 생활, 즐거운 생활로 나뉘어 있다. 바른생활의 목표는 가정, 사회, 학교에서 기본 생활 습관을 형성하는 것이고 슬기로운 생활은 탐구, 즐거운 생활은 표현이라 하겠다. 그런데 아이들의 삶이 이렇게 세 가지로 정확히 구분되는가. 그렇지 않은데 굳이 이렇게 나누어 목표를 정하고 교과를 분할할 필요가 있을까. 교과를 나누는 대신 나, 봄, 가족 같은 대주제만 제시하고 나머지는 교사에게 맡겨도 되지 않을까. 교사도 교과보다 주제를 중심으로 수업을 디자인하고 실천하면 더 수준 높은 수업이 가능하지 않을까…"

다음으로 생각한 것은 교사의 역할이었다.

"교사의 역할은 듣기, 연결짓기, 되돌리기라 할 수 있다. 교사의 표현 역시 중요한데 수업자는 아이들에게 알맞은 용어를 매우 신중하게 생각하고 발언한다. 고학년 교사들은 저학년 아이들에게 그들의 눈높이로 표현하기가 어렵고, 반대로 고학년 아이들에게 어린아이들에게 하듯 이야기하는 것 역시 수업에 몰입시키기 어렵다. 교사의 신중한 언어 사용이 중요한 이유다."

"교사의 자세 역시 고려할 문제다. 교사가 앉아서 수업하는 것이 불편하게 받아들여질 수도 있다. 하지만 교사가 앉아서 이야기를 하면 편안하고 차분하게 아이들을 기다릴 수 있고, 그들의 이야기를 잘 들을 수도 있다. 다만 모두가 조용히 자리에 앉아 수업을 할 준비가 되면 그때 수업을 시작하겠다는 약속이 되어 있어야 한다. 약속이 반복되고 누군가 이 약속을 기억하면 아이들이 스스로 지키게 되고 이것이 교실의 도덕이 된다. 교사는 교실을 둘러보며 도움이 필요한 아이들을 돌봐야 한다. 수업 참여가 잘 되지 않거나 천천히 배우는 아이들을 잘 이해하고, 활동하는 아이들과 연결시켜주어 어려움을 겪는 아이들을 보살펴야 한다."

손우정 대표가 컨설팅하다

"2학년은 짝 활동을 하면 좋다. 모둠 활동이 세 명의 이야기를 듣고 내 생각을 완성하는 거라면 짝 활동은 친구 이야기를 듣고 내 생각의 모티프로 삼는 것이다. 2학년 보람반 아이들은 소곤소곤 이야기하는 습관이 잘 배어 있었다. 그래서 비교적 이른 시기에 수업을 공개함에도 잘 해낼 수 있었다. 다만 협동적인 배움은 아직 어려워 보였다. 한 명이 말하고 나면 다른 아이가 말하는 식으로 차례대로 이야기를 한다. 이럴 때는 '짝과 이야기해보고 내 생각을 보태어 써보세요'라든가 '친구의 생각을 적어보세요' 하는 식으로 교사가 서로 듣고 배우는 관계를 만들어 주면 좋겠다.

짝 활동 시간 역시 적정 수준이어야 한다. 단순히 사실만을 발견하고 이야기할 때는 5분도 길다. 하지만 이유와 자기 생각을 펼치는 등 확장된 사고가 필요할 때는 짧게 느껴지기도 한다. 질문의 수준과 아이들의 사고 수준에 따라 적정한 시간 조정이 필요하다.

아이들이 서로 배우는 관계를 만들기 위해서는 발표가 아니라 표현과 공유가 중요하다. 수업에서 아이들이 칠판에 있는 자기 글을 읽으며 발표하기 위해 칠판 쪽으로 돌아서는 모습을 볼 수 있었다. 친구들에게서 등을 돌리지 않고 서로 얼굴을 보면서 표현하고 공유하는 것이 필요하겠다.

한 가지 더 생각할 것은 교실 안에서 배움의 권력 관계다. 아이들이 유독 한 아이가 이야기를 할 때 집중하는 모습을 보였다. 그 아이는 평소에도 잘하는 학생일 것이다. 이런 경우 그 아이에게 칭찬이 집중되면 다른 아이들의 의존도가 높아질 것이다. 교사는 교실 내 이런 배움의 권력 관계를 잘 관찰하고 파악해야 한다.

수업이 잘 디자인되었고 발전적으로 전개되는 것이 인상적이었다. 그림에서 사실을 찾고, 그 사실에서 이유를 찾으며, 나라면 어떻게 할지 생각해보고 마지막에 해주고 싶은 말을 글로 쓰기까지, 아이들이 나누는 대화 속에서나 공유하며 표현하는 말 속에서 점프를 발견할 수 있었다."

수업을 성찰하다 : 스스로 실천하는 배움

우리 반 아이들은 아홉 살이고 여러 해 동안 고학년만 맡아온 내 화법으로 아이들과 소통하기란 쉽지 않았다. 그래서 아이들이 이해할 수 있는 말로 표현하기 위해 애썼고 여러 번 용어를 고쳐가며 이야기하는 등 아이들과의 의사소통에 조금씩 적응해가고 있는 중이었다.

처음에는 수업 주제부터 고민이었다. 자연을 보호해야 하는 것은 누구나 아는 사실이고 우리 반 아이들도 그렇게 생각했다. 하지만 알고 있는 것과 달리 실천이 잘 이루어지지 않았다. 당연하다고 생각하지만 실천하기는 어려운 자연보호를 어떻게 다루어야 할까. 아이들이 자연보호에 관해 진지하고 깊이 있게 고민해보기를 바랐다. 여기에 교사 수업협의회에서 나온 의견이 큰 도움이 되었다. 무조건 꽃을 꺾는 것이 나쁜 것이 아니라 왜 그랬을까를 생각해보기, 나라면 어떻게 할까 생각해보기 등. 예쁜 꽃을 함께 보고 싶은 마음에 산책길에 꽃을 꺾어 내게 가져다주는 우리 반 아이들은 또 어떤가. 이 모든 것을 아이들과 함께 이야기하고 싶었다. 아이들은 갈등을 겪기도 하겠지만 나름의 해결 방안을 찾아내기도 할 거란 믿음이 있었다. 역시나 아이들은 의외의 답변을 쏟아냈다. 항상 그렇듯 아이들은 내가 상상한 것 이상을 발견해냈다.

수업을 마친 뒤 아이들과 학교 근처 소공원으로 봄나들이를 다녀왔다. 출발 전 우리는 수업 열기에서 함께 나눈 이야기를 다시 한 번 떠올리고 공유했다. 아이들은 스스로 팀을 나누어 봄나들이에서 무엇을 할지 놀이거리를 준비했고 모둠별로 과제를 정해 수행하기도 했다. 놀라운 것은 과일, 음료수, 물 등 간식을 제법 가져갔음에도 우리가 놀다온

공원에는 쓰레기 하나 남지 않았다. 모두 학교로 가지고 와서 분류 배출해서 버렸기 때문이다. 나무에 올라가는 아이, 꽃을 함부로 대하는 아이도 없었다. 수업 시간에 '나라면 ~하겠다'고 나눈 말들이 도움이 되었을 것이다. 다시 한 번 수업에서는 수박 겉핥기식이 아니라 깊이 있고 진지하게 주제를 논의하는 것이 중요하다는 생각을 했다.

수업은 아이들의 삶과 동떨어질 수 없음을 깨닫기도 했다. 그저 꽃을 꺾으면 안 된다고 주의를 주는 것과 이렇게 수업에서 함께 의논하고 자기 생각을 정리한 뒤 봄나들이를 가는 것은 많이 달랐다. 봄나들이에서도 산책길에서도 아이들은 수업에서 배운 것을 삶 속에서 실천하고 자기 생각을 표현했다. 수업과 삶이 별개가 아니라 수업에서 생각한 것들을 삶에 녹여내는 아이들의 모습이 참 멋있다.

개념과 원리를 발견하는 '수학'

수업을 그리다

수학의 원 단원을 수업하기로 결정한 뒤 먼저 수업 순서를 의논했다. 사실 개념 전달과 문제 풀이가 중심인 간단한 수학 수업을 어떻게 디자인해야 할지 고민이었다. 협의 끝에 교과서에서 기본적으로 전달하고자 하는 세 가지 개념, 원의 중심·반지름·지름을 아이들 스스로 발견하고 이해하도록 하는 데 초점을 맞추기로 했다. 특히 이번 수업에서는 교과서 차시를 따르지 않고 아이들이 스스로 원의 구성 요소들을 찾아내어 직관적으로 그 관계를 연결 지어보도록 단원을 전반적으로 재구성했다.

이 수업을 계획하며 우리가 알고 있는 수학 개념들과 용어들을 다시 한 번 되짚어보았다. 너무 당연하게 여겼거나 주의 깊게 생각해본 적이 없는 용어들이 얼마나 어려운 뜻을 가지고 있는지 깨달았다. 그러면서 제대로 된 수학 용어를 사용하고 있는지도 반성했다. 신중하지 못하게 사용한 용어들이 혹시 수학적 오류를 줄 수도 있지 않을까. 예를 들어 동그라미와 원의 차이를 어떻게 설명할지, 타원과 원의 차이는 무엇인지, 직선이 아니라 선분을 그려보라는 것은 무엇인지, 원 위 또는 원 안 중 어떤 표현이 옳은지 하는 논의들이 이어졌다.

아이들이 어려워할 부분도 생각해보았다. 과연 아이들은 가장 긴 선분을 쉽게 찾을 수 있을까? 지름은 원 위의 한 점에서 출발해 다른 한

점으로 이어져야 하는데 아이들이 그 범위를 쉽게 생각할 수 있을지…. 그러나 가장 긴 선분을 그려보자는 활동 주제를 잘 가지고 간다면 아이들 스스로 지름을 발견할 수 있으리라 기대했다. 주어진 원을 접어보고 바로 지름을 찾아내는 아이도 있을 거란 의견도 나왔다. 학원을 다니는 아이들, 선행 학습이 된 아이들에 대한 우려도 빠뜨리지 않았다. 교사 활동보다 앞서 아이가 답을 이야기해버려 수업에 김이 빠지는 상황이 종종 있다. 활동을 통해 답을 찾아내는 이번 수업의 특성상, 먼저 정답이 나오면 의미 없는 활동이 돼버릴 수 있어서 이럴 경우에는 어떻게 대응할지도 고민해야 했다.

자의 활용에 대해서도 고민했다. 가장 긴 선분을 찾고 지름과 반지름의 길이를 비교해야 하므로 자를 적절히 활용해야 하고, 비교를 하기 위해 다양한 크기의 원을 제공하자는 결론에 이르렀다. 수업에서 아이들의 점프를 돕기 위해 교과서 문제보다 좀 더 난이도가 있는, 기본 개념이 모두 들어간 응용문제를 찾아 활동지로 제공하기로 했다. 여러 차시가 통합되어 있으나 기본 개념 수업인 만큼 활동지에 많은 내용을 담지 않는 편이 좋겠다는 의견이 많았다.

함께 만든 수업 과정(안)

학년	3학년	일시	2015년 11월 19일 목요일	수업자	정○○
교과	수학	단원	3. 원	차시	2/8
주제			원의 지름, 반지름, 중심 발견하기		
성취 기준			원의 중심, 반지름, 지름을 알고 그 관계를 이해한다.		

단원명	차시별 학습	활동 내용
단원 짜임	3. 원 (8차시)	1. 자유롭게 원 만들기	여러 가지 방법으로 원 만들기
		2. 원의 지름, 반지름, 중심 찾아보기	– 주어진 원의 한 점에서 다른 한 점을 찾는 가장 긴 선 찾아보기 – 원의 지름을 그려보고 그 안에서 중심 찾기 – 원을 접어서 중심, 지름, 반지름 찾기
		3. 문제로 만나는 원 1	원의 지름과 반지름의 관계를 이용하여 문제 해결하기
		4. 컴퍼스로 원 그려보기(2차시)	– 컴퍼스로 원 그리기
		5. 원을 이용하여 여러 가지 모양 그리기(2차시)	– 원을 이용하여 여러 가지 모양 그리고 설명하기 – 규칙을 찾아 원 그려보기 – 규칙을 정하여 원을 이용한 나만의 모양 그려보기
		6. 문제로 만나는 원 2	– 도구를 이용하여 여러 크기의 원 그려보기 – 원의 지름과 반지름의 관계를 이용하여 문제 해결하기 – 〈어디로 갔을까, 나의 한쪽은〉 이야기 속 원을 그려보고 조각 맞춰보기

수업 흐름	
	1. 원의 지름과 중심 알기 – 원 위의 한 점에서 다른 한 점을 잇는 가장 긴 선 찾아보기 – 원의 지름을 그릴 수 있는 만큼 그려보고 그 선들이 만나는 원의 중심을 찾아보기 **2. 원의 중심, 지름, 반지름의 관계 발견하기** – 원을 ½, ¼로 접어보고 지름과 반지름의 관계 찾아보기

교사의 수업 철학	
	교사라는 이름으로 아이들 앞에 서지만 나 또한 매 순간 아이들에게서 배운다. 그 때문일까, 아이들 모두의 배움에 부족함이 없는 수업을 만들기가 참 어렵다. 특히 수학은 많은 고민과 반성을 하게 하는 교과 가운데 하나다. 단순한 계산 문제조차 잘 이해하지 못하는 몇몇 아이들을 앞에 두고 교과서의 복잡한 문제들을 설명하다 보면 내가 얼마나 부족한 교육을 하고 있는지 미안한 생각마저 든다. 아직은 듣기보다 말하기가 익숙하고, 수 모형이 있어야 셈이 가능한 아이들에게 어떻게 하면 진정한 배움을 줄 수 있을지 늘 고민하게 된다. 이번 단원에서 아이들은 원의 구성 요소를 처음 배운다. 원의 중심과 지름, 반지름의 정의를 배우고 이들의 관계를 아는 것이 학습 목표다. 늘 고민했던 부분들을 생각하며 이번 수업을 준비했다. 재구성한 활동을 통해 아이들이 추상적인 수학 개념을 스스로 발견하고 이를 확장해나가기를 기대해본다.

수업 활동 자료

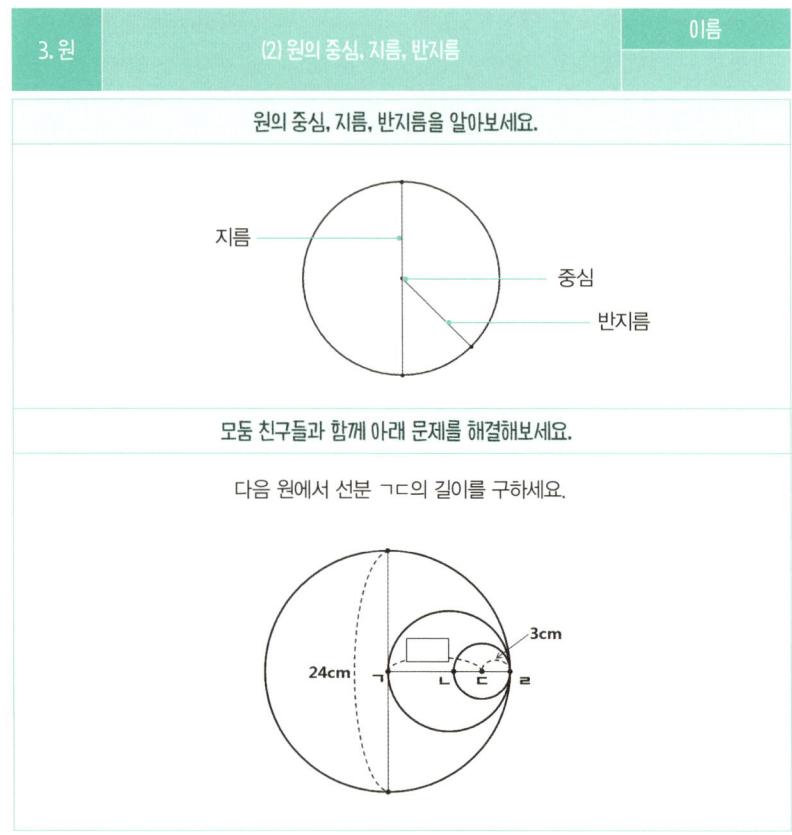

원의 중심, 지름, 반지름을 알아보세요.

모둠 친구들과 함께 아래 문제를 해결해보세요.

다음 원에서 선분 ㄱㄷ의 길이를 구하세요.

수업을 펼치다

아이들은 평소보다 훨씬 긴장하는 듯했다. 수업 디자인대로 아이들에게 먼저 같은 크기의 원을 제공하고 원 위에서 찾을 수 있는 가장 긴 선분을 그리자고 했다. 생각보다 많은 아이들이 지름과 비슷한 선분들을 곧잘 그렸지만 몇몇 아이는 과제를 이해하지 못해 당황하기도 했다. 전체적으로 확인하니 아이들이 그린 선분은 모두 제각각이었고 아무것도 그리지 못하고 눈치만 보는 아이도 있었다. 이번에는 모둠을 만들어 친구들과 함께 배우도록 했다. 모둠 활동 때문일까, 우려와 달리 제법 지름에 가까운 선분을 그렸다. 몇몇은 자신 있게 자를 돌려가며 정확하게 지름을 찾아냈고 몇몇은 시행착오 중인 듯 다양한 선을 그리고 있었다. 모둠을 관찰하며 아이들이 그린 선분을 확인했다. 질문을 이해한 아이는 과제가 지름을 찾으라는 말임을 직감했고 지름을 그려 다른 아이들에게 보여주기도 했다. 모두 원을 들어 함께 보며 가장 긴 선을 제대로 그렸는지, 길이를 재어 모두 같은지 확인했다. 대부분의 아이는 원의 지름인 10센티미터에 근접했고 정확하게 10센티미터를 그린 아이도 있었다. 여전히 활동을 따라오지 못하는 아이도 눈에 띄었지만 진지하게 배우는 모습이 대견했다.

두 번째 활동은 아이들에게 더 큰 혼란을 불러왔다. "원 하나에 몇 개의 지름이 있을까?" 하는 질문이 주어지자, 아이들은 원에 지름을 여러 개 그어보기 시작했다. 그러나 몇몇을 제외하고는 대부분 정확하게 여러 개의 지름을 그리지 못했다. 처음에 지름을 정확하게 그렸던 아이도 두 번째 그린 선분은 길이가 다른 경우가 많았다. 자를 이용해 길이를 재고 이와 비슷한 선분을 찾아 그릴 거라는 내 기대와 달리 아이들은 대충 비슷한 선분들을 여기저기 그려놓았다. 이 활동의 목적은 아이들이 그린 여러 개의 지름이 만나는 하나의 점을 발견하고 이를 '중심'으로 명명하는 것이었기에 아이들이 지름을 정확히 그리지 못하면 제대로 진행할 수 없었다. 모둠을 관찰하며 비교적 정확하게 지름들을 그려 중심을 찾아낸 아이들의 활동을 공유했다. 아이들은 서로 비교하며 지름을 긋거나 다양한 선을 계속 그으며 그 가운데서 맞는 것을 찾아내려 애쓰기도 했다. 전체 공유 속에서 모두 원을 들어 살펴보던 중 몇몇 아이의 지름이 한 개의 점에서 만난다는 사실을 발견했고, 모둠에서 비교를 통해 이를 확인했다.

아이들이 찾아낸 '원 위에서 그릴 수 있는 가장 긴 선분'과 그 '선분들이 만나는 하나의 점'을 칠판에 그리고 이름을 붙여보았다. 아이들이 조심스럽게 '지름'이라는 용어를 말했고, 우리는 그렇게 수학적 개념의 지름을 발견하고 정의했다. 그리고 그 지름들이 만나는 점을 살펴보며 어떤 특징이 있는지 알아보았다. 지름을 정확히 그리지 못한 아이들은 점이 하나 이상이라고 대답하기도 했지만 정확하게 그린 친구의 것을 보며 한 개의 점밖에 생길 수 없음을 알았다. 또 누군가의 말에서 가장 가운데 있는 점이라는 이야기가 나왔고, 우리는 그 말로 수학 용어의 '중심'을 정의했다.

세 번째 활동은 다양한 크기의 원이 제시되고 각각의 원에서 지름을 찾아보는 것이다. 앞선 두 활동 덕분인지 아이들은 정확하게 지름을 찾아냈고 가르쳐주지 않았는데도 원을 반으로 접어 지름을 찾아내는 아이도 있었다. 이어진 활동이 바로 원을 반으로 접고 또 반으로 접어서 펼쳐놓는 것이었다. 원을 접었다 펼치며 어떤 모양이 되는지 이야기해보았다. 원을 반으로 접어보자고 했을 때 원을 접은 선이 바로 지름이 된다는 것을 발견했음을 아이들은 이야기했다. 이 말에 다른 아이들이 원을 접고 펴보며 지름을 확인했고 자로 재어 비교하기도 했다. 아이들은 원을 반으로 접었을 때 나타난 선이 지름이고, 반으로 접은 원을 또 반으로 접으면 지름이 반으로 접힌다고 했다. 반지름과 지름의 관계를 확실히 증명하기 위해 직접 반지름과 지름의 길이를 비교하는 과정이 필요했다. 이쯤에서 질문을 던졌다. "정말 지름을 반으로 나누고 있는지 어떻게 확인할 수 있을까?" 그러나 길이를 비교하자는 대답이 쉽게 나오지 않았다. 마음이 급했던 나는 아이들을 기다리지 못하고 자를 이용해보자고 제안했고, 비록 내가 원하는 대로 길이를 비교해보자는 말로 표현되지는 않았지만 아이들은 지름과 반지름의 관계를 스스로 발견해낼 수 있었다.

수업에서 배우다

수학은 과목 특성상 개념을 알려주고 이를 문제에 활용하는 경우가 대부분이다. 수업 후 협의회를 하면서 많은 교사들이 이 점에 관해 고민을 털어놓았다.

"개념을 단순히 던져주고 이를 응용하는 과정을 지도할지, 아니면 개념을 찾아가는 과정에 집중해 지도할지가 늘 과제다. 후자를 활용한 이번 수업은 아이들이 직접 만질 수 있는 조작물을 제공한 점과 이를 활용해서 개념을 찾아가는 과정이 인상적이었다."

개념을 먼저 제시하는 것이 어렵다는 고민도 나왔다.

"실제로 수업에서 원 위에 선분을 그어보라는 교사의 지시에 짧은 선분을 긋는 아이가 있었기 때문에 수업 효과 면에서 어떤 방법이 좋은지 자신할 수 없다."

교사도 개념을 정확히 전달하기 위해 준비를 많이 해야 한다는 반성의 목소리와 3학년 특성상 수학에서도 구체적인 조작 활동이 많이 필요하다는 것을 확인한 수업이라는 의견도 있었다.

"적극적으로 참여하는 아이, 소극적인 아이, 아예 소외된 아이도 있었고, 집중하는 아이들도 그들끼리의 상호작용보다 교사와의 소통과 관계에서 배움이 더 많이 일어났다."

아이들 간의 관계 역시 여러 방면에서 이야기되었다. 교사들은 각자의 경험 속에서 쌓인 고민을 이야기하기도 했다. 교사의 돌봄에는 긍정적으로 반응하지만 또래의 이야기에는 부정적으로 반응하며 모둠 활동에 참여하지 않는 아이에게는 어떻게 대응할지, 상호작용이 유독 소극적인 모둠은 어떻게 격려하며 참여로 이끌지, 자신의 것에만 집중하는 아이에게 함께 공유하고 배우는 협력의 과정을 어떻게 가르쳐야 할지 등 여러 경험을 토대로 교사들의 의견이 분주히 오갔다.

배움을 이끌기 위한 교사의 발문도 한동안 논의되었다.

"교사가 허용하는 분위기와 확산적 발문이 아이들의 자유로운 생각을 끌어내는 역할을 했다. 교사가 끈기를 가지고 기다려주었기 때문에 가능했다."

교사가 아이들 개개인의 학습을 전체로 연결지었더라면 더 좋지 않았을까 하는 아쉬움도 이야기했다.

"한 모둠에서 수업에 가장 필요한 개념을 논리적으로 설명한 아이가 있었는데, 그때 그 아이의 이야기를 전체 아이들과 나누었다면 아이들에게 배움이 더 활발하게 일어나지 않았을까, 하는 생각이 들었다."

개인적으로는 수업 속에서 아이들의 말과 말을 연결짓고 아이들의 말과 수업 자료를 주제로 되돌렸더라면 하는 아쉬움이 컸다.

손우정 대표가 컨설팅하다

"배움을 목표로 하는 질 높은 수업을 하기 위해서는 어려운 문제를 해결하는 것이 아니라 탐구를 통한 협동 과정이 수업의 중심에 있어야 한다. 배움 중심 수업을 준비하는 교사는 탐구적 과제를 제공하는 것이 중요한 역할이고 이를 염두에 두고 교재를 연구해야 한다."

손 대표는 교사가 아이들의 언어를 읽을 수 있어야 하며, 모둠 속에서 친구들의 도움으로 배움에 몰입하는 수업이 디자인되어야 한다는 것을 강조했다. 오늘 모둠 활동이 활발하지 않았다면 그 이유는 무엇인지 관찰한 것에서 분석할 수 있어야 하며, 그것을 나의 배움으로 가지고 오는 것이 수업협의회의 목적이라는 것을 깨닫게 되었다.

"모둠 속에서 배움에 주춤거리는 아이들을 만났을 때 교사는 어떤 역할을 해야 하는지, 교사의 어떠한 발문이 필요했을지 생각해보아야 한다. 보통 수업에서 열린 질문을 권장하지만 내용에 따라서는 닫힌 질문도 가능하다. 오늘 수업에서 가장 핵심은 지름과 중심, 반지름을 아는 것인데 이렇게 답이 하나로 정해진 경우에는 그 답들의 차이에 대한 연결짓기에 더 중심을 맞출 수 있다."

아이들이 주춤거렸던 주된 이유는 오늘 수업 속에서 해야 할 활동, 주제에 대한 명확한 제시, 설명이 없어서였던 것 같다. 좀 더 섬세한 시선으로 아이들의 활동을 들여다보았으면 좋았을 걸 하는 아쉬움이 남았다.

"처음 선분을 그리라는 과제를 제시한 시점부터 아이들은 어려워했다. 선분이 정확하게 무엇인지 정의해주는 시간이 충분했다면, 자로 재는 활동을 어려워하는 아이들을 세밀히 살펴보았더라면, 그다음 활동이 더 쉽지 않았을까."

일상적인 수업 속에 무심코 뱉었던 말들이 오히려 수업에 방해가 된다는 걸 알았다. 다정하게 대하는 것과 학습의 규칙, 질서를 세우는 것은 차이가 있어야 하는데 수업 컨설팅 속에서 교사의 언어 습관에 대해 돌아보게 되었다.

"교사의 언어 사용 역시 신중해야 한다. '자를 사용해보아요. 자가 놀고 있잖아요'라는 교사의 말을 꼬투리 잡아 '자도 쉬어야 해요'라고 답한 아이의 말도 우리는 진지하게 고민해보아야 한다."

수업에서 아이들의 말, 활동, 표현 하나하나를 놓치지 않고 담아야겠다는 생각이 들었다.

"오늘 수업에서 나온 여러 오답을 단순히 친구와 비교해 수정하는 것이 아니라 오답과 정답의 차이를 모둠에서 공유해 차이를 찾아보고 이를 전체로 확장해야 한다. 때로는 오답도 훌륭한 교육 자료가 된다."

교사의 연결짓기와 되돌리기가 아이들의 배움을 더욱 활발하게 할 수 있으며 정확하고 섬세하게 질 높은 배움을 만들어갈 수 있다는 것을 배웠다.

수업을 성찰하다 : 깨달음이 배움으로, 배움이 다시 실천으로
수업을 돌아보니 최대한 아이들 스스로 답을 찾아가도록 디자인한 열린 수업이라 생각했는데 어쩌면 교사가 처음부터 답을 강요하지는 않았나 하는 생각이 들었다. 나도 모르게 압박을 주며 정답을 재촉한 건 아닌지…. 아이들 개개인의 생각을 읽어내려 하면서도 정작 가장 중요한 아이들 간의 소통에는 소홀했던 것 같다. 아이들에게 무언가를 가르쳐야 한다는, 아이들이 나에게서 무언가를 배워가야 한다는 강박과도 같은 생각을 떨치기 어렵다. 아이들에게 배움이 일어나기 위한 텃밭을 제공해주고 그 안에서 스스로 자라날 수 있도록 뒷받침해주는 교사가 되고 싶다. 그리고 무엇보다 그런 텃밭이 되는 수업을 할 수 있으면 좋겠다.

앎과 삶을 연결짓는 '사회'

우리 이야기가 수업으로

4학년 1학기 마지막 통합 주제는 '우리가 주인인 거야'다. 이 주제에는 사회과의 '3. 민주주의와 주민 자치'를 큰 줄기로 국어과의 '7. 의견과 근거', 수학과의 '6. 막대그래프' 단원을 통합해서 구성했다. '민주주의와 주민자치' 단원에는 주민자치, 선거, 지방정부와 지방의회 등 지금까지 아이들이 접하지 않은 용어와 개념이 등장한다. 자칫하면 아이들이 자신과 상관없는 어른들의 이야기로 여겨 지루해할 수도 있었다. 그렇지만 민주주의도 주민자치도 우리 삶과 밀접한 관계가 있으므로 그 속에서 주체적으로 살아가고 있음을 느끼고 배우고 실천하는 시간이 되기를 바랐다. 그래서 일상에서 정치 문제를 인식하고 민주적으로 해결하는 실천력을 키우려면 어떻게 해야 할까를 먼저 고민했다. 우리 하나하나가 이 나라의 주인임을 강조하기 위해 통합 주제 이름도 '우리가 주인인 거야'로 정했다.

수업은 아이들이 직접 지역의 문제를 접하고 해결해가는 과정을 담았다. '지역의 문제'라는 용어가 아이들에게 광범위하고 멀게 느껴질 수 있어 '우리 마을의 문제'로 접근했다. 아이 자신과 그 가족이 발견한 마을의 문제를 하나씩 찾아 모둠원과 공유하고 이를 토대로 국어 시간에 모둠 신문을 만드는 과정을 넣었다. 모둠 신문에는 다양한 기사가 실렸다. 동네 놀이터가 너무 낡아 아이들의 안전을 위협한다는 이야기, 아파트 화단을 텃밭처럼 사용하는 주민들 때문에 불편하다는 이야기, 인도를 점령한 자동차 때문에 걸어 다닐 공간이 없다는 이야기, 자전거 전용 도로가 없어 불편하다는 이야기, 불법 주차한 차들로 인해 등굣길이 불안하다는 이야기 등. 다양한 문제를 진지하게 토론하고 활발하게 의사를 표현하는 아이들을 보며 배움은 아이들의 삶 속에 있어야 함을 다시 한 번 느꼈다. 더 중요한 발견은 이런 활동을 통해 문제 해결 방법도 자연스레 오갔다는 것이다. 스스로 무언가를 해결하고 싶은 욕구가 제대로 달아오른 아이들을 보며 문제 중 하나를 골라 우리 힘으로 해결해보자고 제안했고 아이들은 신이 나서 흔쾌히 동의했다.

우리가 뽑은 생활과 가장 밀접한 주제는 학교 앞 등굣길의 안전 문제였다. 아이들은 학교 앞을 빽빽이 채운 차들에 보행로를 빼앗긴 채 수많은 차량들 사이로 아슬아슬하게 등교해야 했다. 나 역시 출퇴근 때마다 겪는 심각한 문제이기도 했고 언젠가는 수업 주제로 삼으려고 학기 초 교육과정을 재구성할 때부터 염두에 두고 있었다. 매일 아침 불편을 느끼던 아이들도 주제를 선택하는 데 주저함이 없었다. 과연 아이들이 어떻게 수업 속에 빠져들어 배움을 만들어갈지 그 과정과 결과가 사뭇 기대되어 수업을 준비하고 진행하는 내내 설레었다.

수업을 그리다

수업 열기 한 달 전부터 모두 세 번의 수업협의회가 열렸다. 제일 먼저 동료 교사들의 이해를 돕기 위해 수업의 전체 흐름부터 소개했다. 수업 열기에 해당하는 한 차시 수업뿐만 아니라 앞 차시와 전 차시를 연결하는 적절한 활동이 논의되었다. 아이들 안전과 관련한 문제지만 보행로에 주차하는 차주 대부분이 마을 주민이기에 주민들 의견도 들어보고 전교생은 어떤 생각을 갖고 있는지 묻는 것도 의미가 있어 보였다. 전교생 설문 결과는 수학 시간과 연계해 막대그래프로 그리고 이를 바탕으로 주민 인터뷰 내용을 정하기로 했다.

몇 달 전 학교 진입로에 안전 펜스나 보행자 보도블록 설치를 두고 시청에서 공청회를 열었지만 주민들의 반대로 사업이 진행되지 못했다. 공청회에서 나온 의견들도 읽기 자료로 만들어 수업 시간에 제공하면 아이들이 문제를 인식하는 데 도움이 될 것 같았다. 읽기 자료는 공청회에 참가한 학부모께서 정리해주기로 하면서 수업협의회는 학교 안 모든 구성원의 역할을 정하고 나누었다. 학교 전체의 문제로 확장해서 해결하고자 한 것이다.

수업협의회가 열릴 때마다 혼자서는 불가능했을 다양한 아이디어와 의견들로 수업이 풍성해져갔다. 수업 주제를 두고 '우리 학교 앞 불법 주차 문제'로 할지, '우리 학교 앞 등굣길 안전 문제'로 할지도 명쾌하게 결정 났다. 불법 주차에 한정하지 말고 '등굣길 안전 문제'로 주제를 확장해 아이들의 생각을 들어보기로 한 것이다. '불법'이라는 단어가 함께 살아가는 주민들 감정을 상하게 해 문제 해결에 도움이 되지 않을 수도 있다는 예리한 지적이 제기되었기 때문이다.

협의회에서 다룬 내용은 진행 중인 수업에 그때그때 반영했다. 아이들과 함께 학교 앞에 나가 주차 외에 다른 문제는 없는지, 문제 해결 방법에는 뭐가 있을지 스스로 생각해보도록 했는데 답사 후 기록한 활동지가 나중에 수업 열기에서 되돌리기를 할 때 좋은 자료가 되었다. 이런 활동은 아이들이 더 세심하게 학교 앞을 둘러보고 우리의 안전을 한층 깊이 생각해보는 기회가 되었다.

마지막 수업협의회에서는 마을 주민을 대상으로 할 인터뷰 문항을 논의했다. 수업에 활용할 자료가 되는 것이자 질문에 따라 결과가 달라질 수 있기에 질문 내용을 정하는 데 많은 시간과 공을 들였고 마침내 네 가지 질문을 완성했다. 1) 우리 학교 등굣길 안전에 대해 생각해보신 적이 있나요? 2) 등굣길 주차 문제를 조사하는데 우리 학교 등굣길 주차의 문제점은 무엇이라고 생각하나요? 3) 2)에서 말한 문제가 생긴 이유는 무엇일까요? 4) 어떻게 해야 주차 문제를 해결하고 우리가 안전하게 등교할 수 있을까요? 아이들은 이 문항을 넣은 활동지를 들고 나가 주민들을 직접 인터뷰하고 내용을 기록했다.

위 활동들을 전 차시 수업으로 진행하고 본 수업에서는 마을 주민 인터뷰 내용과 그 결과를 살펴보며 문제 해결을 위한 구체적이고 다양한 방법을 제안하는 수업 디자인을 완성했다.

함께 만든 수업 과정(안)

학년	4학년	일시	2015년 7월 9일 목요일 6교시	수업자	전○○
교과	사회, 국어, 수학	단원	3. 민주주의와 주민 자치 7. 의견과 근거 6. 막대그래프	차시	25/28차시
통합 주제	우리가 주인인 거야	수업 주제	지역의 문제 해결 방법 제안하기		

	차시		활동 내용
수업 구성	참여하는 기쁨, 자치	1–3	우리 학급, 우리 학교에서 일어나는 공동의 문제를 찾아서 민주적인 과정으로 해결하기
		4–6	우리 지역에서 일어나는 공동의 문제 조사하여 모둠 신문 만들고 발표하기
	내 의견을 부탁해, 선거	7–8	선거의 필요성을 알고 선거 과정 이해하기
		9–11	강릉시장 후보가 되어 선거 벽보와 연설문 작성하기
		12–13	유권자가 되어 모의 선거 참여하기
	지역의 살림꾼, 지방자치단체	14	지방자치의 의미 알고 우리 지역 지방자치단체 알기
		15–17	지방의회, 지방정부에서 하는 일과 그 관계 이해하기
		18–19	지역 주민, 지방정부, 지방의회 역할 놀이 하기
	우리가 주인인 거야	20	'우리 학교 등굣길 불법 주차의 문제점' 생각 나누기
		21–23	포남초 전교생 설문조사하여 막대그래프로 나타내기
		24	주민 의견 조사하기
		25	조사한 내용 살펴보고 문제 해결을 위한 방법 제안하기
		26–28	지방자치단체에 보낼 제안서 만들고 보내기 우리가 해결할 수 있는 실천 계획 세우고 실천하기

수업 흐름

1. 지역 주민의 다양한 의견 살펴보기

각자 조사한 주민 의견을 모둠에서 발표하고 전체 공유하여 다양한 의견을 확인한다.

2. 문제 해결을 위한 생각 나누기

모둠에서 문제 해결을 위한 방법에 관해 개인의 생각을 나누고 전체 공유를 통해 다양한 해결 방법을 생각해본다. 이 가운데 우리의 노력으로 해결할 수 있는 것과 지방자치단체의 도움을 받아야 할 것을 구분하고 실천 방법을 의논한다.

교사의 수업 철학

사회는 우리의 생활과 밀접함에도 아이들이 평소에 관심을 갖지 않는 과목인 데다 낯선 단어가 많이 나와서 흥미로워하지 않을 거라고 생각했다. 하지만 생각과 달리 아이들은 사회 현상을 조금만 풀어서 이야기해줘도 몰입했고 질문도 많았다. '우리가 주인인 거야'라는 통합 주제로 두 달 가까이 이어진 수업에 아이들은 어느 때보다 적극적이었다. 학급과 학교 문제를 민주적인 방법으로 해결하고 선거 운동과 투표를 경험하면서 지역 문제를 실제로 해결할 수 있다는 생각에 신이 났다. "정치는 정치인한테 맡기지 왜 국민이 관여하느냐?"거나 "이놈 저놈 다 똑같아서 정치엔 관심도 없다"는 사람을 만날 때마다 학교교육이 왜 중요한지, 제대로 된 배움과 실천이 함께 사는 세상에 얼마나 소중한지 실감한다. 다음 세대를 교육하는 데 커다란 책임감과 희망을 가지는 이유이기도 하다. "민주주의 국가는 어떤 나라일까?" 하고 물으면 아이들은 대답한다. "공평한 나라요", "평등한 나라요", "대통령이 아니라 국민이 진짜 주인인 나라요." 민주주의의 철학과 원리를 제대로 실현하게 될 꼬마 민주 시민들과 함께하는 사회 시간은 그래서 즐겁다.

학교 주변의 또 다른 문제점 찾기

학교 주변을 돌아보니 이런 생각이

제 4학년 고운반   이름: 황수빈

♥ 학교 주변을 답사하며 눈에 보이는 사실이나 듣게 된 생각들을 자유롭게 적어봅시다.

1. 이런 것이 눈에 들어와요.	1. 반사경을 더 늘렸으면 좋겠다. 2. 어린이 보호구역에 불법주차가 되어있다. 3. 급식소 옆 커브길에다 반사경을 더 놓았으면 좋겠다. 4. 과속방지턱이 없고 어린이보호구역 표지판이 없다. 5. '30 어린이보호구역'이라고 씨져있는 페인트가 지워져 있다. 6. 어린이보호구역에서 시속 30km를 넘어 달리는 차들이 있다. 7. 공터에 공영주차장이나 주차타워를 건설한다.
2. 이렇게 하면 좋겠어요	1. 반사경을 늘린다. 2. CCTV나 방범카메라를 설치한다. 3. 급식소 옆 커브길에다 반사경을 늘린다. 4. 과속방지턱을 더 만들고 어린이보호구역표지판을 세운다. 5. '30 어린이보호구역'이라고 페인트로 다시쓴다. 6. CCTV를 설치한다. 7. 시에서 땅을 사서 주차타워나 공영주차장을 건설한다.

설문 결과 막대그래프로 나타내기

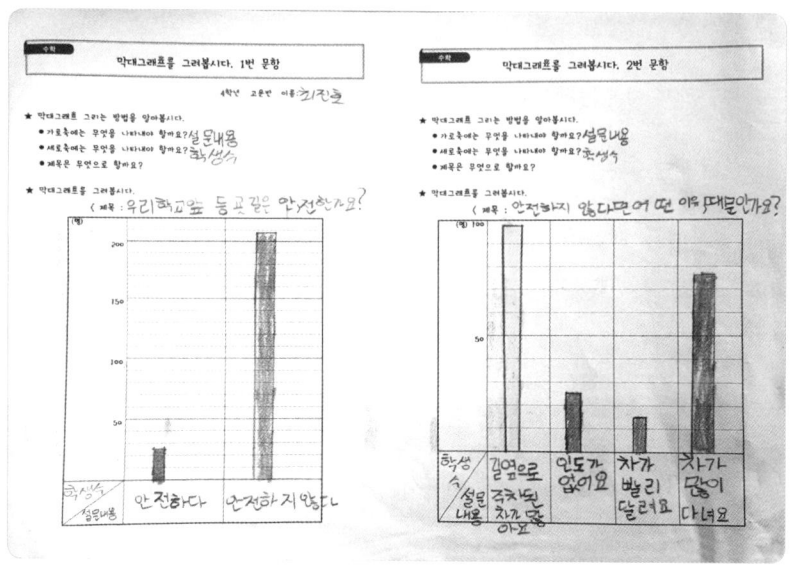

주민들 의견 조사하기

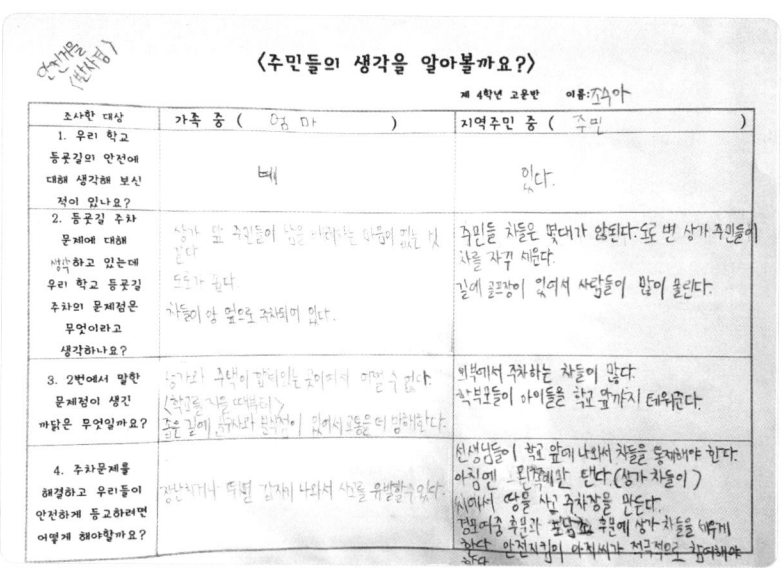

수업을 펼치다

아이들이 마을 주민들을 직접 찾아가 학교 앞 등굣길 문제에 관해 묻고 들은 내용을 전체 공유하고 해결 방법에 관해 서로 의견을 나누어보는 활동으로 수업을 시작하였다. 모둠별로 각자 인터뷰한 가족의 생각과 마을 주민 의견을 서로 나누고 전체 공유한 결과, 대부분 학교 앞 등굣길이 안전하지 않다고 생각한다는 사실을 알았다. 또 원인에 대해서는 어른들의 생각과 아이들의 생각, 주민들의 생각이 각각 다르다는 사실도 자연스럽게 드러났다.

아침마다 엄마 차로 등교하는 한 아이는 자신이 인터뷰한 주민이 학부모들이 교문 앞까지 차로 아이를 등교시키는 데 원인이 있다고 응답하자, 자신은 미처 생각지 못했으나 이제라도 알았으니 부모님께 이를 알리고 협조를 구하겠다고 발표했다. 또 다른 아이는 처음에는 안전 펜스나 보도블록을 만들어 주민들이 보행로에 주차를 못하게 막아야 한다고 생각했는데 주민들의 이야기를 들어보니 주민들도 마땅히 주차할 곳이 없어서 그랬다는 것을 듣고 주차 공간이 빨리 만들어졌으면 좋겠다고 했다. 다른 이의 입장에서 생각하고 이해하며 조율해가는 아이들을 보며 교사로서 기특함과 뿌듯함을, 어른으로서 부끄러움을 느낀 건 나뿐이 아니었을 것이다.

여러 사람의 입장을 알게 된 아이들은 학교 앞 등굣길 안전 문제를 해결하기 위한 다양한 방법을 모둠별로 나누고 친구들과 공유했다. 학교 주변을 답사하며 보았던 공터를 시에서 사들여 주차장이나 주차 타워를 건설하는 방안, 학교 주차장을 주민들에게 개방하는 방안, 주민들에게 왼쪽으로만 주차를 부탁해 오른쪽 보행로를 확보하는 방안, 불법 주차를 하지 않도록 현수막이나 포스터를 만들어 안내하는 방안, 주민들에게 우리의 어려움을 편지로 써서 전달하는 방안 등 다양한 의견이 쏟아졌다.

이야기는 더 나아가 학생들이 답사하며 느꼈던 안전을 위협하는 여러 요소들로 확장되었다. 과속 방지턱과 반사경 설치, 어린이 보호구역 표시의 도색 문제를 이야기하면서는 기특하게도 이 문제들도 같이 해결해보자고 제안했다. 꼼꼼하게 답사하고 설문하고 인터뷰한 결과 아이들은 기대 이상의 의견을 냈고 해결 의지도 강했다. 배움이란 바로 이런 것이 아닐까? 나로부터 출발해 점차 더 큰 세계로 나아가는 것. 내가 키운 장미가 나에게 하나뿐인 아름다운 꽃인 것처럼 내 삶과 맞닿아 있는 배움이 참 배움이 되는 것이리라.

'학교앞 등굣길 안전 문제'는 기간이 길었던 만큼 아이들이 더 깊이 배우는 기회가 되었다. 전교생, 가족, 마을 주민 등 다양한 이의 생각을 듣고 의견을 나누며 자신만의 생각이 아닌 다른 사람의 생각도 존중하는 모습이 감동적이기까지 했다. 자발적인 참여로 이루어지는 아이들의 배움과 그보다 더 중요한 실천, 민주성을 본 수업이었다. 아이들 속에 민주 시민의 모습이 스며들고 있음을 느낀 의미 있는 수업 열기였다.

수업에서 배우다

수업을 마친 뒤 협의회에서는 다음과 같은 의견들이 나왔다.

"하나의 주제를 깊이 있게 다루고 아이들이 자신의 문제를 해결하기 위해 직접 몸으로 조사하고 인터뷰한 내용으로 서로 의견을 내고 해결 방안을 모색하는 모습이 매우 구체적이고 인상적이었다. 아이들은 자신이 인터뷰한 마을 주민들의 의견을 모둠원한테 설명했고, 서로 이야기에 집중하며 자신의 의견도 전달하는 모습을 보였다."

"교사의 질문이 단계적으로 진행되었다. 마을 주민을 인터뷰한 뒤 바뀐 점은 없는지 묻는 교사의 질문을 보며 좋은 발문은 아이들이 미처 깨닫지 못한 생각까지 끌어낼 수 있음을 느꼈다. 주차할 곳이 없거나 생업을 위해 주차를 해야만 하는 주민의 어려움을 이해하고 대안을 제시하는 학생들의 모습은 성숙해 보이기까지 했다."

늘 수업 전에 질문을 생각하는 작은 노력을 알아준 것 같아 유치하게도 으쓱해지고 말았다. 어른인 나도 이런데 아이들은 어떨까 싶다. 앞으로 아이들이 노력하는 모습을 놓치지 말고 칭찬해줄 수 있게 세심히 살펴야겠다고 다짐했다.

"모둠 활동에서 모둠을 끌어가는 한 아이의 모습이 권력처럼 느껴졌다. 교사는 배움에서 아이들 사이에 권력 관계는 없는지 유심히 살펴야 한다."

이 의견은 참여에 소극적인 모둠원을 이끌어가느라 힘들 거라며 주도자를 안쓰럽게 여겼던 나를 잠시 멈추고 다시 생각하게 했다. 매 수업 열기 뒤에 열리는 협의회에서는 사전 수업협의회에서보다 더 많은 배움이 이루어진다. 아이들을 관찰한 선생님들로부터 듣는 이야기가 그렇고, 손우정 대표의 컨설팅도 미처 생각하지 못했거나 놓친 부분을 다시 생각할 기회를 준다. 내가 보지 못했던 우리 반 아이들의 모습을 발견하는 시간이기도 하고, 교사로서 더 깊은 배움이 필요하다는 숙제를 받는 시간이기도 하다. 그리고 매번 느끼지만 내가 수업을 하든 다른 선생님이 수업을 하든 '누구'의 수업이 아니라 '우리'의 수업이라는 생각을 갖게 한다. 참관 교사 역시 수업의 긴장감, 수업 전 떨림, 아이들을 관찰하며 느끼는 설렘, 수업이 계획대로 되지 않았을 때의 아쉬움까지 모두 수업자와 함께 느끼는 것 같다. 이는 아마도 수업협의회를 통해 함께 수업을 구성하고 고민하고 논의한 '우리'의 수업이기 때문일 것이다.

손우정 대표가 컨설팅하다

"배움은 '활동과 친구와 자신과의 대화'임이 오늘 수업에 잘 표현되었고, 활동이 진지하고 재미있어 협동적 배움이 잘 일어났다. 프로젝트로 통합해 블록으로 배우는 수업이라 길고 깊게 배울 수 있어서 전체를 보는 안목이 생긴 듯하다. 본질은 사회과지만 필요한 활동을 수학의 막대그래프와 국어의 제안하는 글쓰기에서 가져와 통합이 잘 이루어졌다. 또 하나는 표현인데 아이들이 듣기도 말하기도 잘해서 놀라웠다. 발표가 아닌 자신의 목소리로 자기답게 표현하는 모습은 주제가 좋았기 때문에 가능했을 것 같다. 또 자신들의 문제를 선택하고 스스로 조사하고 의견을 나눈 수업 덕분에 아이들이 서로에게 배우는 대화가 이루어졌다. 마을 주민들, 본교 학생들의 이야기를 구체적으로 잘 듣고 왔기에 할 말이 많아서 수업이 활발했다.

모둠 배치도 좋아 서로 듣고 배우기 수월했다. 다만 인원이 다섯 명인 경우 아이들이 서로 눈길이 안 가서 소외될 수 있다. 다섯 명씩 앉혀야 한다면 2대 3으로 서로 마주보고 앉아 눈을 맞추도록 배려해야 한다.

교사는 학습 포인트를 잘 잡으며 수업을 진행했다. '인터뷰를 한 뒤 생각이 바뀐 사람이 있나요?'라는 질문으로 수업의 수준을 높였고, 사고 점프를 위해 '생각을 확장시켜봅시다'라고 한 제의는 다음 학습 포인트와 잘 연결되었다.

이 수업에서 우리가 공유해야 할 점은 어떻게 하면 깊이 있는 수업으로 만들 수 있는지, 어떻게 하면 학습 포인트를 놓치지 않고 길게 끌고 갈 수 있는지를 배우는 것이다. 오늘 수업과 그 수업에 함께한 아이들을 보면서 사람이 사는 방법과 더불어 살아가는 방법을 잘 배워간다는 생각이 들었다."

수업을 성찰하다 : 성장은 현재 진행형

여러 해 수업을 해오며 편식하듯 수업을 하고 있다는 자책이 종종 들었다. 내가 좋아하는 사회, 국어, 수학 과목은 교사인 나부터 신나서 수업을 하는 반면 도덕과 과학 수업은 준비도 시큰둥했고 꼭 해야 할 것만 겨우 해나가는 식이었다. 내가 재미없어하니 아이들이 재미있게 배울 리 만무하다. 반성과 고민과 씁쓸한 죄책감으로 남아 있던 내 편식 수업이 만능 양념을 찾은 것은 행복더하기학교 포남초등학교에 와서 주제 중심으로 교육과정을 재구성하고부터다. 교과서를 버리고 성취 기준만 보며 주제별로 교과 활동을 모으다 보니 내가 하고 싶은 수업이 그려지기 시작했다. 꼭 해야 할 것을 보는 안목과 하고 싶은 것을 할 수 있는 즐거움이 생겼다. 이번 수업 역시 학기 초 4학년 교육과정을 재구성하며 그렸던 큰 그림의 일부였고, 두 달 동안 이어지는 프로젝트 수업의 막바지 과정이었다. 처음에는 아이들이 주민자치 개념을 이해하고 흥미롭게 참여할 수 있을지 의문이었지만 걱정과 달리 아이들은 자신의 눈높이에 맞는 주제를 선택하고, 이론으로 배운 민주적인 방법으로 문제를 해결해가는 모습을 보여주었다. 여기엔 같이 수업을 준비하고 고민하고 협력해준 교사들과의 수업협의회가 큰 도움이 되었다. 수업에 필요한 사진을 찍어 보내주고 학부모의 글을 받아주고 전교생 설문에 적극 협조해준 선생님들이 있었다. 그래서 매번 수업 열기는 '나'의 수업이 아니라 '우리'의 수업이다.

손우정 대표의 컨설팅 중에 '배움은 활동과 친구와 자기 자신과의 대화'라는 말이 귀에 와서 콕 박혔다. 우리 학교가 '배움의공동체' 수업을 하는 이유가 바로 이 때문이 아닐까? 함께 배우고 서로에게 배우고 관계 속에서 배우는 것. 교사는 아이들이 활발하게 대화하도록 말할 거리가 풍성한 세상을 던져주는 역할을 해야 한다. 교과를 통해 주제를 배워나가는 것이 아니라 주제를 통해 교과의 본질을 찾아가는 것이 바른 방향이란 것을 다시 한 번 느꼈다.

역사 자료를 탐구하며 배우는 '사회'

'배움의공동체'로 들어가다

나는 수업 열기에 긍정적이지 않았다. 내가 아는 수업 열기, 다른 학교 식으로 말하자면 '공개 수업' 혹은 '연구 수업'은 평소와 너무 다른 보여주기 위한 수준이었기 때문이다. 별 의미 없어 보이는 수업 모형, 화려한 동기 유발과 학습 문제 제시, 때로는 계획되기까지 하는 아이들의 반응, 형식을 몹시 따지는 지도안 등 정형화된 일련의 일들이 영 내키지 않았다. 하지만 앞서 경험한 세 번의 수업 열기는 내가 알고 있던 공개 수업과 달라도 너무 달랐다. 수업을 이끌어가는 형식이 열려 있었고 수업 모형이니 화려한 동기 유발이 중요하지 않았다. 가장 다른 점은 수업 전 협의회였다. 해당 수업을 열기 전에 교사들과 함께 세 번 정도 수업 협의회를 진행하는데 무슨 과목을 할지, 어떤 단원을 할지부터 논의했다. 수업에 접근하는 여러 가지 방법이 제시되었고 수업에 사용할 사진 등 자료를 같이 찾아주는 것은 기본이었다. 때로는 더 좋은 수업을 하기 위해 열띤 토론을 벌이기도 했다.

처음에는 선생님들의 아이디어에 감탄을 금치 못하다가 스스로를 돌아보고 부족함이 많다는 생각에 괴롭기도 했다. 다른 선생님이 나의 수업을 놓고 같이 고민해주는 모습은 감동이었으며 그런 문화를 접하며 "아, 이게 '배움의공동체'구나!" 하고 깨달았다.

수업을 그리다

조선 후기 신분 질서의 변화와 그에 따라 달라지는 사회 모습을 풍속화나 민화를 통해 배우도록 계획했다. 김득신의 '파적도'를 보고 생각을 연 뒤 조선 전기와 후기의 신분 비율을 나타낸 표를 그래프로 그린다. 그런 다음 무엇이 변했는지 사실을 발견하고, '공명첩'을 만든 이유를 생각해보며 그로 인해 세상이 어떻게 변했는지 알아보는 순이었다.

동료 선생님들의 다양한 의견이 나왔다. 텔레비전 드라마를 활용하면 아이들에게 쉽게 다가갈 것이라는 의견, 일주일 간 그림을 교실 뒤편에 게시하고 아이들이 오고 가며 새로운 점을 발견하게 하자는 이야기도 나왔다. 그러다가 화면으로 그림을 보여주는 대신 활동지로 여러 그림을 제시하고 공통점을 찾자는 쪽으로 결론을 지었다. 또 그래프를 그리다 보면 내용 분석보다 그리기 자체에 집중하게 되니 그냥 그래프를 제시하자고 했다. 또 단순히 연도만으로는 아이들이 인식하기 어려우니 시기를 알 수 있는 왕을 제시하자는 의견과 교과서를 이용하자는 의견이 모아졌다.

조선 후기 신분제도의 변화 원인에 대해 정리하는 활동에서는 더욱 다양한 의견이 나왔다. 자료를 각각 분석하고 정리를 하는 것이 문제 풀이식 같다는 의견 등을 주고받으며 그 활동은 불필요하다는 결론에 도달했다. 첫 번째 활동을 공유하는 과정에서 아이들의 이야기와 교사 발문으로 충분히 나올 만한 내용이라는 것이다. 그러다가 지금까지 만든 활동지는 탐색 자료로만 제시하고 별개의 활동지를 만들어 정리하자고 의견을 모았다. 그리고 교사가 '신분제 변화'라는 단어를 제시하지 말고 아이들 입에서 자연스럽게 나오도록 이끌자고 했다. 교사가 먼저 단어를 제시하면 아이들 생각이 거기에 멈출 수 있다는 우려 때문이었다. 그래서 세 번의 협의회를 통해 활동지가 탄생했다.

마지막 협의회에서는 발문 내용과 활동지를 나눠주는 때를 집중 논의했다. 활동지가 있으면 아이들이 활발하게 이야기를 하다가도 쓰기에만 집중한다는 의견이 지배적이어서 결국 활동지는 빼기로 했다. 그렇게 의견을 모아 최종 수업 안이 만들어졌고 드디어 수업 열기 준비를 마쳤다.

함께 만든 수업 과정(안)

일시	9월 18일 6교시	대상	5학년 고운반 26명	수업자	김○○
교과	사회	단원	1. 조선 사회의 새로운 움직임 2) 달라지는 경제생활과 신분 질서	차시	6/15
주제			조선 후기 신분제 변화 알아보기		
교수·학습 활동					
단원 구성	1~3차시	영·정조 시기의 사회 발전		전란 후 토지의 변화 영·정조 때	
	4~7차시	달라지는 경제생활과 신분 질서		농촌의 변화 장시의 성장	
				신분제의 변화 (본 차시)	
				조선 후기 여성의 삶	
	8~9차시	서민 문화의 발달		판소리와 탈놀이 서민 문학과 민화, 풍속화 도자기와 생활용품	
	10~11차시	서양 문물과 서학의 전래		서양 문물의 전래 서학의 전래	

단원 구성	12~15차시	실학의 등장과 사회 개혁 노력	실학의 등장 실학자의 주장과 활동 사회 개혁을 위한 농민들의 요구
수업 흐름	활동 1. 조선 후기 신분제도 변화 모습 알아보기 : 관련 자료를 보고 무슨 상황인지, 원인이 무엇인지, 어떤 영향을 미칠지 생각해보기 활동 2. 신분제 변화에 대한 나의 생각 펼치기		
교사의 수업 철학	신문 칼럼에서 이런 구절을 보았다. '무언가를 안다고 해서 반드시 그것을 사랑하는 것 은 아니지만 반대로 무엇인가를 사랑하게 되면 우리는 그것에 대해 다른 사람이 넘볼 수 없을 정도로 잘 알게 된다.' 아이들이 역사를 배우며 여러 가지 감정을 느끼길 바란 다. 우리나라 역사에 자부심을 갖기도 하고, 화를 내기도 하고, 때로는 슬픔에 빠지기 도 하고 말이다. 그리고 역사가 단순히 옛날이야기가 아니라 지금의 나와 관련이 있음 을 자연스럽게 느끼도록 하고 싶다.		

수업 활동 자료

① 어떤 지역의 양반, 상민, 노비 비율의 변화

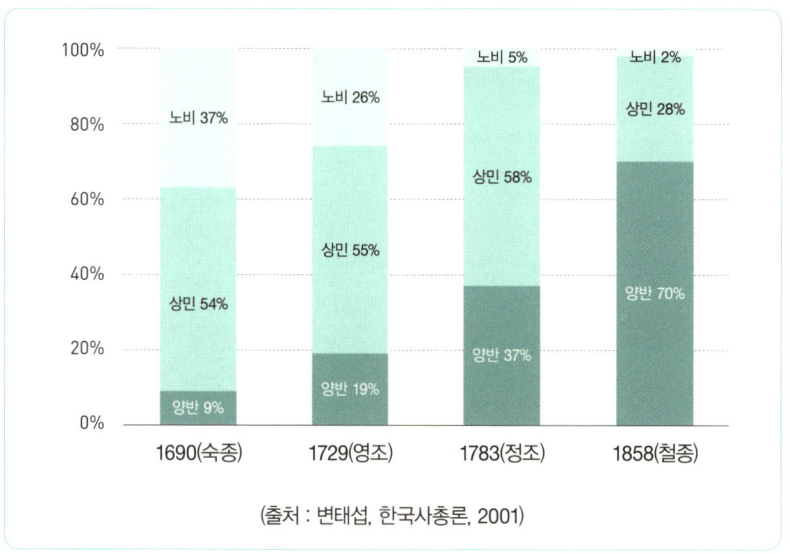

(출처 : 변태섭, 한국사총론, 2001)

② 양반의 생활 모습 변화

김홍도의 '자리 짜기'

③ 양반과 일반 백성이 만나는 모습의 변화

 ⇨

김득신의 '양반과 상민의 만남'   이교익의 '휴식'

④ 양반전

⑤ 공명첩

임명장

위 사람을 「가선대부 용양위 부호군」이라는 벼슬에 임명한다.

1773년 10월

위 종이는 '공명첩'이라는 것인데, 한마디로 가짜 벼슬을 주는 임명장이다. 전쟁이나 흉년으로 나라 살림이 어려울 때 부족한 돈을 보충하려고 나라가 부유한 백성들에게 돈이나 곡식을 받고 팔았던 것이다. 공명첩을 사면 노비에서 해방이 되어 상민이 될 수도 있고 노비나 상민이 양반이 될 수도 있었다.

⑥ 〈조선왕조실록〉과 〈일성록〉에 쓰여 있는 공명첩 이야기

한 신하가 말했다. "전하, 국가에 남아 있는 쌀이 별로 없어 백성들을 돕기에 부족합니다. 공명첩 수천 장을 팔면 수천 석의 곡식을 얻을 수 있으니 공명첩을 만들어야 합니다." 그러자 또 다른 신하가 이렇게 반박했다. "아니 되옵니다. 공명첩을 팔면 상민들이 양반이 되어서 세금을 거둘 수 없습니다. 오히려 나라에 손해입니다."《영조실록》, 1725년)

한 신하가 말했다. "군대에 가야 하는 상민들이 공명첩을 사서 군대를 면제받는 일이 너무 많습니다. 싸울 군인이 없으니 매우 가슴 아픈 일입니다."《광해군 일기》, 1622년)

"요새 돈 있고 힘 있는 모든 백성들이 세금을 피하고자 다른 고을로 도망가서 스스로 양반 행세를 한다."《일성록》, 1786년)

수업을 펼치다

수업은 비교적 순탄하게 시작되었다. 그런데 아이들은 보통 때와 다른 모습을 보였다. 평소에 자신의 의견을 내는 데 주저하지 않던 아이가 입을 꾹 닫기도 하고, 반대로 수업 시간에 잘 집중하지 못했던 몇몇 아이가 적극적으로 참여하며 의견을 내기도 했다.

모둠별로 앞 장의 자료를 보며 발견한 사실을 서로 이야기하게 한 뒤 전체 공유를 했다. 아이들은 점점 노비가 적어지고 양반이 많아지는 사실까지는 정확히 읽어냈다. 그런데 양반 가족이 자리를 짜는 그림을 두고는 서로 의견이 달랐다. 양반이 많아져서 자리를 짜고, 옆에 아이는 노비인데 노비가 적어지다 보니 책을 읽는다고 해석하는 아이가 있었다. 다른 아이는 양반이 적었던 조선 전기에는 여유롭게 책을 읽으며 살았는데 조선 후기에는 양반이 많아져서 돈을 벌려고 일을 하는 것이며, 아이 역시 양반인데 부모는 일을 하고 자식은 집안을 위해 공부를 한다고 설명했다. 또 다른 아이는 주제가 '양반의 생활 모습 변화'라는 이유를 들며 두 번째 아이 의견에 동의했다.

두 번째 그림을 보고는 양반과 상민이 평등해졌다는 의견이 나왔다. 아이들은 그림과 자료를 잘 읽어냈다.

뒷장의 그림을 보며 신분제 변화의 원인과 결과, 그 밖의 것들을 발견하는 순서로 넘어갔다. 먼저 신분제 변화의 원인이 무엇일지 아이들에게 물었다. 공명첩 때문이다, 양반을 팔았기 때문이다 같은 내용이 오가는데 한 아이가 "그런 게 참 좋은 것 같다"며 이야기를 꺼냈다. 상민이 양반을 사니 몰락한 양반은 돈을 벌고, 상민은 양반이 되니 서로 돕는 것이므로 좋다는 뜻이었다. 그랬더니 다른 아이가 모두 양반이 되면 세금을 걷을 수 없고 군대를 가는 사람이 없어져서 나라가 망한다며 반대 의견을 냈다. 또 다른 아이는 공명첩이 흔해지면 나라를 믿을 수 없게 된다며 신분제 변화를 부정적으로 평가했다. 아이들이 예상보다 더 적극적으로 자신의 의견을 이야기했고, 이 내용들은 다음 활동인 '신분제 변화에 대한 나의 생각 펼치기'와도 직접 관련이 있었다. 그런데 이때 아이들 이야기를 더 이어갔으면 좋았을 텐데 계획대로 진행해야 한다는 강박관념에 나는 일단 상황을 정리하고 다음 활동으로 넘어갔다.

"타임머신을 타고 조선시대로 가 새로 태어난다면 조선 전기로 갈지 후기로 갈지 결정하자. 신분은 마음대로 선택할 수 없다." 말이 끝나자마자 지금까지 조용하던 아이들이 갑자기 들뜨기 시작해 활발히 이야기를 주고받았다. 그런데 여기서 결정적 실수를 했다. 아이들은 신분을 중심으로 생각하지 않고 단지 조선 전기냐 후기냐를 정하기에 바빴다. "조선 전기에는 큰 전쟁이 두 번이나 일어나니 조선 후기로 가겠다"와 같이 신분과 전혀 상관없는 말들이 나왔다. 물론 신분을 중심으로 이야기한 아이들도 없진 않았으나 많은 아이가 신분은 빠뜨린 채 조선 전기냐 후기냐에만 집중했다. 구체적이지 못한 발문이 문제였다. 큰 아쉬움을 남긴 채 수업이 끝났다.

수업에서 배우다

부족함이 컸다는 아쉬움에 긴장을 풀지 못한 채 수업협의회에 참석했다.

"아이들이 공부를 즐겁고 할 만한 것으로 대한다는 느낌을 받았다. 수업자가 자신감 있고 편안한 모습을 보였고, 수업 흐름에서 벗어난 아이들을 금방 다시 돌아오도록 자연스럽게 안내했다. 또 수업에 소외되기 쉬운 아이들을 잊지 않고 발표에 참여시켜 '배움의공동체' 철학을 실천하는 모습을 보여주었다."

"3모둠은 대화가 많이 오가지 않았다. 두 아이는 선생님을 집중해서 보고 있었고, 다른 한 명은 자기만의 보호막을 가지고 수업에 적극적으로 참여하지 않았다. 그래도 마지막 질문에는 적극적인 모습을 보였는데 역시 자기와 관련된 질문이 아이들을 즐거운 배움으로 이끌어가는 것 같다. 우리 학교에서는 아직 이 차시 수업을 하지 않았는데 '양반전'을 정선 아라리촌에서 직접 보려고 한다. 역사는 아이들이 직접 부딪쳐보고 삶에서 느껴보아야 마음속에 더 와 닿지 않을까 하는 생각이 들었다."

'배움의공동체' 수업이 궁금해 참석한 한 선생님의 발언은 교사의 역할이 무엇인지 다시 생각하게 했다.

"전체 공유에서 아이들 이야기가 다른 방향으로 흘러갈 때 선생님이 '신분'이라는 말을 던져 수업의 흐름을 바로잡았다. 선생님이 자세를 낮추고 아이들 이야기를 듣는 모습이 인상적이었다. 참여가 저조한 3모둠은 활동마다 가장 먼저 찾아가고 항상 귀를 기울이는 것처럼 보였다. 평소에도 선생님이 아이들을 다그치고 야단치기보다 많이 기다려준다는 걸 알 수 있었다."

발문에 대해서도 다른 의견이 제시되었다.

"정답으로 유도하거나 어느 한쪽으로 결론내리지 않고 질문에 대한 답을 들으며 여러 가지 가능성을 열어두고 마무리한 점이 인상적이었다. 완벽하게 정리해주지 않았어도 아이들 각자가 나름대로 정리가 된 것 같았다. 그동안 나는 틀에 박힌 생각을 아이들한테 주입시키지 않았는지 돌아보게 했다."

"수업에는 한 가지 방법만 있는 것이 아니다. 단지 아이들이나 교실의 상황에 맞는 방법이 필요할 뿐이다. 나도 여러 수업 컨설팅을 다녀보는데 어느 방법이 잘못되었다기보다 '이런 상황에서는 이렇게 수업할 수 있구나' 하는 점을 배우고 있다."

전체 공유의 중요성도 언급되었다.

"한 아이가 양반이 일을 하고 노비가 책을 읽는다는 이야기를 하니 다른 아이들도 별다른 문제를 제기하지 않고 그 방향으로 흘러갔다. 사실과 다른 분석에 조금 걱정이 됐는데 전체 공유를 하면서 그 아이의 생각을 바꾸는 기회가 주어졌다. 대화가 적었던 모둠의 아이들도 전체 공유 과정에서 더 많은 배움이 일어났다. 다시 한 번 전체 공유의 중요성을 느꼈다."

손우정 대표가 컨설팅하다

"전체적으로 수업 디자인과 연결짓기가 훌륭했다. 처음 수업 안을 보았을 때 수업 디자인은 재미있지만 자료가 많아서 다 읽어낼지 의문이었다. 역사과 목표는 다양한 역사적 자료를 탐구하고 해석하는 것이고 오늘 준비한 학습 자료는 양이 많긴 했지만 하나하나 필요한 것들이기도 했다. 다 못 읽어내면 말로 설명해야 했는데 다행히 아이들이 제대로 읽어주었다.

아이들의 표현을 공유하는 데 선생님의 연결짓기 능력이 크게 좌우한다. 오늘 수업에서는 아이와 아이들이 잘 연결되었다. 다만 아이들과 텍스트도 함께 연결지어야 한다. 텍스트 없이 질문을 하면 어른도 힘들어한다. 그러므로 아이들과 공유할 때는 다시 자료를 보면서 이야기하는게 좋다. 배움을 위해서 텍스트와 충분히 만나고 알아가기 위한 고민이 필요하다. 좋은 텍스트를 적절한 방법으로 적절한 시기에 던져주면 배움이 더 잘 일어난다. 텍스트를 한꺼번에 던질지 아니면 하나씩 던질지도 고민이 필요한데 수업 안에서 여러 번 만나도록 설계하면 좋을 것이다.

적는 행위가 꼭 필요한지도 생각해보자. 적는다고 아는 것은 아닐 뿐더러 적는 행위는 결국 평가를 위한 것이다. 적는 것에 대한 강박관념을 버리고 말을 많이 나누어야 하고, 그러자면 아이들을 세심하게 관찰해야 한다. 아직 아이들이 친구들과 어떻게 대화할지 기술이 부족한데 이럴 땐 교사가 적절히 개입하는 것이 좋다.

끝으로 수업 시간에 원하는 답을 얻어내려면 발문이 구체적이어야한다. 조선 전기와 후기 중 어느 시대로 가고 싶은지 이야기해보는 활동과 이를 공유하는 과정에서 신분제와 연결이 빠졌다. 이 활동의 포인트는 그 시대의 인물이 되어보는 것이다. 섬세한 발문을 던지면 더 세부적이고 구체적인 답변을 얻을 것이다."

수업을 성찰하다 : 더 나은 수업을 꿈꾸며

동료 교사들과 수업을 준비하고 직접 수업을 열면서 그간 공개 수업에 대한 내 생각이 변했다. 적어도 보여주기 위한 수업을 준비하지 않고 정형화된 수업을 하지 않는다는 점에서 그렇다. 가장 좋았던 것은 동료 교사들과 '배움의공동체'를 통해 함께 고민하고 준비하는 시간을 갖는 것이다. 교육과정에 어떻게 접근하고 재구성할지, 어떤 철학으로 수업에 임할지를 생각하고 토론하며 배울 수 있었다.

아이들과 함께 배우는 수업을 하고 싶었고 폭력적이지 않고 평화로운 교실을 만들고 싶었다. 폭력적인 상황은 덜했지만 서로 이해하고 함께하는 관계를 만드는 일은 쉽지 않았다. 좋은 수업을 위해서는 교사와 아이들의 관계만 중요한 것이 아니라 아이들끼리의 관계도 중요함을 다시금 깨달았다.

수업을 마치고 되돌아보니 공동체를 만드는 일이 서로 동등하고 평등하게 듣는 관계를 만드는 것에 다름 아니라고 생각하게 되었다. 잘 듣는 아이들, 서로 잘 배우는 아이들 관계를 만드는 것, 이것이 곧 '배움의공동체'를 만드는 것이었다. 여전히 수업 디자인은 어렵고 수업을 보는 눈도 부족하다. 아이들 간의 관계를 어떻게 풀어야 할지도 숙제다. 그렇지만 앞으로 더 나아지기를 기대한다. 함께 고민하고 배울 수 있는 '배움의공동체' 동료 교사들이 있으니까.

일상의 경험을 담은 '미술'

즐겁게 도전하다

20년 가까이 아이들과 수업으로 만나고 있지만 여전히 내게 수업은 쉽게 다가갈 수 없는 높은 벽이다. 변화무쌍한 아이들의 반응은 예측하기 어렵고, 늘 무엇을 어떻게 가르쳐야 잘 가르쳤다고 할 수 있을지 알 수 없었다.

호기심을 자극하는 질문, 아이들의 배움을 증폭시키는 수업 자료, 협력을 만드는 관계 형성, 민주적인 수업 분위기 등은 생각도 못하고 그저 지식을 주입하기에 급급했던 과거를 생각하면, 지금 이렇게 동료 교사들과 함께 성장하고 아이들과 함께 '배움의공동체'를 만들겠다는 의지와 열정, 희망을 갖게 된 현실이 내게는 기적 같은 일이다.

2010년 10월, '배움의공동체'와의 첫 만남. '수업이 바뀌면 학교가 바뀐다'는 표현은 잠들어 있던 내 마음에 작은 파문을 일으켰다. '한 사람 한 사람의 숨결과 그 숨결의 물결이 부드럽게 느껴지는 교실'이라는 표현도 충격이었다. 큰 소리로 씩씩하게 발표를 잘해야 하고, 눈에 보이는 화려한 수업 자료가 있어야 하며, 일사분란하게 움직이게 하는 손 구호와 규칙이 있어야 한다는 고정관념을 과감히 깨주었다. 교사는 아이들의 표현을 읽을 수 있어야 하고, 그들 눈높이로 몸을 낮추고 귀 기울여야 하며, 배움과 배움을 연결할 수 있어야 한다는 제언은 '물 흐르듯 자연스러운 수업'이 어떤 것인지를 느끼게 해주었다. 무지한 교사로 살던 내가 수업이라는, 또 수업 혁신이라는 미지의 세계로 여행을 시작하는 순간이었다.

교사의 옷차림이 단정한가, 칠판 글씨는 반듯한가, 수업 목표는 정확하게 제시했는가, 교실 청소 상태는 깨끗한가, 교사가 알려주어야 할 것을 정확하게 말했는가, 40분에 정확하게 수업을 끝냈는가 등 수업의 본질과는 거리가 먼 지금까지의 수업협의회의 평가 기준은 더 이상 내게 기준이 아니다. '배움의공동체'를 만들고 함께 배울 수 있는 수업을 디자인하며 어떻게 하면 점프가 있는 배움을 만들 수 있을까를 고민하는 일은 '제대로 된' 수업에 관한 관심과 흥미를 불러일으켰다.

2013년 첫 수업 열기에 도전했다. 변해야 했고, 그래서 교사로서의 생명력을 살려내야 했고, 수업을 매개로 아이들과 깊고 넓은 배움을 나누고 싶었고, 동료들과 함께 성장하고 싶었다. 나의 부족함을 드러내야 성장할 수 있다는 생각에 제일 먼저 배우겠다는 의지로, 잘할 때까지 해보겠다는 마음으로, 위기를 기회로 만들겠다는 각오로 즐거운 도전을 했다.

수업을 그리다

큼직큼직하고 씩씩하게 종이를 꽉 채우던 아이들의 자신감 넘치는 그림은 초등학교에 입학하고 학년이 올라갈수록 점점 소심해진다. 잘 그려야 한다는 강박이 그림으로 마음을 표현하고 다른 이의 마음을 읽는 배움을 방해한다. 미술 교육이라는 것이 자신의 생각과 경험을 자유롭게 표현하기보다 삶과 동떨어진 다른 이가 정해주는 아름다움을 일방적으로 받아들이게 하지는 않는지, 아이들의 표현 하나하나에 담긴 수많은 의미보다 잘 그려내는 기법과 기능만을 강조했던 것은 아닌지 생각해보았다. 아이들과 미술 과목으로 만나면서 한 해를 관통할 방향과 중심을 설정하는 고민이었다.

표현에 소극적인 6학년 아이들의 마음을 어떻게 열 수 있을까? 고심 끝에 미술 교육과정에 나오는 색, 공간 꾸미기, 일상생활을 표현하는 세 단원을 통합했다. 색의 조화를 생각하며 학교에서 우리 모습을 표현하고 이를 이용해서 학생회실을 꾸며보면 어떨까? 한 번의 그림으로 모든 것을 드러내기보다 첫 만남에서는 자신이 좋아하는 색을 찾고, 두 번째 만남에서는 목적에 맞게 배색하고, 세 번째에는 학생회실을 어떻게 꾸밀지, 또 나의 일상에서 어떤 모습을 표현하면 좋을지 구상해서 실제로 벽 그림을 완성하도록 수업을 디자인했다.

동료 교사들과 함께한 첫 번째 수업협의회. 미술 교육의 본질이 무엇인지 이야기를 나누었다. 이해와 표현, 그림을 통해 다른 사람의 생각을 읽고 이해하는 것, 그림으로 생각과 의지와 마음을 보여주고 표현하는 것, 살아가며 느끼는 하나하나를 그림 속에 담아내는 것, 이것이 진정한 미술 교육이라는 데 모두 동의했다.

'왜 학생회실인가?'에 대해 아이들과 충분한 합의가 이루어져야 한다, 사전에 학생회실에 친근감을 느끼도록 분위기를 조성하면 도움이 될 것 같다, 본격적인 학습 전 우리 학교의 배색이나 공간을 꾸민 사진 등을 제시하면 수업을 전개하기 수월하겠다, '학교생활' 하면 떠오르는 것을 마인드맵이나 브레인스토밍으로 정리하는 과정이 필요할 것 같다 등 우리는 대화 속으로 빠져들었다.

"모둠에서 학교생활을 이야기로 꾸미고 개인별로 한 장면씩 맡아서 표현하는 활동은 어떨까?", "다양한 재료를 제공하고 모둠별로 주제를 가장 잘 표현할 수 있는 재료를 스스로 선택하도록 하자", "광목천을 사용해 판화처럼 이미지를 찍어내는 것도 하나의 방법이겠다."

쏟아지는 의견을 정리해서 '일상생활을 표현하여 공간 꾸미기'로 수업의 방향을 정했다. 세 번째 수업에서 구상과 밑그림 그리기까지만 진행하고 그다음 차시에 실제로 공간을 꾸며보기로 했다.

두 번째 수업협의회가 열렸다.

"아이들이 표현하기에는 추상적인 내용보다 직접 경험해본 것을 표현하는 것이 더 쉬울 것 같다. 그러니까 우리가 바라는 학교의 모습이 아니라 학교와 관련된 자신의 경험을 표현하는 것이 좋겠다", "1차시에 어떤 공간을 어떤 방식으로 꾸밀지 이야기해 결정한 뒤에 활동에 들어가야 한다. 스토리를 모둠 친구들과 함께 만들고 각자 자신의 장면을 맡아서 표현 활동을 하면 모둠 활동과 개별 활동을 모두 할 수 있다", "기승전결이 있는 이야기를 구상하는 것이 아이들에게 벅차게 느껴진다면 공통의 주제를 정하고 그에 관련된 각자의 경험을 표현하게 해도 좋을 것 같다."

어느새 한 시간짜리 수업 활동이 만들어졌고, 수업 도입부에서 아이들과 함께 보며 수업 흐름을 이야기할 사진 자료를 찾아보기로 했다.

아이들의 일상을 그림에 담아내기로 한 수업 안에는 어찌됐건 예술 교육이라는 것이 일상적 경험과 닿아야 한다는 점, 아이들이 직접 경험해본 것들을 표현하는 것이 의미 있다는 철학을 담았다. 혼자였으면 끙끙 앓으면서 혜안을 찾기 어려웠을 텐데 함께 모여 머리 맞대고 고민하니 놓치는 부분도 챙길 수 있고, 다양한 경험으로 최선의 방법을 찾을 수도 있었다. 그렇게 여섯 차시에 걸친 벽화 프로젝트가 만들어졌고, '우리의 학교생활 모습을 담은 학생회실 벽화 구상하기'라는 주제로 한 차시 수업을 디자인했다. 주제를 정하는 데 도움을 줄 만한 전국의 유명한 벽화마을 그림들을 수집해 도입부에 활용하기로 했다. 마을의 특징을 잘 드러낸 벽화를 보며 사람들의 생활과 환경, 표현 방법을 연결해 주제를 생각해보고, 우리는 어떻게 학생회실 벽화를 생생하게 그릴지 구상해보도록 했다.

함께 만든 수업 과정(안)

일시	4월 4일 목요일 6교시	대상	6학년 고운반	수업 교실	미술실	수업자	남○○
교과	미술	단원	5. 생활 속 미술 7. 우리들의 일상			차시	2/6
주제	우리의 학교생활 모습을 담은 학생회실 벽화 구상하기						
교수·학습 활동							
단원 구성	1차시 : 우리 주변의 생활 속 미술이 환경과 어울리는지 살펴보기 2차시 : 우리의 학교생활 모습을 담은 학생회실 벽화 구상하기 3차시 : 주제가 잘 드러날 수 있도록 벽화 꾸밀 재료를 선택하여 밑그림 그리기 4~5차시 : 학생회실 벽화 그리기 6차시 : 학생회실 벽화를 감상하며 주제와 표현, 공간과의 어울림에 대해 이야기하기						

	작품에서 드러나는 일상생활, 표현 방법, 환경과의 관계에 대해 살펴보기, 주제가 있는 학교생활 이야기하기(모둠 학습)
수업 흐름	- 우리가 바라는 학교생활의 모습 - 우리가 상상했던 학교생활의 모습 - 우리 학교가 어떤 모습이면 좋을까?(특정한 주제로 이야기를 엮어도 좋고, 주제를 중심으로 다른 이야기를 모아도 좋다.) - 주제를 살려 이야기 그려보기(기름종이, 4B 연필, 색연필, 사인펜) - 우리가 엮은 이야기 나누기
교사의 수업 철학	예술은 일상의 경험을 표현할 때가 가장 교육적이라고 생각한다. 그림을 잘 그리는 것, 만들기를 잘하는 것, 실제와 똑같이 그리는 것처럼 기능적인 향상을 추구할 수도 있지만 자신의 생각과 느낌을 드러내고 표현할 수 있는 기쁨을 갖는 것은 그 무엇보다 가치 있는 예술 교육의 목적일 것이다. 교육은 자신이 생활하고 있는 주변의 것에 관심을 갖고 배움이 자신의 삶과 연결되어 있을 때 가장 효과적이라고 한다. 올해 학생회실을 새로 만들었다. '학생회'라는 공간은 아이들의 자유로움을 상징하기도 한다. 이 공간이 아이들의 손길을 기다리고 있다. '생활 속 미술' 단원은 주변의 아름답고 재미있게 꾸며진 공간의 특징을 탐색하여 우리 생활에 미치는 영향을 이해하고 주변 환경에 어울리도록 아름답게 꾸밀 수 있는 능력을 키우는 것이 목표다. '우리들의 일상' 단원은 생활 모습 속에서 재미있고 익살스러운 장면을 찾아 다양한 방법으로 표현하면서 우리의 평범한 생활을 표현의 주제로 인식하고 관심을 갖게 하는 것이 목표다. 하루의 절반을 보내는 학교라는 생활 공간에서 아이들이 찾은 주제를 재미있고 다양하게 표현하여 자신들의 학생회실 벽을 직접 꾸미는 것. 이것이 예술이 일상에 녹아드는 모습이 아닐까 생각한다. 우리가 무심코 지나쳤던 주변 환경이 나름의 방식으로 다양하게 꾸며져 있음과 또 꾸밀 수 있음을 공유하고 우리 모습을 주제로 담아내며 서로의 학교생활에 대해 이야기해보는 기회가 되기를 바란다. 또 친구의 이야기를 듣고 나의 이야기를 하며 협력을 통해 조화롭게 작품을 만들어가는 동안 서로의 정서를 나누는 수업이 되기를 바란다.

수업 활동 자료

미술	5. 생활 속 미술 7. 우리들의 일상	학교생활 모습을 담은 학생회실 벽화 구상하기

포남초등학교 6학년   반 (   )

1. 우리의 학교생활을 주제로 학생회실 벽화 꾸미기를 하려고 합니다. 어떤 이야기를 담으면 좋을까요? 우리의 학교생활에 대해 이야기 나눠보세요.(예를 들어 재미있는 학교생활, 우리가 좋아하는 학교의 모습, 우리가 상상하는 재미있는 학교 등)

우리들의
학교생활

2. 이제 여러분이 공간 예술가가 되어 주변 환경을 새롭게 꾸며보세요. 친구들과 함께 학생회실 벽화를 어떻게 꾸밀지 구상해봅니다.

– 벽화의 주제는 무엇인가요?

＿＿＿＿＿＿＿＿＿＿＿＿＿＿＿＿＿＿＿＿＿＿＿＿＿＿＿

＿＿＿＿＿＿＿＿＿＿＿＿＿＿＿＿＿＿＿＿＿＿＿＿＿＿＿

– 벽화에 어떤 장면을 그리면 좋을까요?

＿＿＿＿＿＿＿＿＿＿＿＿＿＿＿＿＿＿＿＿＿＿＿＿＿＿＿

＿＿＿＿＿＿＿＿＿＿＿＿＿＿＿＿＿＿＿＿＿＿＿＿＿＿＿

– 여러분의 이야기를 종이에 한번 그려볼까요?

＿＿＿＿＿＿＿＿＿＿＿＿＿＿＿＿＿＿＿＿＿＿＿＿＿＿＿

＿＿＿＿＿＿＿＿＿＿＿＿＿＿＿＿＿＿＿＿＿＿＿＿＿＿＿

씨앗 둘 – 배움과 성장을 위하여 235

수업을 펼치다

아이들은 자료로 제시된 벽화를 보며 주제를 말한다. 해녀, 오징어, 기차가 있는 그림에서 '어촌 마을'을 찾아내고 철봉에 거꾸로 매달린 아이들, 풀밭에서 즐겁게 노는 어린이, 아이들의 꿈을 담은 그림을 보고 '쉼터'를 떠올렸다. 여러 가지 가축, 논, 들을 보면서는 '농촌 마을'을 이야기했다. 이렇게 마을의 특징을 그려낸 벽화로 아이들은 해당 벽화의 주제를 잘 찾아냈고, 5분 동안의 활동이 끝나자 자연스럽게 우리의 주제로 들어갔다. 모둠별로 이야기를 시작했고 쉬는 시간이라든가 현장학습, 프로젝트 활동 등 자신들이 경험한 학교생활의 모습을 떠올리며 공통된 주제를 찾아갔다.

미래의 학교 모습을 이야기하는 모둠도 있었다. 평소 말이 없던 ○○이는 "학교는 왜 다 네모야? 좀 둥글면 안 될까?" 그러자 □□이가 "그러게, 학교가 둥글면 세상도 둥글 텐데" 하고 맞받았다. 잡담 같기도 한 아이들의 대화는 세상이 더 부드러웠으면 하는 바람과 다르지 않았고, 논리적으로 근거를 찾아 설명하진 않았지만 학교라는 공간이 아이들에게 편하지만은 않다는 무언의 항의를 드러내는 것 같기도 했다.

◇◇이는 처음에 활동에 별 흥미를 드러내지 않으며 친구들이 재잘거리며 생각을 주고받을 때도 '도대체 뭘 생각하라는 거야'라는 듯이 시큰둥한 반응을 보였다. "나는 보래미 1박 2일이 기억에 남아. 텐트에서 잤던 거 기억나? 그때 엄청 무서웠잖아", "나는 농촌 체험 가서 고구마 캤을 때가 좋았는데." ◇◇이는 친구들이 주고받는 대화를 듣고 비로소 주제를 이해했고 자신이 해야 할 활동이 무엇인지 알아갔다. ◇◇이는

보래미 1박 2일 때 경험한 캠프파이어가 인상적이었는지 그것을 주제로 밑그림을 그리기 시작했고 누구보다 활동에 몰입했다. 아이들은 보래미 1박 2일을 주제로 저녁식사 준비 장면을 함께 그리며 그때의 즐거움을 다시 추억하는 듯했다. 각자 그리고 싶은 모습을 이야기하고 다른 의견을 조율하며 그림을 그리는 모습이 정말 사랑스러웠다.

수업을 시작한 지 30분쯤 지나자 네임펜으로 색을 입히는 모둠이 나타났다. 제일 먼저 구상을 끝낸 한 모둠은 '보래미 1박 2일'이라는 주제로 캠프파이어, 저녁 만들기, 장기자랑, 공동체 놀이 장면을 연결해 활동을 완성했다. 벽에 그림을 붙여놓고 설명할 때 한 아이가 왜 그 주제를 정했느냐고 물으니 1년 중 가장 인상 깊은 활동이었고 초등학교 생활의 마지막인 만큼 그렇게 의미 있는 활동은 다시 할 수 없을 것 같아서 아쉬움을 담았다는 이야기에 마음이 뭉클했다.

우리에게 소중한 일상을 떠올려보는 것, 이것들이 주는 의미를 다시 한 번 새기며 소소한 경험의 중요성을 깨닫는 것, 그리고 이를 주제로 설정해서 그림을 구상하고 추억으로 간직하는 것. 이 모든 것이 생각과 구상의 점프가 되지 않았을까 생각해본다.

수업에서 배우다

수업을 끝낸 나의 소감으로 수업협의회를 시작했다.

"수업 열기를 흔히 헌혈에 비유한다. 오늘 내 헌혈이 선생님들에게 도움이 되기를 바란다. 6학년도 처음이고 교과 전담도 처음이다. 전담 교사로 아이들과 관계를 형성하기에는 짧은 기간이었지만 수업은 여러 가지 상황에서도 존재할 수밖에 없기에 수업을 열기에는 문제가 없다고 판단했다. 아이들이 그리기와 만들기를 통해 자신들의 마음을 표현하는 것이 미술 수업의 궁극적인 목표라고 생각한다. 예술 교육은 일상의 경험을 표현하는 것이어야 한다고 믿기 때문이다. 수업에서는 아이들의 협력을 이끌어내는 것이 어려웠다. 아이들이 왜 협력하지 못했는지, 어디서 배움이 일어났는지, 어디서 주춤거렸는지 수업에 함께하신 선생님들의 눈과 말씀을 통해 배우겠다."

선생님들은 모둠별로 관찰한 아이들에 관해, 수업 디자인에 관해, 교육과정 구성과 관계 맺기에 관해, 교사의 위치, 연결짓기와 되돌리기, 자신들이 배운 점 등을 솔직하고 진지하게 이야기했다.

"어떤 모둠은 침묵이 길었다. 남학생 둘은 무관심한 듯 보였고 한 친구의 의견에 대꾸 정도는 했지만 곧 다시 침묵이 흘렀다. 대화를 이끌어갈 리더가 있으면 좋겠다는 생각이 들었다."

"의견이 갈라지고 다시 모이기를 반복했지만 생각을 길게 하고 마음을 모으니 그림은 금방 완성되었다. 기다려줘야 한다는 것을 배웠다. 의사소통이 잘 되는 협력의 모습을 발견할 수 있었다."

"주제인 학교와 상관없이 바다를 그리고 싶어 하는 아이에게 선생님이 '바다'와 '학교'를 연결해보자고 했다. 발문이 좋았다. 결국 아이는 바다로 현장학습을 가는 것으로 주제를 정했다. 한 친구가 그리는 것을 어려워하자 다른 아이가 장면을 바꾸자고 제안했고 그렇게 대화를 이어나가는 모습이 보기 좋았다."

"쉴 새 없이 혼잣말을 하는 아이가 있어서 자세히 들어보니 활동과 관련한 이야기를 하는 중이었다. 친구가 그린 그림을 구박하는 아이, 두둔하는 아이, 다소 소란한 모둠이었지만 그림을 제일 빨리 완성했다. 시끄럽다고만 하지 말고 아이들 이야기에 귀 기울여야겠다는 생각을 하게 됐다. 나는 평소 떠드는 아이를 무척 꺼렸는데 오늘 유심히 관찰해보니 말이 없는 아이를 대화로 끌어들이는 원동력 역할을 한다는 사실을 알게 되었다. 수업협의회 내용을 아이들에게 맞춰 다시 잘 디자인한 것이 좋았다."

"초등학교 수업은 처음 참관했는데 모둠 활동을 통해 재미있게 수업하는 것을 보고 배운 점이 있었다."

"아이 한 명 한 명을 보며 의사소통 위주로 수업을 진행하니까 숨어 있는 표현을 이끌어낼 수 있었던 것 같다."

아이들이 던진 말, 작은 행동 하나도 놓치지 않고 의미 있게 듣는 선생님들의 진지한 모습에 깊은 감동을 받았다. 선생님들은 교사와 아이들의 관계를 읽어내고 아이들과 아이들의 말을 연결하며 숨어 있는 표현을 찾아냈다. 대화에서 협력을 읽어내고 주춤거림을 분석하며 교사의 연결짓기와 되돌리기의 필요성도 제안했다. 그 속에서 자신들의 수업을 돌아보고 아이들을 믿고, 그 아이들과 호흡하겠다는 다짐도 이루어졌다.

손우정 대표가 컨설팅하다

"듀이는 교육이란 '이미 아는 세계에서 모르는 세상으로 여행하는 것'이라 했다. 오늘 아이들은 벽화라는 새로운 세상, 새로운 친구를 만났다.

주제에 대한 서로의 생각을 듣고, 자기 자신과 대화하고, 새로운 세상으로 여행하는 배움이 일어났다. 교사의 역할은 이 여행이 안전하도록 잘 안내하는 것이다.

수업은 교과의 본질을 살려야 한다. 미술 과목에서는 그것이 '표현'이다. 예술 교육의 목표는 표현이며 솔직한 나를 표현하는 것이지 잘 그려내는 것이 아니다. 시작 부분에서 벽화를 활용해 아이들에게 새로운 세상을 전달했고 아이들도 벽화를 보고 자신이 표현하고 싶은 것을 세상에 전달할 수 있었다.

오늘 아이들은 입과 귀를 닫고 있는 듯한 느낌이 많이 들었다. 초등생이 중등생보다 힘든 이유는 교사가 아이들 눈높이와 상태에 맞춰야 하기 때문이다. 배움은 혼자서 일어나지 않는다. 그렇다면 협동적인 배움을 어떻게 디자인할까? 수업 과정 안을 보고 학습을 연구해야 한다. 배움의 가능성을 찾고 현실성을 찾아야 한다. 협동적인 배움이 전체적으로 일어나려면 모든 것을 함께 배우게 디자인해야 한다. 협동적인 배움의 디자인에는 공유하는 배움, 점프하는 배움이 필요하다.

오늘의 주제를 살펴보자. 주제는 전체의 흐름과 수업자의 철학을 드러내야 한다. 벽화를 보며 주제 찾기를 제시하는 지점에서는 교사의 의도를 아이들이 알아들었는지 의문이 들었다. 한번 다른 방향으로 새면 빠져나오기 쉽지 않다. 이럴 때 어떻게 끊기를 할 것인가가 중요하다.

모둠 수업을 살펴보면 네 명이 모여 같은 것을 만들면서 다르게 배치하기도 한다. 친구의 이야기를 들으며 발상을 하는 등, 서로가 뜀틀 기능을 하고 있다. 역할 분담이 없다. 이것이 '배움의공동체'의 방법이다.

2모둠 아이들은 혼자 할지 공동으로 할지 선택에서 늦게 빠져나왔다. 처음부터 벽화를 공동으로 해도 된다고 인정해도 좋을 것 같다. 교사는 되돌리기가 필요한 시점을 잘 인지해야 한다. 또 '여러분의 이야기를 종이 위에 한번 그려볼까요?'라는 발문은 다소 어려울 수 있었다. '이야기를 그린다'는 개념이 어떤 아이에게는 텍스트를 읽어내지 못하는 상황일 수 있기 때문이다. 이때는 되돌리기를 해야 한다.

수업에서 교사가 말하는 시간이 채 10분이 안 됐다. 교사가 편안하고 부드러웠으며 아이들의 태도에 신중히 대응하며 힘든 6학년 아이들의 특성을 잘 맞추고 있었다. 다만 아이들이 소외되지 않도록 친구들과 연결시키는 데 더욱 신경을 써야 한다. 교사의 역할은 돌봄과 배움을 동시에 실천하는 것이다. 모두를 품에 안으려는 포지셔닝이 중요하다.

오늘 참관자는 아이들이 어디에서 주춤거리는지 어디에서 힘들어하는지 잘 관찰했다. 하지만 분석이 빠져 있다. 수업 열기 후 협의회에서는 사실을 분석하고 분석에서 배울 점을 찾아야 한다. 수업 열기를 한 아이들에게도 칭찬이 필요하다."

수업을 성찰하다 : 언제나 새로 시작하는 마음으로

부끄러움이 많은 수업이었다. 아이들의 말과 말을 연결짓는 것, 교재와 자료를 연결짓고 생각과 생각을 연결짓는 것, 되돌리는 것, 어느 것 하나 제때 적용하지 못했다는 반성을 한다. 더 귀를 기울여야 하고 더 본질적인 것을 고민하고 접근해야 함을 깨닫는다. 아이들이 더 잘 배울 수 있게 수업을 디자인하고, 점프 과제를 고민하고, 아이들을 더 잘 살펴 어려움을 읽고 아픔을 이해해야겠다는 다짐까지, 갖가지 생각이 꼬리에 꼬리를 물고 이어진다.

하지만 수업이 변하고 학교를 바꿀 수 있다면 아이들과 더 친해지는 방법도 배우고 어려운 개념을 쉽게 풀어줄 방법도 배우려고 한다. 아이들이 자신의 마음과 생각을 잘 펼쳐내도록 가르치는 방법도 배우고 싶고, 아이들 속에서 신나게 노는 방법도 배우고 싶다. 아이들을 더 자유롭게 해주고 싶고, 어떤 것이 아이들을 위한 것인지도 알고 싶다. 민주적인 교실, 학습의 도덕성이 살아 있는 관계도 만들고 싶다.

수업 열기는 내게 '교육이란 무엇인가'를 처음부터 다시 짚어보는 계기가 되었다. 이 땅에 교사로 또 학부모로 살아가면서 내가 고민해야 할 그 무언가를 돌아보는 절실하고 적절한 기회가 돼주었다. 그 길에 내가 좋아하는 사람들, 교육 현장의 변화에 목말라하는 동료들이 함께 있다는 사실에 행복하다. 동료들을 믿고 두려움을 떨쳐내고 배움으로 한 발 더 뛰어오르는 나를 발견할 수 있으니까. 나는 여전히 내 수업을 보는 것이 두렵다. 하지만 교육과정을 함께 이야기 나누고 수업에 대해 말할 수 있는 참된 교사로 살아가고 있음을 조금씩 깨달아가기에 오늘도 두려움을 극복하고 용기를 내본다.

성장과 발달을 격려하는 평가

평가의 본질 찾기 : 교육적 가치 고려하기

학생들을 줄 세워 경쟁시키고 배움을 가로막는 평가는 성장과 발달을 돕지 못한다. 따라서 우리는 경쟁을 강조하고 서열화를 유도하는 비교육적이고 낡은 평가를 버리고 배움을 향상시키는 평가, 과정을 중요하게 여기며 교육적 가치를 고려한 평가의 혁신을 이루고자 했다. 평가의 목적은 개인의 성취 수준을 파악하여 발달을 이끄는 것이고, 과정 중심의 평가 내실화로 교수·학습을 개선하는 것이다. 또 학생들이 교육과정 목표에 도달하는 방향으로 나아가는지 확인하고, 목표에 도달하도록 안내하는 것이다.

학생이 어느 정도 성장했는지 개인의 발달에 관심을 두는 평가를 통해 개개인의 교육적 성장을 도와 전인교육의 기틀을 다지고 민주적인 시민으로 성장시키는 평가의 기준을 우리는 다음과 같이 정리했다.

- 학생을 가장 잘 아는 교사가 수시로 학생의 변화와 성장을 기록하는 것을 평가의 기본으로 삼아 학급별, 학년별 평가 시기 및 방법을 자율적으로 결정하고 담임교사의 평가권을 온전히 인정한다.
- 일제식 평가를 하지 않고 교육 목표를 성공적으로 달성하기 위한 교육 활동의 과정으로 결과보다 과정 중심, 수행평가 중심의 평가를 실시한다.
- 교육 활동과 일관성 있는 평가를 위하여 교사가 가르친 내용과 기능을 중심으로 평가한다. 교과 학습 발달, 생활 태도, 학습 활동, 학습 태도 및 정의적 측면의 균형 있는 관찰을 통한 평가를 실시한다.
- 수행평가 방법으로는 다양한 형태의 글쓰기, 관찰법, 역할극, 토론, 자기 평가, 협력 학습 등 모든 교육 활동에서 이루어지는 상황을 관찰하고 종합 기술한다.
- 학생의 발달을 돕기 위해 상담 및 다양한 소통 방법으로 학부모와 아이의 성장과 발달을 공유한다.
- 교사는 중점적으로 관찰해온 관점에 따라 '성장 발달 기록 이야기'의 내용을 선정하여 기술하고, 이 모든 소통은 다시 아이의 성장과 발달을 돕는 것을 목적으로 한다.

포남초등학교의 평가는 객관성을 크게 강요하지 않는다. 교사들이 아이 하나하나를 관찰하며 이해할 것을 권하고, 평가가 아이들의 지식 정도를 측정하는 상태에서 그치지 않고 진정한 배움을 도울 수 있는 자료로 활용되기를 강조한다. 아이들 간 비교, 서열화, 경쟁을 지양하며 교육과정을 통합하고 통합한 교육과정을 협력 수업으로 실현해서 아이들의 성장을 돕기 위한 평가를 실시한다. 아이가 어려워하는 부분, 잘 모르는 부분, 할 수 없는 부분을 진단하고 적절한 방법으로 도움을 주는 것이 평가의 목적이다.

포남초등학교에서는 교과 학습의 배움 부족과 기초 학습력의 부족으로 인해 학습 성장과 발달이 또래보다 느린 학생들을 '천천히 배우는 학생'이라고 부른다. 이는 아이마다 처한 상황이나 환경, 지적·신체적 차이로 인해 배우는 속도에 차이가 있을 뿐 결국 초등학교에서 익혀야 할 기본적이고 보편적인 학습력은 채워지리라는 가능성을 굳게 믿기 때문이다. 무엇보다 아이들에게 생기는 배움의 차이를 줄이기 위해 협력을 통해 학습이 이루어질 수 있도록 '배움의공동체'를 형성하기 위해 노력한다. 아이들은 어른들의 언어로 배울 때보다 자신들의 언어로 배울 때 더 잘 이해한다. 천천히 배우는 학생들은 조금 빨리 이해하는 학생들에게 자신들이 어려운 점을 이야기하고, 조금 빨리 이해를 한 학생은 천천히 배우는 학생들에게 쉬운 낱말을 사용하여 설명하고 문제해결 방식을 소개하면서 서로 들어주는 관계, 묻고 대답하는 관계를 형성하며 협력적인 배움을 만들어간다. 교사들은 천천히 배우는 학생들의 심리와 정서적인 요인, 가정환경 등을 상담을 통해 분석하고, 사고·감정·행동의 변화를 가져오도록 돕는다. 학기 초 아이 이해 활동을 통해 기초와 기본 학습에서 천천히 배우는 학생을 파악하여 꾸준한 학습 돌봄을 실천한다.

아이 이해 활동

학습 활동에서 교사와 학생의 믿음 형성은 배움의 기본이다. 우리는 진단 활동이 신뢰, 배려 속에서 이루어지기를 바라는 마음으로 학기 초 아이 이해 활동을 교사와 아이들의 자연스럽고 행복한 첫 만남이라는 의미를 담아서 교육 활동의 하나로 진행하고 있다. 따라서 일회성 평가, 교과 학습 위주의 평가는 지양한다. 아이 이해 활동을 3월에 더 집중적으로 하기는 하지만 한 해 동안 펼치는 교육과정에서 끊임없이 중심에 두고 가져가야 할 활동으로 보고 있으며, 평가는 해살이 과정에서 아이를 이해하고 보듬고 성장과 발달에 도움을 주기 위한 방법의 하나로 채택하고 있을 뿐이다.

교사는 아이들을 이해하고 판단하며 배움의 정도를 평가할 수 있는 전문성을 갖고 있으면서도 스스로를 잘 믿지 못하는 경향이 있다. 오랫동안 한 번의 일제식 진단 평가를 통해 부진아를 판별해왔으니 교사들만의 잘못이라고 할 수는 없을 것이다. 아마 우리의 교사 교육과 전반적인 교육 흐름이 방향을 바꿨더라면 이야기는 얼마든지 달라졌을 것이다. 아이들을 관찰하는 관점에는 지적 학습 능력만 있는 것이 아니다. 단순히 계산을 못하고 문제를 많이 틀렸다고 해서 그 아이가 학습력이 부족하고 공부를 못한다고 할 수는 없다. 어디서 오개념이 생겼고, 그것을 어떻게 해결해줄 수 있으며, 잘 안 되는 이유가 무엇인지, 심리적인 원인은 없는지, 생활환경은 어떤지, 무엇을 잘하고 무엇을 두려워하는지, 지적·신체적 측면에서는 어느 정도 성장한 상태인지를 알아야 한다. 포남초 교사들은 3월에 여러 가지 활동을 통해 아이를 이해하려고 애쓰며, 학년별로 어떤 내용들을 관찰하고 이해하고 진단할 것인지 정리하는 작업을 해서 전 과정에서 끊임없이 이해가 이루어지도록 하고 있다. 주요 관점은 다음과 같다.

- 시기와 방법은 각 학년의 특성에 맞게 1~4주 정도 이루어지도록 한다.
- 결과는 숫자나 점수, 상·중·하 측정이 아닌 학생 개개인의 특징을 기술한다.
- 활동을 교수·학습 시간과 별도의 과정으로 분리 운영하지 않고 교수·학습 활동 자체가 아이 이해 활동이 되도록 운영한다.

1학년

영역	활동 내용
신체 발달	– 이갈이 과정 살펴보기 – 왼손을 머리 위로 돌려 오른쪽 귀 잡기, 반대 방향도 함께
감각 발달	– 손 유희 따라 하기 – 눈 마주치고 인사하기 – 신발 신고 벗기, 책가방 가지런히 놓기 – 화장실 사용하기 – 선 따라 걷기 – 선 따라 가위질 해보기
인지 발달	– 소리 듣고 인지하기 – 주어진 선 따라 그리기
정서 발달	– 노래 함께 부르기 – 색칠하기와 그림 그리기 – 자기 소개하기 – 친구들과 놀이하기

2학년

영역	활동 내용
신체·감각 발달	– 친구의 동작 따라하기 – 노래에 맞춰 몸 움직여보고 율동하기 – 친구들과 놀이하기

인지 발달	– 동화책 들려주고 읽기 – 이야기 듣고 활동하기 – 짝 소개하기 – 첫 만남 느낌 나누고 글쓰기
정서 발달	– 노래 함께 부르기 – 친구들과 놀이하기

3학년

영역	활동 내용
신체·감각 발달	– 오른손으로 왼발을, 왼손으로 오른발을 반복하여 잡기 – 나무 발을 타고 걷기 – 다양한 손뼉치기를 하며 노래하기 – 자를 사용하여 도형 그리기 – 흙으로 형태 만들기
인지 발달	– 돌아가며 책 읽기 – 자기소개하는 글쓰기 – 기초 연산 문제 해결하기
정서 발달	– 상대방과 눈을 맞추며 이야기하기 – 규칙을 지키며 게임 활동에 참여하기 – 자기 물건에 대한 애착을 갖고 정리 정돈하기

4학년

영역	활동 내용
인지 발달	– 돌아가며 책 읽기 – 이야기 들려주기 – 글쓰기 – 두 자릿수의 사칙연산
신체 발달	– 간단한 노래와 손뼉치기 – 공동체 놀이, 술래잡기
정서 발달	– 친구들과 놀이하기 – 자기소개하기

5학년

영역	활동 내용
인지 발달	– 친구의 소개를 잘 듣고 다른 사람들에게 내 친구 소개하기 – 돌아가며 책 읽고 독서 감상문 쓰기 – 독도 관련 기사문 읽고 생각 나누기 – 기초 연산 문제 해결하기 – 영어 놀이하기
신체·감각 발달	– 피구형 놀이하기 – 리듬 치며 간단한 노래 부르기
정서 발달	– 쉬는 시간에 친구들과 놀이하기 – 적성 검사

6학년

영역	활동 내용
인지 발달	– 1년 뒤 나에게 편지 쓰기 – 소리 내어 돌려 읽기, 토론하기 – 기초 연산 문제 해결하기
신체·감각 발달	– 짝 축구 – 보드 게임 – 협동화 그리기
정서 발달	– 성격 유형 및 흥미 검사 – 내가 싫어하는 말과 행동 발표하기 – 나의 장점 8개, 단점 2개 발표하기 – 우리 반 최고 가치 함께 정하기

평가인 듯 평가 아닌 평가 활동

포남초 교사들은 학생들이 좀 더 쉽게 적응하고 즐겁게 학교생활을 할 수 있도록 돕기 위해 교육과정도 평가도 자연스럽고 유기적으로 이루어졌으면 좋겠다는 생각을 하고 1년 평가 활동을 꾸렸다. 교육과정을 운영하면서 평가는 없어서는 안 되는 중요한 요소이기는 하지만 그렇다고 평가가 주가 되어서는 안 된다고 생각했다. 사람을 평가하기 위한 평가가 아닌 아이의 성취 수준을 파악하고, 도움이 될 수 있는 부분을 찾기 위한 목적 있는 평가가 되어야 한다는 바람으로 진행했다. 그러기 위해서는 평가가 수업 활동 속에 녹아 있어야 했고, 재미있게 활동한 내용들이 곧 평가로 이어져야 했다. 가장 흔하게 이루어진 평가는 교사의 세심한 관찰을 통한 관찰 평가였고, 때에 따라서는 교사와 학생이 서로 나누는 이야기, 아이들의 작품, 교과서, 활동지 등이 훌륭한 평가 자료가 되었다.

국어에서 가장 중요한 성취 기준은 읽고, 쓰고, 자신의 생각을 표현하는 것이었다. 그래서 교과서 외에 동화책을 수업에 많이 활용하여 다양한 생각을 나누었고, 이야기를 정리해 글로 쓰는 활동들을 했으며, 그 결과물을 자연스럽게 평가의 자료로 활용했다.

수학은 가령 100까지의 수를 배우고, 수를 활용해서 덧셈과 뺄셈을 하고, 여러 가지 모양에 대해 알고, 비교할 수 있고, 규칙을 찾고, 시계를 볼 수 있게 하는 것이 1학년 수학과의 내용일 때, 이중 가장 중요하게 본 것은 아이들이 수 개념을 익히고 덧셈과 뺄셈을 통해 수를 생활에 이용할 수 있는 능력이었다. 수학 익힘 책이 훌륭한 평가 자료가 되긴 했으나 더 다양한 셈하기 연습을 위해 핀란드 교과서를 활동지로 묶어 텍스트와 평가 자료로 활용했다. 이로 인해 아이들은 보다 체계적으로 수학을 접할 수 있는 기회가 되었다고 자신한다.

통합 교과는 대부분 주제별 프로젝트 수업으로 운영했다. 학교에서 진행하는 행사 활동이나 창의적 체험활동, 생태 교육, 농촌 체험학습, 그밖의 체험활동과 연계해서 주제통합학습을 더 쉽고 재미있게 운영하려고 했다. 평가만을 위한 별도의 과정을 준비하지 않고 아이들의 활동이 자연스럽게 쌓인 결과물을 통해 평가가 이루어진다.

평가 혁신을 실천하며 느낀 점은 평가는 정말 평가처럼 하지 말고 평가가 아닌 것처럼 자연스럽게 수업 속에서 이루어져야 한다는 생각이 확고해졌다는 것이다. 형식이나 틀에 얽매인 평가에서 벗어나 수업에 고스란히 녹아 있는 평가가 가장 좋은 평가라는 사실을 말이다.

결과보다 과정을

우리는 아이들이 저마다의 발달 단계를 갖고 성장하고 있는 중이라고 믿는다. 그래서 한 순간만의 모습을 보고 단정 짓는 평가는 지양한다. 교사가 정리한 기록이 아닌, 배우는 과정에서 아이들이 직접 기록한 내용들로 부모님과의 상담, 면담에 활용하기도 한다. 이를테면 배움 공책, 글쓰기 공책, 활동지 모음 등이다. 아이가 1년 동안 배운 흔적과 발자취를 살펴보면 부모님도 아이들의 변화와 성장을 생생하게 읽어낼 수 있다는 생각에서다. 또 수업이 평가고 평가가 수업이 되는 교육과정 안에서 불필요한 활동지를 하게 한다든가 배움 공책에 힘들여 다시 쓰게 하는 형식적인 일은 하지 않는다. 학부모도 아이의 본래 모습을 마주하는 데 의미가 있다고 판단했기 때문이다. 몇 점, 몇 등으로 나타나는 수치, 잘했다, 못했다는 결과보다 배움의 과정을 깊이 있게 들여다보고 관찰하고 탐구하는 과정 자체를 소중히 여겼기에 가능한 일이었다.

평가는 신뢰의 문제다. 교사의 전문성을 인정하고 믿고 맡기는 지점이 바로 평가다. 교사는 스스로의 전문성을 믿고 아이들의 성장 과정을 지켜보며 부족한 것을 채워주고 각각의 성장 속도에 맞춰서 바라봐주고 지원해주는 역할을 충실히 해야 한다. 평가와 성장이란 결코 수치화할 수도 서열화할 수도 없고 눈에 확연하게 들어오는 뭔가도 아니다. 하루하루 충실히 배우는 즐거움 속에서 다양한 텍스트들과 관계를 맺어가며 협력하는 삶을 살아가는 것 자체가 최선이다. 이 길에서 교사는 교육과정을 펼치며 아이들의 질 높은 배움을 위해 노력하고 또 노력할 수밖에 없다.

협력하여 평가하기

한 아이를 이해하는 데 교사만의 시선보다 여러 사람, 여러 장면, 여러 경험을 종합해서 살펴보는 것이 바람직하다. 가정에서의 모습, 수업 속에서의 모습, 친구들과의 생활 모습, 다른 선생님들이 바라보는 모습 등. 어제가 다르고 오늘이 다른 아이의 말과 행동, 나날이 몸과 마음이 자라며 변화하고 있는 모습들을 다양한 상황 속에서 이해할 수 있어야 한다.

성장과 발달을 위한 평가라는 관점에서 보면 아이들이 안고 있는 저마다 부족한 부분을 빨리 인식해서 도움이 필요한 부분에 적절한 도움을 주어야 한다. 이렇게 아이의 현재 상황을, 어려움의 이유를, 부족함의 정도를 알아가는 것 자체가 평가다. 그리고 이 부분을 채울 수 있도록 돕는 것이 평가를 활용하는 길이다.

그러기 위해서는 전 담임교사, 전담교사, 옆 반 교사, 교육복지사 그리고 상담사와 함께 아이들에 대한 이야기를 나누는 것이 필요하다. 교사가 평가한 결과를 여러 선생님들과 나누다 보면 교사의 관찰에 대한 신뢰성이 확보되고, 그 결과 어떻게 도울 것인지에 대해 다양하면서도 지금 할 수 있는 최선의 방안들을 찾아갈 수 있게 된다. 즉, 가정에서는 볼 수 없는 모습, 우리 반에서는 볼 수 없는 모습을 학교라는 공간에서 함께 아이들을 만나고 있는 분들의 조언으로 발견할 수 있는 것이다. 여러 사람의 협력 속에서 아이를 이해하는 소중한 자료를 만나기 위해 담임교사의 시선과 더불어 여러 사람, 여러 만남, 여러 장면, 다른 공간에서 만나는 아이들의 모습을 종합적으로 섬세하게 들여다보는 일이 또한 평가와 협력의 과정이다.

가르치고 배운 내용으로 평가하기

평가권은 온전히 교사에게 있다. 수업에서 교사는 끊임없이 아이들을 관찰하며 되돌리고 앞으로의 배움 방향이나 범위를 수정하며 교육과정을 펼쳐내고 있다. 체크리스트 같은 것을 활용하기도 하고 관찰 위주로 실시하기도 하며, 수업 시간에 바로 되돌리기를 통해 최선을 다해 배울 수 있도록 수업을 디자인하기도 한다. 때로는 배움의 과정에서 기록되는 결과물을 활용하기도 한다. 또 더러는 또래의 언어로 표현되었을 때 더 잘 이해하고 받아들이는 아이들이기에, 아이들끼리 상호 평가를 시도하기도 한다.

이 모든 평가의 공통점은 대체로 하나의 성취 기준을 중심에 놓고 모든 아이들이 잘 도달할 수 있도록 하자는 데 있다. 그런데 주제 중심으로 교과 통합을 하면서 한 활동 속에 여러 교과의 성취 기준이 들어오는 경험을 자주 하게 된다. 그래서 평가지도 2~3개 교과의 성취 기준을 고려하여 한 장에 담아내고자 애쓰게 된다. 물론 생각과는 달리 그저 2~3개의 교과를 한 장의 평가지 안에 나열한 꼴이 되기도 해서 이럴 바엔 별도의 평가지가 군이 필요하지 않겠다는 생각에서(무엇보다 한 달간 열심히 깊이 있게 배워온 것은 성취 기준이라기보다 배움 주제였는데 평가 내용은 배움 주제에서 분리해낸 성취 기준이 되어버린 것에 대해) 고민하게 되었다. 아이들과 열심히 만나고자 했던 이유가 무엇인가, 교육의 본질을 되묻고 평가의 본질을 다시 짚어보는 것이다. 가르치는 것, 배우는 것이 그대로 평가의 대상이 되고 방법이 되는 돌아보기, 그것이 다시 더 좋은 교육과정과 질 높은 수업을 디자인하는 것으로 연결된다.

이 그림은 아이들이 '더불어 살아가는 우리'라는 주제를 배워가는 과정을 마치고 마지막 차시에 자신의 생각을 표현해낸 작품이자 평가 자료다. 이때 통합했던 교과와 성취 기준은 다음과

같다. '작은 돌멩이들로 집을 지어나가듯이 낱낱의 것들이 모여 하나의 온전한 사회를 만들어가고 있음을 깨닫는 장을 마련한다.' 이 주제를 배우는 동안 아이들은 더불어 살아가는 우리의 모습을 돌아보는 시간을 가졌다. 그래서 과제 제목도 '더불어 살아가는 미래의 중심지'였다. 이 아이는 자연과 더불어 살아가는 미래의 중심지를 표현했는데, 중심지의 특징이 고스란히 담겨 있으면서도 자연에 감사하는 마음, 자연을 소중히 하는 마음으로 고심 끝에 찾아낸 것이 바로 하늘에 떠 있는 집이었다. 집이 하늘에 떠 있으면 나무나 풀, 꽃을 밀어내지 않아도 된다고 설명하고 있다. 그러면서 자동차라는 물체에 많은 기능들을 첨가해서 편리함도 추구했다. 또한 자연환경과 조화로움을 이루는 시각 문화도 살려냈다. 주제 배움 과정을 마무리하면서 아이들과 다시 한 번 각자의 작품을 공유하는 시간을 가졌고, 최첨단 기술이 돋보일 미래 사회에서 인간을 포함한 우리가 더불어 살아갈 수 있는 다양한 방법에 대해 생각해보는 또 하나의 배움의 장이 마련되었다.

이 하나의 과제 속에서 국어의 '설명하거나 의견을 제시하는 글쓰기', 사회의 '중심지의 특징 알기', 도덕의 '감사하는 마음을 가지고 생활하기', 과학의 '물체와 물질의 성질 알기', 미술의 '생활 속 시각 문화 찾고 탐색하기' 등 여러 개의 성취 기준을 평가할 수 있었다.

성장·발달 이야기

평가는 자연스런 학교생활의 모습을 기록한다. 아이들 한 명 한 명에 대한 세심한 관찰과 집중을 기록하여 상담에 활용하기도 하며 가정과의 소통을 위한 통지표를 작성할 때 쓰기도 한다. '성장·발달 이야기'는 교사별, 학년별로 자유롭게 작성하되 아이들이나 학부모들과 소통하는 통지표는 서술형 기술을 원칙으로 한다. '잘함, 보통, 노력 바람' 등 다른 친구들과 비교할 수 있는 단계형 체크리스트는 하지 않는다.

아직도 우리는 어떤 내용들을 기록에 넣어야 할지 말아야 할지 막막함을 느끼는 경우가 종종 있다. 채점을 하고 총점을 묻는 것에 익숙해서 관찰 기준 설정, 관찰 내용 정리 등에 두려움을 갖고 있기도 하다. 하지만 교사의 전문성은 아이들에 대한 이해에 있다. 교육과정을 더 세밀하고 깊게 살펴보고 학년마다 아이들이 길러야 할 성취 기준을 찾아내서 정리하며, 이것을 기준으로 아이들을 관찰하는 눈을 기를 수 있을 것이다. 이런 노력들을 종합해서 '성장·발달 이야기'를 작성한다면 그 어떤 것보다 훌륭한 아이 이해 자료가 될 수 있다.

○○이의 학교생활

○○이는 모든 생명을 살피고 사랑하며 배려하는 고운 마음씨를 지닌 학생입니다. 주변에서 함께 살고 있는 식물과 동물들에 대한 관심과 사랑이 점차 우리 학교 또래 친구들과 동생들, 형과 누나들로 넓어지고 깊어져 2학기에는 그 관심과 사랑을 적극적으로 표현합니다. 산책을 가면 만나는 식물과 동물(특히 곤충)을 키우고자 집도 만들고 먹이도 준비하고 대화도 나누며 섬세하게 돌봅니다. 전학을 가는 친구 등에게 마음을 전할 때에도 모르는 글씨를 물

어가며 정성껏 편지를 쓰고, 평소에 만들어놓은 것이나 종이접기 작품을 선물로 기꺼이 주기도 합니다. 그 누구보다 마음을 나누고 사랑을 표현하는 데 적극적이고 거침이 없습니다. 연말 카드를 만들 때에는 우리 학교 모든 선생님들께 드리겠다고 쉬는 시간에도 만들어 신나게 배달해서 편지를 받은 선생님들께 감동을 주었습니다. 화재 대피 훈련을 할 때에는 교실에서 키우고 있는 물고기와 식물을 어떻게 하냐는 질문을 해서 깜짝 놀라게 했습니다. 이처럼 모든 생명에 대한 진심어린 관심과 사랑은 ○○이의 가장 큰 강점이자 힘입니다.

수업에 참여하는 태도와 배우고자 하는 의지 또한 매우 훌륭합니다. 처음에는 교사에 대한 의존도가 너무 높아 친구에게 물어보고 대화하고 협력하면서 배우는 것을 매우 낯설어했지만, 점차 모르는 것을 숨기지 않고 친구와 함께 배우는 데 즐겁게 참여합니다. 학급과 학교에서 함께 정한 규칙을 지키고자 노력하며, 친구들과 어울려 놀다 싸우는 일이 생겨도 금세 자신이 먼저 잘못을 인정하여 기꺼이 사과하고 관계를 잘 만들어갈 줄 알게 되었습니다. 자신의 주장만 앞세우기보다 함께 이야기하는 속에서 자신의 생각과 의견을 말하고, 의사 결정에 참여하는 데 적극적인 모습을 보이기도 합니다. 가끔 의욕이 앞서 친구의 마음을 상하게 할 때도 있지만, 앞으로 계속 관계를 맺는 다양한 공간과 시간 속에서 대화하고 협력하는 활동에 참여한다면 많은 발전을 할 것이라 생각합니다.

한글 공부를 열심히 해서 글을 읽고 글쓰기를 하는 데 흥미가 생겼고, 실력도 많이 늘었습니다. 여전히 받침이 헷갈리긴 하지만 발음을 보거나 듣고 어떤 받침인지 말할 수 있을 정도로 글자를 익혔고 계속 발전하고 있습니다. 글씨를 읽고 글의 내용을 이해하기 위해서는 책을 읽고 대화하는 활동을 꾸준히 해야 합니다. 가정에서도 책을 읽어주거나 ○○이와 나누어 읽으며 자연스럽게 내용을 이해하고 책 읽기를 즐겁게 생각할 수 있도록 해주시면 좋겠습니다. 쌓기 나무나 무늬 등에서 규칙 찾기에 대한 감각은 있는 편이나, 여전히 수에 대한 기초 개념이 부족하고 덧셈이나 뺄셈을 어려워하니 많은 노력이 필요합니다. 2학기에 배운 곱셈구구와 네 자릿수, 시각과 시간, 길이(1미터) 재기는 모두 수 세기와 덧셈과 뺄셈이 기본이 되므로 3학년에 올라가서도 기초·기본 학습을 열심히 해야 할 것입니다. 주변을 늘 관찰하고 탐구하며 자신의 마음이나 생각, 떠오르는 것을 그리고 만들고 표현하는 데 뛰어난 소질이 있습니다. 자신을 사랑할 줄 알게 된 ○○이가 주변을 향해 내뿜는 사랑의 에너지는 그 힘이 매우 컸습니다. 선생님, 친구들과 마주보고 웃으며 이야기 나누는 기쁨을 느끼며 늘 행복하게 생활하기를 바랍니다.

통지가 아닌 소통으로

학부모 상담은 학부모님과 가까이서 얼굴을 보며 아이에 대한 이해를 함께하자는 데 있다. 시간적 여유를 가지고 한 학기에 한 번, 봄과 가을 보래미배움터 주간에 실시하겠다는 우리의 야심찬 계획은 바쁘게 돌아가는 교육 활동으로 부득이 날짜와 시간을 변경해야 했지만 한 분 한 분 성실하게, 특히 평소에 학교에 찾아오기 힘든 분들의 발걸음을 가볍게 해드리려고 노력했다. 이 기회에 학교 운영에 대한 이야기도 하고, 학급 운영에 대한 이야기, 교사의 철학에 대한 이야기, 학교 소식이며 아이의 생활에 대한 이야기도 주고받을 수 있는 시간을 확보하자는 것이 또 하나의 목표였다. 가급적 모든 학부모님들과 만났으면 했으나 사정이 허락하지 않을 경우에는 전화 상담을 진행했다. 전화나 면담을 통한 상담은 보통 한 달의 기간을 두고 진행했다. 반드시 모든 학부모를 다 만나야 한다는 원칙을 지키기 위함이었다. 학년 밴드를 운영하면서 일상적인 소통을 만들어가기도 하고, 저녁 시간을 쪼개 반 모임을 진행하기도 했다. 그 밖에도 월 1회 이상 소식지나 학급 신문, 편지를 배부하면서 일상적인 소통을 위한 노력을 아끼지 않았다. 하나하나 만남을 향한 시도가 언젠가는 우리의 교육 경험에 밑거름이 될 것이며, 또 아이를 함께 보는 교사와 학부모의 관계를 돈독히 하는 소중한 기회가 될 것이다.

'성장·발달 이야기'를 안내하는 편지글

○○이 부모님께

안녕하세요. 여름방학을 맞이해서 인사드립니다.

– 중략 –

아이들의 한 학기 생활을 짧은 통지표에 담아서 보내드리려니 뭔가 서운하실 것 같아 나름 아이들과 함께 배운 내용을 정리해두었던 결과물들을 함께 보냅니다. 결과물이라고 표현하기가 좀 그렇긴 한데요, 한 학기 동안 열심히 배워온 아이들의 발걸음입니다. 누구보다 잘했네, 못했네 따지기 위한 자료가 아니라 아이들이 열심히 땀 흘려 배워온 것이고 각자의 걸음걸이로 이만큼 걸어왔다는 모습을 보여주는 자료입니다. 따뜻하게 격려해주시면 좋겠습니다.

– 중략 –

배움에는 끝이 없습니다. 이제 아이들은 1학기라고 하는 봉우리 하나를 넘었습니다. 이 봉우리를 발판으로 또 다른 봉우리를 넘어야겠지요. 아이들이 더 많이 생각하고, 생각한 것을 표현할 수 있도록 돕는 것이 포남초의 교육관입니다. 여름방학 동안 스스로 정한 배움 주제를 탐구할 수 있도록 가정에서도 도와주시기 바랍니다.

– 하략 –

다른 아이보다 잘하는 것이 무엇인지를 들여다보는 것이 아니라 개개인의 출발선상에서 자신 안에서의 성장을 격려해주는 평가 혁신을 추구한 지 4년. 비교와 서열이 아닌 온전히 최선을 다하는 모습을 지켜봐주고 지원해주는 교육과정, 수업 그리고 평가까지. 이제 포남초등학교는 어느 정도 일제고사를 지양하고 성장과 발달을 격려하는 평가 제도의 정착을 바라보고 있다. 아이 이해 활동, 성장·발달 이야기, 방과후 배움터, 수학 보조교사, 상담 교실, 목공 교실, 학부모 상담 등 온전한 발달을 격려하기 위한 평가 체제는 강원도 교육청의 '행복·성장 나눔 평가제'와 맥을 같이 하고 있다. 아직도 학부모들 중에는 우리 아이가 몇 등을 하느냐, 도대체 몇 점을 받고 있느냐는 질문을 하는 분들이 간혹 있지만 그런 부모님들을 만날 때마다 힘들더라도 교육의 본질과 우리나라 교육의 목표에 대해 이야기하며 설득하고 이해시키는 과정을 거친다. 그러면 학부모님들도 학교의 노력을 수긍하고 폭넓게 이해해주신다.

해살이 준비 연수에서 동료 교사들과 함께 평가 방법 변화를 위해 실천해야 할 것들에 대해 이야기를 나누다 보면 스스로에게 온전히 평가권이 주어진 적이 없던 터라 처음에는 어떻게 해야 할지 몰라 우왕좌왕한다. 하지만 지금은 편안함, 간편함 그리고 쉬운 방식에 안주하지 말고 자신감과 전문성을 갖춘 교사로서 더 과감하게 아이들을 들여다보고 관찰하고 이해하자고 의지를 다진다. 평가 방식의 변화는 수업 시간에 아이들과의 교감에 집중하게 해주었고, 교육과정을 기획하고 전개하는 수업을 고민할 때도 아이들 입장에서 폭넓게 배려할 수 있도록 해주었다.

　연수에서 만나는 다른 학교 선생님들과의 대화에서 아직 많은 학교가 측정 위주의 평가, 점수화하고 서열화하는 평가를 하고 있다는 것을 알고 있다. 객관적인 근거를 요구해서 눈에 보이는 서류가 있어야 한다거나 감사에서 자유로울 수 없다는 푸념을 듣기도 한다. 앞으로 아이들을 관찰하고 이해할 수 있는 교사의 전문적인 시각이 존중받는 환경과 분위기가 더욱 확산되어야 할 것이다.

씨앗 셋

삶을 함께 배우는
모두의 교육 공동체

아직도 많은 '우리'가 차별과 소외, 고립 속에서 싸우고 있는 지금, 나와 상관없는 갈등으로 치부하거나 모른 척하지 않고 저항하며 연대하는 것이 '민주주의'다. 아이들을 학교와 교실에 가둬놓고 민주 시민 의식을 가르치는 대신 세상과 삶을 연결하여 소통하고 참여할 수 있게 하는 징검다리를 만드는 것, 이것이 바로 학생 자치다.

삶을 함께 배우는 교육 공동체는 교육의 대상인 학생들과 그들의 삶터인 지역사회를 함께 생각한다. 민주, 협력, 공공성의 철학은 교육과정이나 수업에만 머무르지 않고 아이들이 매일매일 살아가고 있는 터전에서 직접 경험하고 실천하며 배워가는 것이기에, 더 넓은 세상에서 살아 있는 지식을 풍성하게 만나는 것은 무척 중요하다. 어른들이 만들어놓은 규칙이나 질서라는 틀에서 벗어나 스스로 삶의 가치와 철학을 담아 현실을 바라보고, 불편함과 부당함에 물음을 던지며, 공동체에서 마주하는 문제와 갈등을 해결하도록 직접 배우는 것이 곧 학생 참여요, 학생 자치다.

학생들이 살아가는 공간인 집, 동네, 지역사회에서 함께 살아가는 어른들은 이들의 성장과 발달을 지원하고 격려하는 교육의 주체로서 학생들을 함께 기르고, 문제를 고민하고, 같은 교육철학을 추구하는 공동체가 되어야 한다. 우리는 교사, 학생, 학부모, 지역사회가 서로를 통해, 서로를 위해 함께 삶을 배우고 가꾸는 하나의 교육 공동체로 거듭나기를 바라며 이를 지역사회와 함께 실천하고 있다.

참여와 자치로 만드는 학생 문화

전교 어린이회, 안녕하십니까?

초등학교에서 '학생 자치' 하면 먼저 떠오르는 것은 '어린이회'다. 우리가 초등학생이었던 시절, '어린이회'에서는 어린이들이 지켜야 할 것, 해야 할 것만 나오고, 건의 사항은 회의 순서에나 있을 뿐 건의를 했다고 바뀌는 것은 거의 없었다. 그저 선생님의 길고 긴 말씀을 들어야 하는 또 다른 수업 시간의 연장이었다. 20년 전이나 요즘이나 전교 어린이회, 학급 어린이회의 풍경은 거의 달라지지 않았다. 회장이 진행을 하고 부회장이 칠판에 기록하는 모습도 그렇고, 주요 생활 목표와 실천 사항을 반성할 때 '잘 지켜지지 않았습니다'를 반복하는 것도 그렇고, 결정은 무조건 다수결인 데다 마지막에 반드시 선생님 말씀을 듣는 것도 그렇다.

전교 어린이회와 학급 어린이회 선거는 어찌 보면 인기투표다. 공부를 잘하거나 외모가 좀 되거나 집이 잘살거나 그것도 아니면 성격이 좋은 친구를 뽑는다. 그러니 묻지 않을 수 없다. 어린이회, 이대로 괜찮은가? 이 질문을 던지지 않고서, 이 질문에 대한 답을 고민하지 않고서, 학생 자치에 대한 이야기를 시작하기는 어렵다. 원래 그래왔으니 당연하다고 생각했던 것들을 뒤집어보고, 입장 바꿔서 다시 생각해보아야 한다. 우리의 출발은 느린 걸음이었지만 그만큼 의미 있었다. 땅을 고르고 숨을 고르는 일처럼 모든 질문에 정성을 다해야 했다.

초등학생에게 학생 자치란

초등학생에게 학생 자치란 무엇일까. 사실 가장 낯설게 느끼는 건 학생들 자신일 것이다. 되는 것보다 안 되는 것이 더 많은 학교에서 학생들에게 권리나 자율, 의견이라는 단어가 익숙할 리 없다. 많이 나아졌다고 하지만 여전히 학교에서 모범생은 어른들이 시키는 대로 잘하는 아이며, 누구보다 그걸 잘 알고 있는 사람도 학생들이다. 시키는 대로 하면 되는데 군이 생각이나 의견을 말해야 하냐고 귀찮아하는 학생들을 마주하면서 실망이나 좌절을 느낄 때가 많다. "아니, 너희 권리인데 왜 그걸 귀찮아하니?" 욱하기도 하지만 따지고 보면 학교가, 어른들이 아이들을 그렇게 만든 것이기도 했다. 권리가 없는데 책임을 말할 리 없고, 시키는 대로 하면 칭찬받는데 생각할 리 없으며, 해본 적이 없는데 몇 마디 설명만 듣고 할 수 있는 것도 아니다. 학생 자치는 말 그대로 학생들 스스로 자신의 일을 돌보고 생각하고 해결한다는 것인데 정작 당사자들은 그럴 필요를 느끼지 못하고 그럴 의지도 없다면 어떻게 해야 할까?

이것이 학생 자치를 이야기하면서 부딪히는 가장 높은 벽이다. 이때 할 수 있는 선택은 두 가지. '거 봐, 학생들이 원하지도 않는데 뭐 하러 힘들게 하려고 그래' 하며 접거나, 필요와 의지가 생길 수 있도록 지속적으로 경험의 장을 마련해주는 것이다.

민주주의는 참여와 자치로 실현될 수 있다. 민주 시민 의식은 타고나는 것이 아니라 직접 살면서 배워 몸과 마음에 새기는 것이다. 학생들이 필요와 의지를 느끼지 못하는 이유는 참여하고 함께하면 지금보다 나아진다는 것을 경험하지 못했기 때문이다. 그리고 이 과정에서 느끼는 즐거움과 기쁨이 얼마나 소중한 것인지 알지 못하기 때문이다. 21세기 대한민국에서 초등학생으로 산다는 것은 생각보다 힘들고 어려운 일이다. 옛날에는 그저 시키는 공부 열심히 하고 말 잘 들으면 그만이었는데 지금은 공부도 열심히 해야 하고, 학원도 여러 개 다녀야 하고, 말도 잘 들으면서 자기 생각과 의견을 똑 부러지게 말할 줄 알아야 하며, 나중에 커서는 민주 시민이 되어야 하니 말이다.

사회는 더욱 다양해지는데 그만큼 폭력도 난무하는 21세기를 사는 우리에게 민주주의가 꼭 필요하다면 이제 더는 글로만 배워서는 안 될 것이다. '경험'을 해야 '필요'가 있고, '필요'가 있다면 '의지'가 생기지 않을까. 그래서 초등학생에게 학생 자치란 민주주의를 직접 경험하고 살아볼 수 있는 장이다. 학교에서 맞닥뜨리는 수많은 상황에 참여하여 자신의 권리와 타인의 권리를 지키는 방법을 찾고, 시간은 좀 걸리더라도 생각하고 의견을 모아 무언가를 변화시키는 진짜 경험을 할 수 있는 장이다. 매뉴얼이 있는 것도 아니고 있다고 해도 그대로 되는 일은 없을 것이다. 그리고 누가 대신 해주거나 시키는 대로 하면 되는 것이 아니라 자신들이 스스로 그리고 함께 만들어야 한다. 무엇보다 부모님이나 선생님께 보여주기 위한 것이 아니라 자신과 관계 맺고 있는 모두를 위한 것이어야 한다.

교사에게 학생 자치란

학교에서, 특히 초등학교에서 교사들이 학생 자치를 이야기해본 적이 있던가. 새해에 받아보는 업무 나눔표에 나와 있는 게 전부라고 해도 과언이 아닐 것이다. 조금 과장해서 말하면 교사에게 학생 자치란 여러 업무 중 하나였다. 하긴 하는데 하려고 하면 할수록 복잡하고 어려워지는 것. 왠지 맨땅에 헤딩하는 것 같고 마음 써가며 열심히 해도 티가 안 나는 것 같은 일. 더욱이 초등학생들이 자치라니. 머릿속에 그려지는 일들을 소화하기에 초등학생은 너무 어리지 않을까? 참여하게 하고 의견을 내라고 하면 시간만 걸리지 않을까? 어린아이들에게 맡기기엔 너무 위험하지 않을까? "괜히 애들 의견 들어주면 교사 머리 꼭대기에 올라앉아 버릇없이 굴걸요." 교사가 되고 얼마 안 되어서 들은 어느 선생님의 이야기는 학생 자치가 교사에게 얼마나 복잡하고 어렵고 고민스러운 것인지를 보여준다.

하지만 교사에게 학생 자치는 결코 남의 일이 아니다. 학생 자치를 중요하게 생각하지 않는 학교에서 과연 교사의 자치는 안녕할 수 있을까. 학생의 권리가 존중받지 못하는 학교에서 교사의 권리는 얼마나 존중받을 수 있을까. 교직원 회의에서 말 한 마디 못하고 교장선생님의 지시

사항만 듣고 나온 교사가 교실에 와서 학생들의 의견에 귀 기울일 수 있을까. 학교에서 학생 자치를 함께 고민하며 민주 시민이 되어야 한다고 가르치는 것은 당연해 보인다. 하지만 그 당연함 속에서 잊고 있었던 질문 하나, 어른들의 사회는 민주적인가? 학교는 민주적인가? 교직원 회의에서 입을 떼는 데 10년이 걸린다는 농담 아닌 농담을 하며 사는 교사들에게도 학생 자치는 낯설게 느껴질 수밖에 없는 용어다.

학생 자치와 교사 자치는 동전의 양면이 아니라 톱니바퀴와 같다. 어느 하나가 나오면 다른 하나를 포기해야 하는 것이 아니라 두 개가 맞물려 함께 굴러야 비로소 움직일 수 있다. 교사들이 그렇게 원하는 민주적인 학교는 학생들에게도 민주적이어야 한다. 바꾸어 말하면 학생들에게 민주적이고 행복한 학교는 교사들에게도 분명 민주적이고 행복한 학교일 것이다. 교사에게 학생 자치란 그런 학교를 가능하게 하는 또 하나의 가치다.

엉킨 실뭉치를 풀어야

행복더하기학교 첫해인 2012년, 학생 자치를 이야기하면서 수많은 고민이 엉켰다. 각자 다른 경험과 그로 인한 고정관념, 편견 때문인지 하나를 건드리면 다른 부분이 엉키고 말았다. 엉켜 있는 실뭉치 같은 교사들의 고민을 풀 방법은 다 풀어서 처음부터 다시 감는 것이라고 생각했다. 한 올 한 올 차근차근, 처음에 어떻게 감을지가 중요했다. 그래서 앞서 말했듯이 그동안 담아두었던 질문부터 던졌다.

- 초등학교에서 학생 자치가 꼭 필요한가.
- 초등학생들에게는 너무 어려운 개념이 아닐까.
- 아이들이 회의를 잘할 수 있을까.
- 학생 자치라 하면 자발성이 핵심인데 과연 가능할까, 어디까지 가능할까.
- 교사들이 할 일만 늘어나는 건 아닐까.
- 교사는 어디까지 개입하고 허용해야 할까.
- 회의만 하다가 끝나면 안 될 텐데, 그렇다고 회의 말고 무엇을 할 수 있을까.
- 민주주의의 꽃은 선거라는데 선거만 잘 경험해도 괜찮은 거 아닐까.

어떤 질문이든 정답이 있는 것은 아니었다. 하지만 이 질문들을 꺼내고 펼쳐서 이야기를 나누다보니 학생 자치가, 민주주의라는 것이 조금 가깝게 느껴지기도 했다. 그리고 일단 부딪쳐보기로 했다. 민주주의가 타고나서 잘할 수 있는 게 아니라 살면서 배워서 되는 거라면 함께 해보면서 만들 수 있지 않을까? 학생 자치라는 단단한 실뭉치를 만들기 위해 처음에 감을 몇 가닥을 이렇게 정했다.

- 모두 평등한 교사 문화 만들기
- 직접 참여하는 기회 넓히기
- 학생들을 믿고 기다리기
- 학생들의 권리 생각해보기

우리 학교 학생 자치에 대한 기록은 어찌 보면 2년 동안 줄기차게 한 고민들의 결정체라고 할 수 있다. 이렇게도 했다가 저렇게도 했다가 실망도 했다가 행복하기도 했던 시간들을 통해서 우리는 차츰 함께하는 우리를 믿을 수 있게 되었다.

시작은 비우기부터

학생 자치만 따로 떼서 생각하는 것은 매우 위험한 일이다. 뒤엉킨 고민과 질문이 말해주듯이 그렇게 하면 걱정도 많아지고 안 되는 것도 많아지고, 무엇보다 형식만 따지게 되면서 생각의 폭이 좁아졌다. 회의는 몇 번 할지, 너무 많이 하면 힘들지 않을지, 선거는 어떤 과정으로 할지 등 출발점에 서니 버리고 비워야 할 것이 참 많았다.

첫 번째 버릴 것은 학생들에 대한 불신이었다. 작은 것 하나도 가능할까를 따지고 망설이는 이유는 학생들을 온전히 믿지 못하기 때문이다. 어른으로서 가지는 당연한 걱정이며 덕분에 실수나 오류를 줄이기도 하지만 매번 시도를 가로막는 벽이 되기도 했다. '학생들에게 기회를 주면 분명히 이런 문제가 생길' 것이라며 걱정이 앞서면 '아직 어리니까 이 정도는 통제하고 제한해야 한다'는 쪽으로 생각이 기울고 문제를 차단할 울타리를 치게 된다. 혁신학교를 시작하고 전교 어린이회장, 부회장 선출에 대한 논의를 하는 과정에서 이런 걱정은 최고조에 달했다. '민주주의의 꽃은 선거인데 어린이회장, 부회장 선거를 하지 않고 학생 자치 활동, 학생들의 민주적인 문화를 말할 수 있을까?', '어린이회장이 없으면 회의 진행은 누가 하나?', '없애는 것보다 잘 이루어지도록 하는 것이 좋지 않을까?' 의견이 분분했다.

　과연 민주주의의 꽃은 선거일까. 각종 선거를 곱씹어볼 때 떠오르는 풍경은 그리 좋지 않다. 선거 때만 되면 시장이나 거리를 돌아다니며 국민을 사랑한다는 말을 외치다가 선거가 끝나면 입을 씻는 국회의원들, 선심 쓰듯 공약을 던져놓고 당선되고 나서는 기억이 안 난다는 대통령, 곳곳에 어지럽게 붙어 있는 현수막에서 진심은 느껴지지 않았다. 우리는 또 어떤가. 평소에 '난 정치에는 별 관심이 없다'고 말하는 사람이 많다. 혹시 우리는 '정치'를 늘 참여하는 것이 아니라 선거 때만 반짝 관심을 가지는 '비판'의 대상으로 보고 있는 게 아닐까? 하지만 정치는 우리의 삶 자체다. 선거 때만 참여하는 행사 같은 것이 아니라 우리는 늘 그 현장에 있으며, 중요한 것은 우리가 참여하는가 아니면 참여하지 않는가 하는 것뿐이다.

　'민주주의의 꽃은 선거'라는 말은 마치 우리가 참여할 수 있는 최고의 일이 선거라는 인상을 준다. 그래서 우리는 선거 때 투표하는 것만으로 할 일을 다했다며 그다음 일은 대리인으로 뽑은 대통령, 국회의원, 시의원, 시장, 군수가 해줄 거라고 치부하지는 않았는가. 참여할 수 있고 참여해야 할 일들을 선거로 대신하지는 않았는가. '민주주의는 곧 선거'라는 프레임에 빠져서 더 본질적인 참여의 기회를 스스로 박탈하고 있는 것은 아닌가. 투표권 말고도 수많은 권리가 있는데 우리 스스로 버리고 있는 것은 아닌지 다시 생각해보아야 한다.

　민주주의의 꽃은 참여와 자치다. 내 삶터에 관심을 가지고 참여하며 할 수 있는 일, 해야 할 일을 찾아서 함께하는 것이 바로 참여와 자치다. 선거는 참여와 자치의 일부이지 전부가 아니다. 다시 학교를 들여다 보자.

3월에 학생 자치 활동으로 전교 어린이회장, 부회장 선거를 통해 학생회를 구성하고 나서 학생들의 모습은 어떠한가? 모두 그렇지는 않겠지만 대부분은 선거 때 가졌던 관심을 거두고 회장, 부회장, 반장, 부반장에게 모든 것을 맡긴다. 아니, 그럴 수밖에 없었다. 회장이나 반장 말고 다른 학생들이 참여해서 의견을 말하고 들을 수 있는 시간이나 공간이 거의 없으니까 말이다. 참여할 수 있는 기회가 없는 상태에서 학생들은 자연스럽게 학생회를 선거를 통해 뽑힌 사람들만 하는 것으로 인식하지는 않았을까? '나는 안 해도 된다. 누군가 하겠지' 하고 미루게 되는 것이다. 어린이회장, 부회장 선거 자체가 잘못된 것은 아니지만 학교에서조차 '민주주의의 꽃은 선거'라고 단정지으니, 이렇게 경험하고 배운다면 평생 직접 참여해서 문제를 스스로 풀어나갈 기회는 갖지 못하게 될 것이다.

포남초등학교는 직접 참여와 자치를 통해 민주적으로 사는 것이 무엇보다 우선이라고 생각했기에 전교 어린이회장, 부회장 선거를 하지 않기로 했다. 그 대신 학생들이 직접 참여해서 만들어내는 행사 활동과 1학년부터 6학년까지 참여하는 전체 다모임을 갖기로 했다. 또 다모임 진행과 기록도 돌아가면서 하기로 했다. 비록 서툴고 시간이 많이 걸리더라도 학생들이 스스로 더 넓은 참여의 기회를 만들 것이라고 믿었기 때문이다. 처음에는 작은 관심에서 참여했다가 시간이 지나면서 더 관심이 생겨서 적극적으로 참여하는 학생들도 있었다. 한 가지를 할 수 있게 되자 더 할 수 있는 일이 없을까를 생각하게 되었고, 하고 싶어 하는 일들이 자꾸 늘어났다. 자신들의 문제에 직면하고 이를 풀어나가며 스스로 삶을 돌아보고 가꾸는 힘도 생겨났다.

포남초등학교에서 전체 다모임을 처음 시작했을 때 5, 6학년 학생들은 불만이 무척 많았다. 학년끼리 하면 편하고 재미있는데 왜 우리가 저학년 동생들을 챙겨야 하나, 힘들다, 재미없다, 귀찮다, 1학년 애들이 말을 안 듣는다며 여기저기서 불만의 목소리가 폭발했다. 전체 다모임 모둠활동에 함께하는 교사들도 어색해하며 힘들어했다. 이제 전체 다모임을 시작한 지 4년째. 불만 많고 무뚝뚝하던 6학년이 1학년 동생을 무등 태워주는 모습, 새침하고 이기적이던 6학년 여학생이 산을 오르다 2학년 동생에게 손을 내밀며 가방을 들어주는 모습, 점심을 먹으러 가면 1학년과 6학년이, 2학년과 5학년이 손을 흔들며 반갑게 인사를 하고 안부를 묻는 모습, 자신이 만든 화전을 6학년 언니에게 주고 싶다며 먹고 싶은 것을 참고 통에 곱게 담는 1학년 아이의 모습을 볼 수 있었다. 누구에게나 열려 있는 평등한 관계 속에서 이렇게 서로를 바라보고 배려하고 존중하는 마음이 생긴다. 어떤 문제가 생겼을 때 그것을 자신의 일로, 나아가 모두의 일로 여기며 해결할 수 있는 힘을 가지게 된다. 저학년 아이들이 싸우면 고학년 아이들이 달려가 이야기를 들어주고 해결하도록 돕는 모습에서 우리는 평등한 관계 맺기의 중요성과, 여기서 어떻게 참여와 자치가 실현되는지를 보았다.

두 번째로 버린 것은 경쟁이었다. 자치는 혼자가 아닌 집단 지성을 바탕으로 한다. 당연히 학생 자치의 핵심은 관계요, 학생들이 관계를 소중히 여기며 서로 배려하고 협력하는 것을 최우선으로 해야 한다. 하지만 학교에는 학생들을 경쟁시키고 줄 세우는 일들이 생각보다 많다. 대표적으로 학기마다 보는 시험과 각종 대회, 시상이 있다. 어느 것 하나 버리는 데 쉬운 것은 없었다. 하지만 경쟁을 시키면 아이들이 열심히 최선을 다할 거라는 믿음은 어른들의 편견이요, 자존감 대신 친구를 경쟁자로 여기는 마음이 자리 잡을 뿐이다. 시험이나 대회, 시상, 서열, 스티커를 없앤 것은 아이들이 이런 데서 받는 상처 대신 다양한 자신의 색깔을 찾고 서로 협력하는 사이가 되기를 바라서였다. 얼마든지 도움을 주고받을 수 있는 사이, 모르고 부족한 것을 내보일 수 있는 믿음으로 뭉친 사이가 된다면 '자치'는 가능해질 것이라고 믿었다.

마지막으로 버리고자 한 것은 보여주기식 행사였다. 입학식, 졸업식, 발표회와 체육대회를 연습 없이 하자고 했을 때 교사들도 학생들도 걱정했다. 과연 가능할까. 한 번도 맞춰보지 않았는데 실수하지 않을까. 하지만 연습을 하지 않았으니 서로를 더 잘 마주보게 되었고, 연습을 하면 연습한 대로 잘하지 못하는 누군가가 생기기 마련이지만 연습을 하지 않았으니 남을 탓할 일도 없었다. 그 순간에 최선을 다하는 우리가 있었을 뿐이다. 그 순간을 즐기며 실수도 웃어넘기고 토닥이는 관계를 맺을 수 있었다.

모두 참여하는 학생회

'모두 참여하는 학생회'는 참여를 평등하게 하자는 취지로 만들었다. 포남 학생회는 전교 어린이회장, 부회장이 없는 대신 희망하는 학생들이 참여하는 부서와 전체 다모임 모둠장으로 구성했다. 학생회 활동의 참여는 모두의 몫이자 권리다.

포남 학생회 구성 및 운영 계획

1. 학급 학생회
학급에서 자율적으로 운영한다.

2. 학교 학생회
1) 모둠
- 전교 학생회장, 부학생회장은 선출하지 않는다.
- 전체 다모임 모둠별로 모둠장을 선출하고 1년 동안 활동한다.
- 모둠장은 5, 6학년으로 한다.
- 모둠장은 월 2회 모둠장 다모임에 참여하며 전체 학생 다모임 활동을 기획·준비한다.
2) 부서
- 구성 : 활동부, 방송부로 한다.

부서명	활동 내용	도움 교사
활동부	– 학생회가 주관하는 행사 기획 및 진행 – 각종 의견 수렴 및 설문조사 진행	
방송부	매주 1회(금요일) 방송 기획 및 진행 – 1주 : 학생회 소식 – 2주 : 기획 방송 – 3주 : 우리가 만드는 방송 – 4주 : 사연 나눔	

- 부서장 : 부서별 논의를 통해 5, 6학년 희망자 중에서 정한다.
- 부서원 : 4~6학년 희망자로 구성한다.(부서별 20명 내외)

---

1. 다모임

1) 전체 다모임
- 시기 : 매월 1주 금요일 1~2교시
- 내용 : 공동체 놀이, 주제 토의, 학교 프로젝트(보래미 1박 2일, 가을 소풍) 함께 준비하기
- 방법 : 1~6학년 학생들을 무학년으로 섞어 모둠으로 편성 / 모둠별로 모둠장(6학년)을 자유롭게 정해서 다모임 진행 / 모둠 담당 교사는 다모임 운영
- 지원 : 전교생이 서로 관계를 맺고 모두가 참여하여 함께 스스로의 문제를 해결하고 공동체를 경험하는 계기를 마련한다.

2) 모둠장 다모임
- 시기 : 매월 2주, 4주 수요일 오후 3시
- 내용 : 학생들의 의견을 수렴하여 학교생활 전반에 대해 이야기하기 / 전체 다모임 준비
- 방법 : 안건별로 모둠 토의 후 전체 공유하기 / 사회자, 기록자는 돌아가면서 하기

3) 부서 다모임(활동부, 방송부)
- 시기 : 매월 1주, 3주 수요일 오후 3시
- 내용 : 학생회 활동 세부 기획 및 준비 / 홍보 활동 / 공동체 놀이
- 방법 : 안건별로 모둠 토의 후 전체 공유하기 / 사회자, 기록자는 돌아가면서 하기

2. 다모임의 원칙

- 다모임은 사회자, 기록자를 돌아가면서 한다.
- 다모임에서는 모든 사람이 평등하게 발언할 수 있다.
- 다모임에서 이야기한 것에 대해서 뒷말을 하지 않는다.
- 다모임은 빠지지 않는다.(사정이 있을 경우에는 미리 말하기)
- 대화를 통해 만장일치로 결정한다.
- 함께 결정한 것은 함께 책임진다.
- 다시 논의하려면 반드시 회의해서 한다.(몇 사람이 결정하지 않는다)

3. 학생회 캠프 및 학생회 평가회

1학기
- 시기 : 8월~9월 초 중 1박 2일
- 참여 : 모둠장, 활동부, 방송부, 희망하는 학생 누구나
- 내용 : 1학기 활동을 돌아보고 2학기를 함께 준비하기
- 방법 : 다양한 프로그램을 스스로 기획·준비하여 진행

2학기
- 시기 : 12월 ~ 1월 중
- 참여 : 모둠장, 활동부, 방송부
- 내용 : 2학기 활동을 돌아보고 내년 활동 그려보기
- 방법 : 다양한 프로그램을 스스로 기획·준비하여 진행

'너'와 '나'의 연결고리, 짝 학년

포남초등학교는 학생들이 서로 긍정적인 관계를 맺고 배려하며 함께 하는 문화를 만들기 위해 노력해왔다. 특히 짝 학년 활동, 전체 다모임 등을 통해 인권이 숨 쉬는 학교, 하나의 공동체가 되는 학교를 지향하고 있다. 해마다 3월이면 여덟 살 귀여운 1학년들이 학교에 입학한다. 유치원을 갓 졸업하고 초등학교에 온 아이들은 낯선 학교와 사람들에 어리둥절해한다. 이때 이 아이들의 손을 잡고 학교를 둘러보는 아이들이 있다. 바로 옆 교실을 사용하는 6학년이다. 2014년 교실을 짝 학년이 서로 옆 반이 되도록 배치하면서 여느 학교와 다르게 1학년과 6학년, 2학년과 4학년, 3학년과 5학년이 같은 층을 사용한다. 단지 교실만 붙어 있는 것이 아니라 서로 짝 학년으로 관계를 맺고 여러 가지 활동을 함께한다. 1학년 아이들이 입학할 때 6학년은 장미꽃을 전달하며 어린 동생들의 입학을 축하해주고 3월 첫 주, 동생들의 손을 꼭 잡고 학교 곳곳을 둘러본다. 1학년 아이들은 낯선 학교를 6학년과 함께 둘러보며 학교의 모습을 익히고 새로운 사람들을 만난다.

처음 자기 손을 잡고 학교를 안내해준 6학년은 1년 내내 옆 교실에서 친근한 존재가 된다. 6학년 학생들이 1학년 교실을 들여다보며 귀여운 동생들을 보러왔다는 말로 1학년 담임교사들을 감동시키는 일이 흔하다. 6학년이 졸업할 때는 1학년들이 장미꽃을 전달한다. 이렇게 1, 6학년은 서로의 중요한 일들을 축하하며 공동체가 된다. 때로는 3학년과 5학년이 함께 연탄 배달을 하며 나눔의 기쁨을 느끼고, 2학년과 4학년이 생활안전박람회에 함께 참여하거나 뮤지컬을 보면서 친해지기도 한다.

다른 학년끼리 짝을 지어 손잡고 활동을 한 다음에는 부쩍 더 친해진다. 처음 짝 학년을 시작하기로 하고 교실 배치를 할 때는 서로 다른 점심시간 때문에 다른 반 수업에 방해가 되지 않을까 고민했지만, 지금은 다른 학급을 배려해서 목소리를 낮추고 뛰지 않는 것도 아이들에게 다른 사람을 배려하는 생활교육의 일부가 되고 있다.

'우리'의 시작, 전체 다모임

모든 학생이 학생회에 참여하고 자치를 직접 느낄 수 있는 방법을 고민하다 다른 학교의 사례를 듣고 뒤늦게 시작하게 되었다. 처음에는 전교생이 하는 학교 야영 '보래미 1박 2일'을 준비하기 위해서 만들었는데 학생들이 더욱 돈독한 관계를 만들어나가기를 바라는 마음에서 모든 학년이 모둠별로 모이는 다모임을 한 달에 한 번 이어가게 되었다. 1학년부터 6학년까지 모두 22개의 모둠이 1년 동안 서로 지켜야 할 일을 이야기하고, 1박 2일 야영도 하고, 가을 소풍도 함께 가며 하나의 공동체를 만들어간다. 다모임을 하는 날에는 아이들이 같은 학년 친구가 아닌 형, 누나, 동생들과 모인다. 첫 모임 때는 어려움을 겪기도 했다. 아이들끼리 알아서 잘 놀고 이야기 나눌 거라고 생각했는데 나중에 모둠장들은 '서로 말을 안 해서 힘들었다', '어색했다' 등 어려움을 쏟아냈다. 교사들도 마찬가지였다. 학생들의 침묵과 어색함을 참고 기다리는 일이 고역이었다. '선생님이 나서 달라'는 모둠장의 눈빛을 애써 모른 척하며 매번 인내심의 한계를 경험하기도 했다. 하지만 다모임은 교실에서는 무기력하고 의욕이 없던 아이들이 적극적인 모습을 보이고, 어린 학년 아이들이 형, 누나들에게 예쁨을 받을 수 있는 기회가 되기도 했다. 이렇게 시작한 다모임은 이제 우리 학교에서 빼놓을 수 없는 활동으로 자리 잡았다. 관계는 참여를 만들고 참여는 스스로 주인이 될 수 있게 하며 스스로 주인이 되면 비로소 배움과 성장이 가능하다는 것을 우리는 다모임에서 배우고 있다.

함께 만들고 스스로 지키는 '포남 학교생활 약속'

학교에서 함께 살고 있는 사람들끼리는 수없이 부딪힌다. 풀 기회가 충분한 것도 아니다. 대화가 필요하다고 하지만 교사 혼자서 학생의 이야기를 다 듣다가는 지치기 마련이고, 학생은 이걸 또 대화가 아니라 훈계로 받아들이기 십상이다. 고학년과 저학년 사이, 같은 학년끼리, 학부모와 학생 사이, 학부모와 교사 사이에서도 충분한 대화와 소통이 어렵다. '포남 학교생활 약속'은 학교 구성원들이 함께 '인권'을 생각해보고, 서로 이해하고 배려하는 관계를 맺기 위해서 만들었다. 상대의 입장에서 생각해보고 내가 노력할 점, 서로에게 바라는 점을 이야기하는 과정이, 부족하나마 부드러운 소통이 일어나게 하는 계기가 되고 있다.

'포남 학교생활 약속'은 전체 다모임 활동을 통해서 만들었는데 먼저 학생, 교직원, 학부모 설문조사 결과를 바탕으로 각 다모임에서 자유롭게 서로 지켜야 할 일들을 의논했다. 여러 학년이 모여 있으니 의견이 다양하게 나왔으며, 특히 다른 학년 학생들에게, 또는 저학년이 고학년에게 하기 어려운 이야기도 많이 나왔다. 그런 다음 체육관에 모여서 학생끼리, 교사끼리, 학부모끼리 우리가 지킬 일들을 정리해서 최종 내용을 정했다. 물론 회의 진행은 아이들이 직접 했는데 300명 가까운 사람이 모여서 회의가 가능할까 싶었지만 불가능할 것 같은 일을 내려놓기보다 가능한 방법을 찾으려고 노력하니 원활하게 진행이 되었다. 그래서 다모임이 있는 것이고, 게다가 올해는 학부모들까지 참여해서 교육 공동체가 함께 행복한 학교를 만들기 위한 약속이 더욱 풍성해졌다.

'포남 학교생활 약속'의 목적

'포남 학교생활 약속'은 포남초등학교 구성원들이 함께 '인권'을 생각해보고 서로 이해하고 배려하는 관계를 맺는 계기가 되기를 바라며 서로의 입장에서 생각해보고 행복한 학교를 위해 다함께 노력해야 할 것들을 약속하는 것이다.

'포남 학교생활 약속' 만드는 과정

① 학생·교직원·학부모들의 의견을 모은다.
   (학생·교직원·학부모 설문조사)
② 설문조사 결과를 정리해서 모두에게 알리고 의견을 모은다.
③ 5월 전체 다모임 시간에 학생·학부모·교직원 다모임을 열어 '포남 학교생활 약속'을 정한다.
④ 함께 정한 '포남 학교생활 약속'을 알린다.
   (학급별 자보 만들기, 전체 교직원 회의, 방송, 게시판에 붙이기 등)

- -

학생 생활 약속

1. 친구와 사이좋게 지내기
2. 바른 말 사용하기

3. 서로 배려하기(소리 지르지 않기, 장난 심하게 치지 않기)

4. 저학년과 고학년이 서로 배려하며 지내기

교직원 생활 약속
1. 학생들 존중하기
2. 학생들을 이해하려고 노력하기
3. 만나면 먼저 웃으며 인사하기
4. 학생들 이름 불러주기
5. 재미있고 알차게 수업하기
6. 학생들을 평등하게 대하기
7. 교직원들끼리 서로 살피고 돕기

학부모 생활 약속
1. 아이들을 존중하기
2. 아이들이 자유로운 시간을 갖게 도와주기
3. 아이들과 함께 시간 보내기

만드는 과정에서 가장 인상적이었던 것은 학생·교직원·학부모 다모임이었다. 설문조사 결과를 바탕으로 서로 궁금한 것을 물어보고 생각을 들어보는 시간은 교사도 학생도 학부모도 서로에게 다가가고 이해할 수 있는 계기가 되었다. 학생들은 생각했던 것보다 훨씬 자신의 생각을 자신 있게 말했으며 교사와 학부모의 이야기에 귀 기울일 줄 알았다. 그 시간만큼은 교사와 학생, 학부모가 평등했고 서로 존중했다. 우리 학교에서 '포남 학교생활 약속'은 평등과 존중의 상징이라고 할 수 있다. 학교 문화는 결코 교사 혼자 또는 학생 혼자 일방적으로 노력하고 지켜서 만들어지는 것이 아님을 말해주는 소중한 약속이다.

스스로 만들며 공동체를 배우는 행사 활동

학생회는 학생들이 민주주의를 배우고 직접 살며 경험하는 장이다. 하지만 누구는 참여하지만 누구는 참여조차 하지 않으려고 하고, 누구는 배려하지만 누구는 제 것 챙기기에만 급급한 모습에서 지치고 실망하는 것도 현실이다. 자발적으로 참여하는 개인이 공동체로 모여야 민주주의가 가능할 텐데 도대체 자발성은 어떻게 해야 생기는 것일까.

매월 첫째, 셋째 주 수요일이면 학생회실로 아이들이 모인다. 4~6학년으로 구성된 활동부 아이들이다. 뛰어놀고 싶은 욕구를 꾹 참고 아이들이 모이는 이유는 학교 행사를 기획하고 준비하기 위해서다. 시키지도 않았는데 학교 행사를 직접 만들겠다고 모이는 것이다. 우리 학교에서는 아이들이 먼저 학교 행사를 앞두고 자신들의 경험과 생각을 바탕으로 행사의 전체 틀과 방향을 잡는다. 이 과정에서 교사회에서 나눈 의견을 아이들과 공유하며 구체적으로 기획하고 준비한다. 대부분의 학교 행사를 아이들이 준비하지만 그 중 세 가지를 소개해본다.

♣ 얘들아, 놀자 : 100명이 뛰는 계주

첫 번째 행사는 '얘들아, 놀자'(어린이날 기념 놀이마당)다. 어린이날에 즈음하여 4월부터 많은 학교가 운동회를 준비하느라 정신이 없다. 교사들은 운동 경기를 정하고 필요한 준비물을 만들며 어느 정도 되었다 싶으면 아이들을 운동장에 불러다 줄서기부터 운동 경기, 계주 등을 연습시킨다. 다른 학교에서는 일반적인 이 광경이 우리에게는 조금 낯설다. 우리 학교는 4월이면 아이들이 학생회실로 모인다. 작년 '얘들아, 놀자' 계획을 살펴보고 올해 계획의 큰 틀을 잡기 위해서다. 일반적으로 운동회는 학년별로 하지만 우리는 그것부터 다시 의논을 한다. 누구와 함께 놀면 재미있고 의미 있을지 생각해보는 것이다. 다모임별로 할지 학년별로 할지, 아이들의 의견이 나뉜다. 교사회에서 전체 다모임 모둠별로 진행하면 좋겠다는 의견을 내었는데 학생들은 강요로 느꼈는지 "어차피 선생님들이 정한 대로 할 것 아닌가요?"라며 서운함과 불신을 표현하기도 했다. 때로는 의견이 달라서 갈등이 생기기도 하지만 그것은 풀면 된다. 교사도 학교 구성원으로서 의견을 제시할 수는 있지만 학생회가 먼저이기에 학생들 의견을 존중하기로 해서 전교생을 대상으로 설문조사에 들어갔다. 활동부가 주도적으로 기획하고 진행하지만 참여는 다함께 하는 것이니 전교생의 의견을 들어야 한다고 판단해서다.

전교생 설문은 활동부 아이들이 각 반에 찾아가서 진행한다. '얘들아 놀자'를 소개하고 누구와 함께 경기에 참여하고 싶은지, 무엇을 하며 한바탕 놀고 싶은지를 묻는다. 결론은 학년별 진행으로 나왔다. 이때의 경험은 교사에게나 학생들에게나 의미가 있었다. 학교의 모든 일은 학생들만의 의견으로 또는 교직원들만의 의견으로 결정되지 않는다는 것을 배웠고, 시간이 걸리기는 했지만 의견이 다를 때 어떻게 해야 하는지 함께 방법을 찾아서 결론을 냈으니까 말이다. 학생회와 교직원회가 자치회로서 올곧게 서고 평등한 관계를 만드는 것이 무엇보다 중요하다는 것도 깨달았다. 그리고 떼쓰거나 강요하는 관계가 아니라 언제든지 같이 모여서 이야기하고 싶은 관계, 다 열어놓고 공유하며 함께 결정하는 관계를 자발적인 참여 속에서 이끌어낼 수 있다는 것도 배웠다.

이렇게 기획하고 진행한 '얘들아, 놀자'의 꽃은 계주다. 참가 신청을 받아서 진행하는데 잘하는 학생들만 참여하는 것이 아니라 원하는 학생은 모두 참여할 수 있다. 처음에 신청을 받고서 우리는 깜짝 놀랐다. 자보에 적힌 아이들 이름이 100명을 넘었기 때문이다. 활동부 아이들이 자보를 걷어다 명단을 정리하면서 이게 가능한가 물었고, 사실 이렇게 많은 아이들이 참여하고 싶어 하는지 교사들도 몰랐다. 잘하는 사람만 해야 한다는 암묵적 규칙이 걷히고 나니 아이들의 열망이 보였고, 미안하면서도 그 용기에 뿌듯함을 느꼈다. 100명이 함께 뛰어보자, 한번 시도해보자는 마음으로 아이들과 팀을 나누고 준비했다. 하루 종일 뛰기만 하는 거 아닌가, 걱정도 들었지만 해보기로 했다. 진행하면서 진땀을 빼기도 했다. 100명이 넘는 아이들을 하나하나 부르고 팀을 나누고 출발선까지 준비시키는 일이 여간 힘든 게 아니었다. 모든 선생님이 나서서 도운 덕분에 시간이 걸리긴 했지만 계주를 시작할 수 있었다. 시작하고도 아이들과 선생님들은 당황했다. 미리 연습을 하지 않았으니 누가 자기 팀인지 몰랐던 것이다. 뛰면서 아이들은 외쳤다. "누구야? 누가 우리 팀이야? 누구한테 줘야 해?" 도와주고 싶었지만 교사들도 몰랐다. 하지만 경기는 중단되지 않았고, 누가 어떤 팀인지는 받는 아이들이 바통 색으로 파악했다. 재치 있게 먼저 다가가 바통을 받는 아이들 덕분에 경기를 무사히 마칠 수 있었다.

물론 평가회에서는 보완해야 할 점들이 많다는 의견이 쏟아졌지만 그래도 행복했다. 겉으로 보기에는 어수선했을지라도 그 속에서 우리는 서로의 부족함을 채우며 최선을 다하는 모습을 확인했고, 무엇보다 즐거웠다. 내년, 내후년에는 더 성장한 모습을 보여줄 것이다.

♣ 한글날 행사 : 초코 과자를 꼭 줘야 하나요?

두 번째로 소개하고 싶은 것은 한글날 행사다. 우리말과 글을 사랑하고 아끼고 바르게 쓰자는 취지로 우리 아이들이 기획하고 전교생이 참여한다. 보통 이틀 동안 '짝꿍 보물찾기', '세종대왕을 찾아라' 등으로 진행하는데 예전에는 한글날 활동에 참여하고 미션을 마치면 초코 과자를 주었다. 그런데 한글날 행사를 기획하기 전에 열린 학생회 캠프에서 아이들이 "왜 한글날 행사에서 초코 과자를 주나요? 그냥 즐겁게 참여하면 안 되나요?" 하는 의견을 내었다. 순간 아이들이 대단해 보였다. 교사가 놓치고 있던 부분을 꼬집었기 때문이다. 아이들은 이제 보상을 원하지 않는다. 즐겁게 참여하면 된다고 생각하게 되었다. 주체적으로 참여하니 보상은 필요 없다는 것이다. 이런 아이들이 학생회인 것이 자랑스러웠다. 그래서 보상 없이 하기로 결정했다.

한글날 행사는 한 달 전부터 모여서 구체적인 기획을 짠다. 그런데 아이들에게 걱정거리가 생겼다. 기획을 하면서 반 아이들이 자꾸 물은 것이다. "올해는 뭐 줘? 또 초코 과자야?" 취지를 설명하면 되는데 그게 잘 되지 않았는지 다모임에 온 아이들의 표정이 좋지 않았다. "그럼 하루로 줄이면 어떨까요?" 한 아이가 말했다. 진행하는 입장에서 아이들이 실망하는 모습을 보기 싫었으며, 보상이 없다는 것을 알고 둘째 날 참여가 저조하면 어떻게 하느냐는 걱정에서였다. 다른 아이들도 동의함으로써 하루만 진행하고, 왜 초코 과자가 없어졌는지, 왜 앞으로도 없을 것인지 충분히 설명하면 모두 이해하고 참여해줄 거라는 믿음을 갖기로 했다. 다행히 학생들은 한글날 행사에 여느 때와 같이 즐겁게 참여했고, 활동부 학생들 또한 의미를 살려서 행사를 진행한 데 뿌듯함을 느꼈다. 교사가 놓치는 부분을 아이들이 보고, 아이들이 보지 못하는 것을 교사가 도와준다. 모든 행사의 중심에 아이들이 있고, 그 옆에 교사가 있다. 함께하는 즐거움을 알기에 우리는 행복하다.

♣ 방송부 활동 : 우리 이야기를 우리 목소리로

행복더하기학교 첫해에는 방송부가 학생회에 속해 있지 않았다. 별도의 부서로 운영되었고, 다른 학교 방송부와 별 차이 없는 방송을 만들었다. 교장선생님 훈화와 'TV 동화 행복한 세상' 등을 시청하는 것이었다. 그러다 두 번째 해에 방송부가 학생회로 들어오면서 학교의 각종 행사를 홍보하고 공유하는 역할을 하게 되었다. 지금은 학교 구석구석에서 일어나는 다양한 소식들을 담는 활동을 하고 있다. 각 반에서는 어떤 일이 일어나고 있는지, 요즘 다른 학년은 무엇을 배우고 있는지, 학생회에서 이번 달에 준비하고 있는 행사는 무엇인지, 그 행사를 잘 해내려면 학생들이 어떻게 협조해주어야 하는지, 이번 주 다모임에서는 무슨 활동을 하고 어떤 것을 결정해야 하는지, 지난번 다모임 결과는 어떻게 모아졌는지… 학생들은 학교의 다양한 소식을 매주 금요일 아침 방송을 통해 접할 수 있다. 또 학교 소식뿐만 아니라 다양한 학생들의 사연과 신청곡을 들려주기도 하고, 방송부에서 직접 기획해서 영상을 제작하기도 하며, 사회적으로 이슈가 되는 내용들을 찾아서 내보내기도 한다.

학기 초 방송부 모임을 시작할 때 우리는 방송에 임하는 가치관을 공유했다. '우리 학교 방송은 어떤 모습이어야 할까?', '어떤 방송을 만들면 좋을까?' 그래서 가닥을 잡은 포남초등학교 방송부의 방향은 첫째, 학생이든 교사든 우리 학교 누구나 주인공이 될 수 있다는 것, 둘째, 우리와 너무 먼 세상 이야기나 아이들에게 와 닿지 않는 미담이 아니라 오늘·여기·우리의 이야기를 다룬다는 것이었다. 방송은 매주 금요일 아침 활동 시간에 나가고, 준비는 수요일 방과후에 모여서 30~40분 정도 하는데, 한 회 방송을 준비하는 시간이 짧아서 방송 회의를 길게 하면 연습할 시간이 빠듯하다. 게다가 1학기에는 새로 뽑힌 방송부원들이 방송에 적응하는 시간이 필요해서 회의보다 리허설에 시간을 많이 할애한다. 회의는 간단하게 방송 주제 선정까지만 하고, 특별히 영상을 제작해야 할 때는 각자 역할을 나눠서 찍고 교사에게 모바일 메신저로 전송, 교사가 최종 편집을 하는 식으로 진행한다. 2학기에 들어서면 리허설보다 회의에 더 비중을 두고 운영한다. 이제 콘솔이나 카메라, 컴퓨터를 다루는 기술부 아이들도 아나운서도 기자도 어느 정도 방송에 익숙해져서 대본만 있으면 바로 방송에 들어가도 척척 해내는 경지에 도달했다.

방송부 회의를 할 때는 우선 다른 학급이나 학년에서 들어온 소식이 없는지 확인하고, 어떤 내용으로 방송을 채워나가면 좋을지 같이 고민한다. 요즘 우리 학교에 어떤 일이 일어나고 있는지, 학생들이 모두 알면 좋을 이야기는 무엇인지, 사회적으로 이슈가 되고 있는 것들 중에서 다루면 좋을 내용은 무엇인지 함께 생각해보고 다 같이 방송 대본을 짠다. 어울리는 영상을 찾아보고, 없으면 직접 발로 뛰어 인터뷰 영상을 만들기도 하고 방송에 나와 이야기해줄 사람을 섭외하기도 한다.

어린이날에는 선생님들이 학생들에게 축하 메시지를 보내주어 어린이날 특집 방송을 만들었고, 이에 보답하는 의미로 스승의 날에는 전교생이 쓴 편지를 엮어 선생님께 드리는 영상을 만들었다. 학교생활 약속이 정해진 직후에는 이를 소개하는 UCC를 방송부원들이 직접 만들어서 내보냈고, 보래미 매점을 준비하는 기간에는 활동부 학생들을 찾아가 인터뷰했다. 또 4학년이 '인권'을 배우면서 위안부 할머니들을 위한 캠페인을 벌였을 때는 교사와 학생들을 찾아가 인터뷰하는 등 여성 인권 문제를 함께 다루었다. 특히 방송부 아이들이 가장 인상적으로 꼽은 것은 세월호 특집 방송과 국정 교과서 문제를 다룬 것이었다. 세월호 특집 방송은 마침 학생회에서 '세월호 기억의 벽 만들기'를 진행하고 있어서 이 내용을 방송에서 같이 다루며 함께 보면 좋을 영상을 찾아서 내보냈다. 그날 아침, 아이들은 누가 시키지도 않았는데 노란 종이배와 비행기를 접어서 화면에 잡힐 수 있도록 아나운서 데스크 위에 수북이 올려두었고, 아나운서와 기자는 노란 리본을 달고 나왔다. 방송부 활동을 시작한 지 얼마 되지 않은 시기에 처음으로 부원들이 기획한 방송이었다. 주제의 무게 때문이었을까, 아이들은 진지한 모습으로 방송에 몰입했고, 그런 아이들의 표정에서 사명감을 엿볼 수 있었다.

인권과 평화의 씨앗, 학생 자치

초등학교에서 학생 자치는 가능하다. 초등학생이라서 어렵고 못하는 것이 아니라 그런 걱정 때문에 시도도 못하고 기회조차 없었던 것뿐이다. 앞서 이야기한 몇 가지 경험들은 낯설고 불편하고 미심쩍은 마음을 조금만 참아내면 얼마나 많은 것이 가능한지를 보여준다. 학생 자치를 담당하기 시작하면서 뒤엉킨 고민을 혼자서 싸매고 있었다면 감당하지 못하고 결국 손을 놓았을지 모른다. 중요한 것은 의기투합이다. 혼자가 아니라 교사와 학생이 함께 협력하며 학생 자치라는 실뭉치를 감아나가는 것이다.

학생들과 학생 자치를 고민하고 만들어나가면서 실망도 하고 인내심의 부족을 실감한 것도 여러 번이었지만 그럼에도 학생 자치는 학교의 많은 것을 변화시켰다. 무엇보다 교사와 학생 사이에 자리 잡은 믿음이 그렇다. '과연 솔직하게 의견을 말해도 되는 걸까? 말하면 혼나거나 무시당하는 거 아닐까?' 이렇게 생각하는 학생과 '과연 의견을 제대로 말할 수 있을까? 괜히 시간 낭비하는 거 아닐까?' 이렇게 생각하는 교사 사이에 이제는 거칠지만 서로의 이야기를 할 수 있는 믿음이 생겼다. 학교 속 '우리'의 인권과 존재에 대해, 서로가 맺고 있는 관계에 대해 성찰하는 것, 걱정보다 믿음으로 문제와 갈등에 부딪쳐보고 함께 풀어가는 것, 그것이 학교에서 학생 자치가, 민주주의가 가능해지는 길이라는 것을 배웠다.

진짜 평화, 진짜 민주주의는 평등한 땅에서 자란다. 평등은 똑같이 주고받는 것을 의미하는 것이 아니라 그 어떤 차이에도 차별하지 않고 한 사람 한 사람이 가지고 있는 자기 결정권을 보장받고 실현하는 것이다. 한 사람 한 사람을 무엇의, 누구의 대상으로 보지 않고 주체로 보는 것이다. '가장 작은 목소리를 가진' 학생이 지금-여기를 살고 있는 주체로서 비민주적인 구조와 문화를 발견하고 바꾸는 데 참여할 수 있어야 한다.

　민주적인 문화 속의 개인은 늘 자기 성찰의 기회를 얻는다. 억압과 강요, 타율로 움직이는 집단에서 개인은 스스로 자기 삶의 주인이 될 수 없다. 누구나 평등하게 존중받고 참여를 보장받으며 함께하는 문화 속에서 한 사람 한 사람은 자연스럽게 개인이 아니라 공동체를 생각하며 스스로를 성찰하게 된다. 또 민주주의는 과정이자 결과이다. 민주적인 과정을 통해 민주적인 결과가 나오고 그 결과는 다시 민주주의를 실현하고 높일 힘을 준다. 민주주의는 단숨에 실현할 수 있는 것이 아니라 소중한 한 사람 한 사람이 모여서 삶터에 인권과 평화의 씨앗을 뿌리고 가꾸었을 때 만들 수 있다. 아직도 많은 '우리'가 차별과 소외, 고립 속에서 싸우고 있는 지금, 나와 상관없는 갈등으로 치부하거나 모른 척하지 않고 저항하며 연대하는 것이 '민주주의'다. 아이들을 학교와 교실에 가둬놓고 민주 시민 의식을 가르치는 대신 세상과 삶을 연결하여 소통하고 참여할 수 있게 하는 징검다리를 만드는 것, 이것이 바로 학생 자치다.

2
지역사회와 함께하는 학교

학교, 지역사회와 함께

학교 혁신은 학교를 변화시키는 움직임이다. '경쟁에서 협력으로', '차별에서 지원으로'라는 가치를 추구하며 교실 안에 갇히지 않고 교사 개인의 역량을 넘어서 전반적인 학교 구조와 문화를 바꾸는 하나의 실천이다. 천천히, 꾸준히, 끈질기게 기존의 교육적이지 못했던 것들을 교육적으로, 비정상적이었던 행위들을 정상적으로 바꾸어나가려는 의지의 표현이자 흐름이다. 교육의 궁극적 목적은 학생들의 전면적 발달이다. 지적 학력만을 강조하는 교육은 발달 측면에서 균형 감각을 잃게 된다. 배움은 자신이 처한 삶과 연결될 때 완성되며, 알고 있는 것을 경험과 체험으로 만났을 때 더 잘 일어나기 때문이다. 이런 의미에서도 가정과 마을, 지역사회는 학생들이 자신의 삶과 연결지어 생생하게 배울 수 있도록 해주는 든든한 터전이자 생생한 교육 현장이다. '아이 한 명을 키우는 데 마을 전체가 필요하다'는 나이지리아 속담처럼 지역사회와 학교가 협력하여 교육 공동체를 이룬다면 아이들의 배움은 더욱 풍성해지고 가고 싶은 학교, 살고 싶은 마을을 만들 수 있다. 학교가 중심이 되어 지역 구성원을 연결하고 묶는다면 지역사회의 다양한 모습을 교육활동에서 풀어낼 수 있고, '교육'을 함께 이야기하며 공동체를 만들어갈 수 있다. 학교의 담을 넘어 마을, 지역사회와 함께한다면 아이들의 삶을 보다 아름답게 가꿀 수 있다.

지역사회와 학교의 만남

포남초등학교는 아이들에게 보다 폭넓고 다양한 배움 활동을 제공하기 위하여 지역사회 여러 단체의 문을 두드렸다. 학교의 다양한 활동에 지역사회 단체가 함께 참여해달라는 제안을 했고, 이 과정을 통해 지역사회는 학교를 이해하고, 학교는 지역사회를 이해하는 계기를 만들 수 있었다. 지역과 학교는 학생 동아리, 생태 교육, 문화·예술·체육 활동, 체험학습, 공연, 방과후 학교 프로그램, 상담, 돌봄, 치료, 복지, 아이들 중심의 환경 만들기 그리고 학부모와 교사를 위한 연수 등 다양한 모습으로 만났다. 학교는 교사의 전문성과 학교라는 여건만으로는 부족한 영역에서 지역사회와 교류하며 보다 나은 교육 활동을 만들었고, 지역사회는 학교를 통해 전문성을 신장시킬 수 있는 발판을 마련하며 더불어 성장하는 계기를 만들었다. 같은 아이들을 바라보며 눈을 마주쳤고, 교육 이야기를 나누었으며, 어려움과 보람을 느끼며 존중과 신뢰와 사랑으로 함께 아이들을 키우는 데 온힘을 다하기로 했다.

교육과정과 수업 속에서

포남초등학교는 다양한 형태의 교육 활동을 만들어간다. 배움의 내용이 풍성하도록, 몸과 마음과 머리로 더 잘 배우도록 체험의 장을 만들어주려고 애쓰고 있다. 특히 초등학생들은 온몸의 감각으로 배울 때 더 깊이 배울 수 있기에 교과서를 통해 내용과 지식을 이해한 다음에 생활 속, 세상 속으로 배움의 장을 확장해나가고 있다. 꽃과 풀을 만나고 바람을 느끼면서 교과서에 갇힌 앎이 아닌 살아 있는 지식을 만나는 것이다. 이 모든 활동은 교육과정 속에서 이루어진다. '앎'과 '함'이 만나 '삶'으로 연결되는 교육과정, 이것이 교육과정과 교육이 분리되지 않고 하나가 되는 길이기도 하다.

포남초등학교 아이들은 창의적 체험활동과 동아리 활동 시간에 영화를 만들고, 숲을 탐사하고, 연극을 배우며, 벽화를 그리는 등 지역사회 전문가 선생님들의 재능 기부로 도움을 받고 있다. 또 탐사하고 생태를 조사하며 사계절에 따른 자연의 변화를 관찰하고 몸소 체험하는 현장학습에서도 지역사회에서 제공하는 장소와 프로그램, 해설 등의 도움을 받는다.

포남초등학교 지역사회 프로그램

무엇을	어떻게	함께하는 단체
환경 생태 교육	학교 주변의 자연환경을 잘 살펴 환경과 생태 교육의 장으로 활용하고 나아가 지역의 환경과 생태를 보존하고 지키려는 마음가짐을 갖는다.	생명의 숲
농촌 문화 체험	– 사계절 절기마다 논·밭농사와 놀이를 체험한다. – 학교 주변 텃밭이나 상자 텃밭을 가꾼다.	주문진 장덕리 복사꽃마을
올바른 먹거리 교육	지역에서 생산하는 친환경 먹거리를 이용한 급식을 실시하여 자기 지역의 먹거리 생산물에 대한 관심을 갖고 학교교육과 연계하여 올바른 먹거리 생활을 추구한다.	한살림 식생활 네트워크
도예·목공·공예·벽화 프로젝트 영화 만들기	흙과 나무를 만지고 학교 안팎의 담벼락에 그림을 그리며 아이들의 일상을 영상으로 담아내는 교육을 통해 생활 속 예술을 추구한다.	지역 공방 예술인 창작촌 강릉미디어센터
음악 감상 공연 관람 영화 이야기	– 지역에서 활동하는 음악가와 함께 3, 4학년 아이들의 리듬 감각을 키우는 프로그램을 진행하며 아이들의 균형적인 발달을 추구한다. – 지역의 여러 공연 시설을 활용하여 아이들에게 공연 예술을 즐길 수 있는 기회를 제공한다.	개인 활동가 단오문화관 해람문화관 신영독립영화 극장
지역의 문화 유적과 학습 공간 활용	– 미술관 방문을 통해 작가들의 그림을 접하고 평상시 이해하기 힘든 그림 설명을 들으며 작품을 이해한다. 사실적인 표현이 아니어도 여러 형태 및 색상으로 표현할 수 있음을 이해한다. 또 지속적인 미술관 방문으로 자연스럽게 그림을 관찰하는 시각과 감성, 상상력을 기른다. – 우리 고장에 있는 역사적 유적지를 체험학습 장소로 활용해 역사의식을 고취한다. – 지역에 있는 유적지를 답사하고 문화 유적에 대한 관심과 애정을 갖는다. – 살고 있는 지역에 대한 과거, 현재, 미래에 대한 관심을 갖고 지역의 역사와 형성 과정에 대한 이해를 높인다.	지역 문화 해설사 단오문화체험관 강릉미술관
진로·상담 프로그램 학교 프로젝트 지원	– 아이들의 진로 교육과 상담 프로그램을 지역사회 청소년지원센터와 연계하여 상시적으로 진행할 수 있는 시스템을 마련한다. – 심리와 정서 치료가 필요한 학생들을 위한 학교 안팎의 시스템 구축을 추구한다.	청소년지원센터 지역사회협의회 청소년수련관
전통 문화 프로그램	학부모 사물놀이 동아리와 학생 관노가면극 동아리에 강사와 악기를 지원한다.	강릉문화원

한 바가지의 마중물 : 돌봄과 배려

학교는 모든 학생의 삶을 풍요롭게 만들 수 있는 다양하고 깊이 있는 교육 활동을 만들어가야 한다. 한 명의 아이도 차별받거나 소외되지 않고 잘 배울 수 있게, 아이들 한 명 한 명의 삶을 두루 살피는 돌봄과 배려가 절실하며, 이를 위해서는 학교와 지역사회가 협력해야 한다.

포남초등학교에서 진행하는 교육 복지 프로그램은 아이들이 부담 없이 참여하여 삶을 가꿀 수 있게 도우려는 학교와 지역사회의 협력과 노력이 담겨 있다. 아이들이 살고 있는 환경은 그대로 아이들의 삶과 연결되어 있다. 경제적으로 어려운 환경에 있거나, 불안한 가족 관계 속에서 마음이 힘들거나, 문화적으로 소외된 아이들에게 교육 복지는 메마른 펌프에 물을 끌어올리기 위해 먼저 붓는 한 바가지의 마중물 역할을 한다. 혼자 힘으로 세상 밖으로 나올 수 없는 깊은 샘물을 퍼올려 세상과 소통하게 하는 마중물처럼, 자신이 존엄하고 평등한 존재라는 것을 느끼게 해주고, 존중하고 배려하고 나눔을 실천하는 삶을 살아갈 수 있도록 돕는다. 포남초등학교가 추구하는 '존재를 찾는 교육', '성장하는 교육', '서로 관계를 맺으며 소통하는 교육' 철학과 맞닿아 있기도 하다.

학생들의 배움과 성장은 교실 안에서만 일어나는 것이 아니기에 포남초등학교는 한 명 한 명의 아이를 함께 키우고, 아이들의 삶터로서 가정과 학교를 바라보고, 아이들과 만나는 모든 이들이 함께 돌보는 체계를 만들고자 했다. 교실에서 힘든 모습을 보이는 아이가 있으면 교육복지사와 의논해서 도와줄 수 있는 최선의 방법을 찾고, 아이를 자세히 관찰하여 깊이 있는 상담을 하며, 경우에 따라서는 가정방문을 한다. 교육복지사는 다양한 학생의 사례를 정리하고 기록해서 온전한 돌봄과 지원이 이루어질 수 있도록 하며, 경제적인 도움이 필요한 아이는 주민자치센터와 연계하여 어려움을 조금이나마 해결할 수 있는 방법을 찾아주고, 각 사회단체의 손길을 연결해주거나 방과후에 돌봄이 필요한 아이들은 지역아동센터와 연결해준다. 마음의 돌봄이 필요한 아이들에게는 지역의 상담 기관과 연계하여 개별 상담 및 가족 상담을 진행해서 미술 치료, 모래 치료, 음악 치료, 언어 치료 등을 꾸준히 진행하고 있다. 또 지역 의료 기관과 밀접한 연계를 맺어 안경을 지원하거나 치과 치료 등 무료 진료 및 치료를 지원하고 있다. 그 밖에도 지역 네트워크 사업으로 문화 탐방, 놀이 체험, 스포츠 체험 등 다양한 문화 체험의 기회를 넓히고 있으며, 학교교육 활동에 참여하기 어려워하는 학부모들을 연수에 초대하여 교육 활동에 관심을 가지도록 하는 데도 힘쓰고 있다. 지역사회와 학교가 협력하여 교육 공동체를 이루면서 아이들에 대한 돌봄과 배움은 더욱 풍성해지고 있다.

교실에서 해결할 수 없는 일들을 동료들과 나누듯 학교가 혼자 감당하기 어려운 일을 지역사회와 나누면 서로의 격려에 힘을 얻고, 돌봄과 배려가 학교 곳곳, 지역사회 곳곳에서 생겨나고 울려퍼진다. 소중한 열 사람의 한 걸음이다.

교육과정 속에 녹아든 농촌

포남초등학교의 교육과정은 '앎'과 '삶'이 하나 되는 것이다. 아이들은 배움이 자기 삶과 연결될 때, 체험할 때, 배우고 싶은 것을 배울 때, 스스로 배움의 주도권을 가질 때, 도전적인 과제를 만날 때, 사회적 교류와 협동의 기회를 가질 때, 도움이 되는 피드백을 얻을 때, 배운 것을 스스로 표현할 때, 긍정적이고 허용적인 관계가 될 때, 스스로 가르칠 때 더 잘 배운다. 강원도형 혁신학교 4년을 경험한 우리 학교는 교육과정 재구성을 통해 아이들의 삶이 담긴 교육과정을 고민했고, 이를 수업으로 펼쳐내면서 지식이 경험을 만나 머리와 가슴과 온몸으로 표현되는 교육을 추구했다. 한 차시 수업을 넘어서 한 달, 한 학기, 한 해를 관통하는 가치를 주제로 교육과정을 들여다보았고, 수업을 디자인했고, 프로젝트를 만들어 교육과정 재구조화를 실천했다. 이 모든 과정에서 아이들과 고민을 나누며 즐거운 상상을 엮었다. 교과서에 갇히지 않는 생활, 삶과 연결된 생생한 경험으로 배움을 실천하는 아이들의 공부는 '생태', '문화·예술', '진로'라는 주제로 세상을 만났고, 남을 쓰다듬을 줄 아는 감수성을 키웠다. 그중 하나가 생태라는 주제로 만나는 농촌 마을이다. 생태는 주로 자연 순환 체계에 따라 계절의 변화를 느낄 수 있도록 봄, 여름, 가을, 겨울, 계절별 교육과정과 연계한 맺음 주간 보래미배움터에서 운영한다. 일상적인 교육과정의 실천에서 더 집중을 필요로 하는 활동과 그동안 배운 내용을 정리해보는 활동을 구성하고, 계절별 배움터마다 학년군별 교과와 연계한 주제에 맞는 체험활동, 즉 주제중심교과통합 교육과정을 실시함으로써 평소 실현하기 힘든 활동들을 배치하여 세상을 만나고 보듬을 수 있는 감수성을 키워가고 있다.

'봄을 만나다!', '여름을 즐기다!', '가을을 느끼다!', '겨울을 기억하다!'라는 주제로 실시하는 이 기간 동안 1, 2학년 아이들은 교과서를 들고 농촌 마을로 걸어 들어간다. 짙푸른 산과 들에 풍덩 빠져서 언제나 아이들을 반겨주는 나무와 아리따운 풀꽃과 너그러운 어른들을 만나며 시골 풍경과 농촌의 품에 안긴다. 계절마다 빠짐없이 해야 하는 일, 할머니의 따뜻한 손맛, 풍성한 나눔, 제철 과일 등 자연의 결실과 놀이로 풍요로움을 만끽하며 한가로이 보내는 시간은 즐거움과 땀과 보람으로 가득하다.

보래미배움터 : 교과서를 들고 세상 속으로

주제	교과	학년군	장소	체험활동	세상을 모듬다
생태 농촌	주제를 중심으로 관련 교과 통합	1, 2학년군	복사꽃마을 북동마을	사계절 농촌 체험	생태 교실
문화 예술 체육		3학년	수영장, 동물원, 놀이동산 소금강~주문진 강릉 지역 체험, 미술관 체험	생태 환경 탐사 계절 운동 뮤지컬 및 영화 관람 역사 탐방	리듬 교실 소조 교실
		4학년	대도시 체험 선자령 대기리 산촌 체험 뮤지컬 공연 관람		
진로 인권		5학년	오죽헌, 경포 습지, 임영관, 국립중앙박물관 진로 체험(듀팡알로)	생태 환경 탐사 직업 체험 역사 탐사	진로 교실
		6학년	진로 체험(잡월드) 빙상 경기장 자수박물관 졸업 여행(가을)		

보래미배움터 : 농촌 체험 교육과정 얼개

때	주제	관련 교과	성취 기준	활동 내용	차시
5월 9일 (금)	봄을 만나다	봄	- (슬생) 봄철 날씨와 생활의 특징을 조사하고 날씨에 따른 생활 모습을 알아본다. - (즐생) 여러 가지 놀이를 한다. - (바생) 봄나들이나 야외 활동 중 자연환경을 생각하며 자연보호 활동에 참여한다.	과수원 둘러보기 손수건 염색 모내기 텃밭 야채로 비빔밥 만들기 쑥버무리 만들기	8
		이웃	- (슬생) 마을의 일터를 둘러보면서 마을 사람들이 하는 일을 조사하여 발표한다.		
7월 18일 (금)	여름을 즐기다	여름	- 여름에 나는 채소 및 과일을 수확한다. - 여름에 하는 물놀이를 통해 여름을 느낀다. - 여름 논을 관찰하며 주변에 찾아온 여름을 느낀다. - 학교 행사에서 질서를 지킨다. - 물놀이 안전 수칙을 실천한다.	과수원 둘러보기 여름 과일 따기 옥수수 따서 쪄먹기 논에서 피 뽑기 물놀이 뗏목 타기	8
10월 22일 (수)	가을을 느끼다	가을 국어	- (슬생) 가을철 날씨와 생활 모습을 살펴보고 날씨와 생활의 관계를 이해한다. - (즐생) 현장학습, 소풍, 운동회, 나들이 등 가을에 열리는 다양한 행사에 적극적으로 참여한다.	가을 열매 수확 벼 베기, 탈곡하기 가을 농촌 풍경 살펴보기 농촌 어른들께 편지 써서 보내기	8
12월 26일 (금)	겨울을 기억하다	겨울	- 겨울철 날씨와 생활 모습을 살펴보고 날씨와 생활의 관계를 이해한다. - 겨울에 볼 수 있는 풍경을 다양한 방법으로 표현한다.	달걀 꾸러미 만들기 겨울 전통 놀이 복숭아 전병 만들기 얼음 썰매 타기	8

현장학습 : 농촌 마을과 하나 된 우리

교육은 아이들의 삶과 연결되어야 하고 일상에 쫓겨 놓쳤던 부분을 온몸으로 체험하며 마음에 담아야 한다. 몰랐던 것을 알게 되고 할 수 없었던 것을 하게 되는 배움의 즐거움, 기쁨, 행복함을 우리가 살고 있는 지역의 농촌에서 함께하는 것이 교과서를 들고 세상 속으로 들어가는 일이다. 현장학습을 나가는 날, 비가 와서 프로그램 순서를 바꾸기는 했지만 비가 온다고 해서 농사일을 손에서 놓지는 않을 것이기에 '그래도 한번 해보자'는 쪽으로 기울었다. 요즘은 마을마다 마을 사업을 진행하는 담당자들이 있어서 버스와 마을을 예약해놓은 상태이기도 했다. 체험활동과 관계되는 부분은 사무장과 몇 번의 사전 협의를 거쳐서 확정해놓았다. 버스를 타고 20분 정도 들어간 주문진 장덕리 복사꽃마을. 주문진에서도 한참 들어간 곳에 자리 잡은 아늑한 마을이다.

강당에서 잠깐 어르신들로부터 마을 이야기를 듣고 하루 일정을 안내받았다. 아이들은 90명을 1, 2학년 혼합 9개 모둠으로 나눴고, 각 모둠 담당교사를 정해 하루 동안 모든 활동을 진행한다. 모둠에서 한 명씩 점심 준비할 사람을 정해 남겨놓고, 나머지 아이들은 트럭을 타고 채소밭으로 이동해서 바구니를 들고 비빔밥에 들어갈 야채를 뜯었다. 트럭을 타는 기쁨을 맛본 아이들은 야채 뜯는 방법을 들은 후 좋아하지도 않는 야채를 설레는 마음으로 조심스럽게 뜯어서 바구니에 담았다.

점심 준비를 마친 아이들은 들풀을 이용해 손수건을 염색했다. 원래는 염색이 오후 프로그램이었으나 비 때문에 실내에서 할 수 있는 활동을 먼저 배치했다. 맑은 날 넓은 마당의 햇살 아래서 하면 더 좋았겠지만 그래도 아이들 표정은 해맑았다. 호기심 가득한 눈망울을 반짝이며 손수건을 주무르는 작은 손에 힘이 들어가 있다. 20분간 주물러야 한다기에 힘들어도 불평 하나 없이 열심히 문지른다. 역시 교실 밖 수업은 아이들을 적극적으로 바꾸어놓는다. 염색이 먼저 끝난 아이들은 세미나실에서 틀어주는 〈강아지 똥〉을 관람하고, 영화에 관심이 없는 아이들은 밖에서 나름의 여유를 즐겼다. 마을 아주머니들은 점심 준비에 한창인데 아이들이 할 수 있는 일을 빼고는 모두 어르신들이 해주신다. 너무 많은 아이들이 한꺼번에 몰려와 힘드실 텐데 기꺼운 마음으로 챙겨주신다. 점심은 그야말로 꿀맛이었다. 모둠별로 상 위에 각종 야채를 올려놓고 커다란 양푼에 비벼 먹는 아이들. 밥 안 먹을까 봐 간식도 주지 않아서인지 누구 하나 싫다는 말 없이 그 많은 밥을 뚝딱 해치운다. 콩나물국도 김도 방울토마토도 순식간에 사라져버린다.

맛있는 점심식사가 끝나고 우리는 쑥을 뜯어다 오후 간식을 준비했다. 마을 회관 뒤뜰에는 쑥 천지다. "요렇게 생긴 게 쑥이야" 하는 설명을 듣고 아이들은 여린 쑥을 찾아 뜯는다. 어느 모둠 아이들은 바구니가 모자랄 지경이다. "쑥버무리가 뭐예요?" 하고 묻는 아이들과 설명해주시는 어른들. 초록 들판에 서 있는 아이들을 바라보는 교사들의 눈빛에는 흐뭇함이 묻어났고 자연 속에 있는 아이들은 무척 평화로워 보였다.

드디어 본격적으로 모내기를 시작했다. 다행히 비는 그쳤다. 트럭을 타고 논으로 이동하는 아이들. 아이들은 트럭을 무척 좋아한다. 다섯 대의 트럭에 나눠 타고 노래 부르고 소리 지르며 신나게 달렸다. 트럭에서 내린 아이들은 황당해하는 표정이었지만 그래도 어르신들이 일러주는 대로 곧잘 했다. 바지를 걷고, 양말을 벗어던지고, 한 줄로 서서 간격을 맞춰 모내기 줄을 따라 표시해놓은 빨간 점에 미리 나눠준 모를 꽂는다. 한데 잘 안 꽂히고 둥둥 떠버린다. 아이들은 당황하고, 어르신들은 괜찮다며 다시 설명해주신다. 신기한지 "지금 심은 아기 벼에서 나중에 쌀이 나온단 말이죠?" 몇 번을 묻는 아이들. 흙이 옷에 묻는 것을 두려워하던 아이들은 언제 그랬냐는듯 흙을 던지고 야단이 났다. 아예 풍덩 넘어져버린다. 순식간에 논은 놀이터로 변하고, 그 와중에도 열심히 벼를 심는 아이가 있다. 애초에 어린아이들에게 모내기가 무리인 줄은 알았지만 그래도 훗날 아이들이 커서 "나, 옛날에 모내기 해봤어, 내가 먹는 쌀이 이렇게 나오는 거야" 얘기하는 날이 오지 않을까 하는 기대감에 계획한 체험학습이었다.

　모내기가 끝나고 개울에서 발을 씻고 트럭을 타고 마을 구경을 떠났다. 큰 소리로 노래 부르며 마을을 누비고 다녔다. 마을 회관으로 다시 돌아와 아이들을 씻기고 아까 캔 쑥으로 만든 쑥버무리를 받아들고 마을 어른들께 인사를 드리고 버스를 탔다. 돌아오는 버스 안에서 처음 보는 쑥버무리를 맛있게 먹는 아이들. 자기 손으로 무언가를 해서 얻은 것이기에 소중하다. 힘들고 지칠 법도 한데 하루가 무척 즐거웠다는 아이들. 한꺼번에 너무 많은 인원이 들어가 충분히 느꼈는지 걱정스럽지만 소중한 경험이 되었을 거라고 믿는다. 몰랐던 것을 알게 되는 배움의 즐거움은 아이들은 물론이고 교사들에게도 값지다.

계절과 만나는 생태 교육

생태 교실은 어린이들의 생태 감수성을 기르기 위해 '생명의 숲'이라는 지역 단체와 연계해서 진행하는 프로그램이다. 숲 해설을 들으며 자연 놀이를 하고 교과와 연계해서 계절 놀이를 겸하는 학습을 진행한다. 1, 2학년을 대상으로 운영하는 이유는 이 시기 아이들이 생태 감각을 받아들이기에 가장 적합하다는 판단에서다. 생태 교실의 가장 큰 목적은 자연에 대한 지식을 아는 것보다 손끝과 발끝, 온몸으로 생명을 느끼는 데 있다. 고사리 같은 손으로 만져보고 코끝으로 냄새 맡고, 마음껏 호흡하고 뒹굴면서 우리가 자연의 일부임을 알고 자연을 더 가치 있게 여기는 어른으로 성장했으면 하는 바람을 가져본다.

특히 2014학년도부터 교육과정이 바뀌고 저학년은 계절별 주제로 통합교과를 배우게 되었는데 그러면서 생태 교실과 교과 통합이 자연스럽게 이루어질 수 있었다. 또 학교에 학교 숲이 조성되면서 아이들은 더 쉽게 자연을 자신의 삶과 연결시키게 되었다. 2015년부터는 생태 교실 프로그램에 기존에 따로 진행하던 '작은 농부 되기 프로젝트'(사계절 농촌 체험학습과 텃밭 교육)를 통합하여 교육과정을 운영하면서 교실에서 배운 내용을 교실 밖에서 더 깊이 이해하고 체험할 수 있게 되었다.

생태 교실 프로그램을 하면서 아이들이 가장 좋아하는 것은 먹거리와 연계하여 배운다는 점이다. 화전과 송편, 쑥버무리 같이 예부터 자연이 준 먹거리를 직접 만들어서 먹는 활동은 여러 가지로 뜻깊다. 쑥을 캐고, 솔잎을 따고, 오물조물 빚어낸 음식은 아이들에게 더 이상 맛없고 고리타분한 전통음식이 아니다. 자연과 내가 함께 만들어낸 세상에서 가장 훌륭하고 맛있는 작품이다. 아이들은 이 활동을 통해서 자연과 더불어 살아가던 조상들의 지혜를 경험하고 자연을 소중히 여기고 고맙게 생각하는 태도를 몸에 익히게 될 것이다.

자연과 함께 어울리는 시간은 아이들에게 반드시 필요하다. 점점 더 자연에서 노는 법을 잊어버리고 교실 안, 집 안, 핸드폰에 머무르고 싶어 하는 요즘 아이들에게는 더 그렇다. 생태 교실은 아이들에게 우리를 둘러싸고 있는 모든 자연이 놀잇감이자 친구임을 알려준다. 계절마다 변하는 식물과 동물들은 아이들에게 훌륭한 수업 주제가 되고, 교실이 아닌 야외에서 수업을 한다는 것도 매우 흥미롭다. 항상 장난감 자동차 이야기, 게임 이야기만 하던 아이들이 나뭇잎 하나를 가지고도 즐겁게 노는 모습을 보며 한 선생님은 귀엽기도 하고 충격적이기도 했다고 전했다. 놀랍게도 아이들은 자연과 어울리는 것을 시시하게 느끼지 않았다.

아이들에게는 돌 하나 꽃 하나 신기하지 않은 것, 예쁘지 않은 것이 없다. 흔하디흔한 돌맹이 하나를 들고 와서 "선생님, 이 돌 좀 보세요. 하트 모양 같아요. 이거 집에 가져가서 엄마한테 보여줄래요" 하면 "어디, 어디?" 하며 아이들이 우르르 모여들어 진짜 신기하다며 바닥만 보며 예쁜 돌 찾기에 여념이 없다. "앗, 이 풀은 지난번 민들레 선생님(숲 해설가 선생님)이 알려주신 거예요. 옷에 잘 붙어서 브로치처럼 장식할 수도 있어요" 하면서 교사 옷에 풀잎을 붙여주는 아이, 애기똥풀을 꺾어 손톱에 칠하며 즐거워하는 아이, 여름이면 산딸기를 따고, 가을이면 도토리를 주우며 신나하는 아이들을 보고 있으면 학교가, 교사가 아이들에게 주어야 할 정말 중요한 것을 주고 있다는 생각이 든다.

아이들은 2년 동안의 생태 교실 수업을 통해 자연을 어떻게 대해야 하는지, 자연에서 어떻게 놀아야 하는지를 온몸으로 배운다. 꽃이나 풀을 꺾는 것이 무조건 잘못된 행동이 아니라는 것, 하지만 내가 필요한 만큼만 따고 적어도 그 식물이 죽지 않을 만큼은 남겨두어야 한다는 것, 뿌리째 다 뽑아버리면 다시 살아나지 못한다는 것, 키우고 싶다고 곤충을 함부로 잡아와서 가두면 생명이 사라져버린다는 것, 콩벌레나 메뚜기를 잡아서 가지고 놀다가도 다시 자연으로 돌려보내주어야 한다는 것, 자연이 서로 양보해주고 더불어 살아가는 모습을 보며 우리도 그렇게 살아야 한다는 것을 배우고 있다.

1·2학년 생태 교육

순서	언제	주제	배움 내용	준비물
1	4/22	봄이 왔어요	학교 주변 생태 활용 (화전 만들기)	프라이팬, 찹쌀가루, 버너, 뒤집개, 꽃, 앞치마, 머릿수건, 반찬통
2	5/27	전통 문화와 생태 교육	학교 숲 식물 탐방	
3	6/10	경포습지공원	경포습지공원 탐방 (새, 습지 생물)	차량 대여
4	7/8	학교 식물 그리기	세밀화 그리기	OHP 필름, 색연필, 연필
5	9/2	학교 숲과 한가위	솔잎으로 만드는 우리 음식 (송편 만들기)	찜솥, 솔잎, 찹쌀, 송편소, 수저, 버너
6	10/28	학교 숲과 환경 교육	학교 숲 식물의 변화 학교 숲에 있는 곤충 관찰하기	루페, 필기구, 이름표

| 7 | 11/18 | 교과 연계프로그램 | 단원 : 한 해를 보내며
(가을 열매들의 변신/
겨울을 준비하는 식물
알아보기) | 루페 |
| 8 | 12/16 | 돌아보기 | 활동에 대한 소감 들어보기 | 스케치북, 크레파스 |

4월 생태 교육 : 화전 만들기

5월 생태 교육 : 학교 숲 식물과 만나기

사랑, 우정, 협력의 가치를 키우는 공동체 교육

인간은 본디 삶의 터를 기반으로 다양한 관계를 맺고 그 관계 속에서 서로 돕고 살아왔다. 하지만 사람들의 생활은 급격하게 발전하고 변화되었고, 한곳에 오래 머무르며 관계를 맺던 방식도 달라졌다. 아울러 개개인의 필요에 따라 행동함으로써 고립이 나눔과 소통의 부재를 낳고 있다. 안락함과 편안함, 편리함은 존재하지만 우리의 일상에서 사랑, 우정, 협력의 가치가 사라지고 있다. 삭막한 우리의 삶, 아이들의 삶을 온정 어린 따뜻한 '우리'로 만들기 위해서는 지역사회의 힘이 필요하다.

경쟁에서 살아남기에 매몰된 교육이 아니라 의미와 가치를 담아 관계를 맺을 수 있는 사회 구성원으로 성장하기 위하여 좋은 삶의 터를 만들어주는 것은 어른들의 몫이다. 학교와 지역사회의 역할이다.

　지역사회와 학교의 온전한 만남에 전제되어야 할 것이 있다. 이 시대 교육의 문제와 아이들이 어떤 사람으로 커야 하느냐에 관한 철학적 합의다. 다른 사람을 볼 줄 알고 이웃의 어려움을 함께 느끼고 슬퍼할 수 있는 사람, 나 혼자가 아니라 남과 더불어 살아갈 수 있는 사람으로 길러야 한다는 지향 가치의 일치다. 세계화 경쟁력을 갖춘 인재 육성은 마을과 지역이 함께 협력해서 만들어야 하는 진정한 아이들의 모습은 아닐 것이다. 평범하더라도 배려할 줄 알고 협력할 줄 아는 인간미를 가진 사람의 모습이 더 소중하다.

　교육청과 지방자치단체, 학교와 지역사회가 공동 사업을 모색하여 교육적 안목과 가치를 전제로 학교의 자율성을 존중하며 인적·물적 지원을 아끼지 않아야 한다. 행정적인 관점으로 예산만 지원하고 성과를 촉진하는 성급한 접근보다 공동체를 만들어간다는 데 깊은 의미를 두고 여유와 기다림으로 협력하는 모습이 필요하다. 또 교육청, 시청, 시의회, 학교 구성원, 지역사회 여러 단체들이 함께 모여 협의회를 구성하고 지역의 여러 자료와 정보를 정리해서 학교와 교류하고 연결하는 과정이 선행되어야 한다. 학교 현장과 지역사회의 의견을 모아 필요한 사업을 정리하고 예산을 편성하는 등 가시적인 협력도 기대해본다.

　학교와 지역사회의 만남은 공교육이 제자리를 찾고 굳게 자리매김하는 것을 목표로 해야 한다. 한두 학교의 성과에 만족하며 실적 위주, 결과 위주로 접근하지 말고 모두를 위한 교육을 중심에 두고 보편적이고 평등한 지원이 이루어져야 한다. 교육은 교사와 학교만 담당하는 것이 아니다. 아이들의 전면적인 성장과 행복을 추구하기 위하여 지역사회의 아낌없는 지원이 필요하고, 모든 학교가 잘 가르치기 위하여 닫혀 있는 문을 활짝 열고 협력 공동체를 만들어가야 한다.

30시간 2학점 원격연수

아이들에게 배움을 강요하고 있지는 않으세요?

기본 **배움의 공동체**

수업이 바뀌면 학교가 바뀐다.

이 과정은 '**손우정 교수님과 함께하는 배움의 공동체 집중연수**' 현장 강의를 기초로
배움의 공동체의 철학과 원리, 실천방법을 충실히 다루고 있습니다.

배움의 공동체란?

01. 21세기 학교='배움의 공동체'
02. 배움의 공동체의 비전과 철학적 원리
03. 배움의 공동체 구축을 위한 선결과제
04. 국외 실천사례
05. 국내 실천사례

배움=대화적 실천

06. 배움의 재개념화: 배움=대화적 실천
07. 활동적인! 배움
08. 협동적인! 배움 I
09. 협동적인! 배움 II
10. 표현적인! 배움
11. 점핑이 있는 배움

교사의 수업 실천

12. 수업실천의 재정의: 기술적 실천에서 반성적 실천으로
13. 수업의 기본기예 I
14. 수업의 기본기예 II
15. 교사의 역할-듣기
16. 교사의 역할-연결짓기
17. 교사의 역할-되돌리기

수업사례연구

18. 수업의 임상적 접근=수업사례연구
19. 수업사례연구의 절차
20. 수업연구시스템의 구축

교내연수

21. 교내연수의 개혁
22. 수업사례를 중심으로 한 교내연수 I
23. 수업사례를 중심으로 한 교내연수 II
24. 교내연수의 실제

수업비평

25. 수업비평의 실제-초등학교
26. 수업비평의 실제-중학교
27. 수업비평의 실제-고등학교

배움의 공동체의 완성

28. 배움의 공동체의 완성: 학습참가
29. 배움의 공동체의 완성: 학습참가의 실제
30. 교사라는 아포리아

🍀 배움의공동체연구회와 함께 만들었습니다.
http://www.learningcom.kr

강의 **손우정**
현 배움의공동체연구회 대표 / 전 하자센터 배움공방 대표 / 전 월간 우리교육 기획위원 / 전 서울시 대안교육센터 전문위원

30시간 2학점 원격연수

한 명의 아이도 포기하지 않는 배움 만들기!

심화 **배움의 공동체**

수업이 바뀌면 학교가 바뀐다.

'배움의 공동체-수업이 바뀌면 학교가 바뀐다' 기본 과정을 심화 발전시킨 과정으로,
배움의 공동체 철학이 담긴 수업 속으로 좀 더 깊이 들어가서 살펴봅니다.

이론
01. 배움의 공동체란?
02. 배움의 공동체에서 말하는 '배움'
03. 협동적인 배움의 이론
04. 배움의 공동체와 수업 연구
05. 배움 디자인
06. 수업에서 무엇을 볼 것인가 (수업을 보는 TIP)

국어
07. 국어교과와 배움
08. 국어과 수업 대화
09. 국어과 수업 비평

수학
10. 수학교과와 배움
11. 수학과 수업 대화
12. 수학과 수업 비평

미술
13. 미술교과와 배움
14. 미술과 수업 대화
15. 미술과 수업 비평

역사
16. 역사교과와 배움
17. 역사과 수업 대화
18. 역사과 수업 비평

기술/가정
19. 기술/가정교과와 배움
20. 기술/가정과 수업 대화
21. 기술/가정과 수업 비평

과학
22. 과학교과와 배움
23. 과학과 수업 대화
24. 과학과 수업 비평

영어
25. 영어교과와 배움
26. 영어과 수업 대화
27. 영어과 수업 비평

총정리
28. 중학교 실천 사례
29. 고등학교 실천 사례
30. 총정리 및 질의응답

배움의공동체연구회와 함께 만들었습니다.
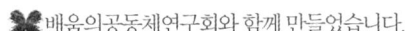
http://www.learningcom.kr

강의 손우정
현 배움의공동체연구회 대표 / 전 하자센터 배움공방 대표 / 전 월간 우리교육 기획위원 / 전 서울시 대안교육센터 전문위원